DU MÊME AUTEUR

JUSQU'OÙ IRA FRANÇOIS ?, *JC Lattès*, 2014
BENOÎT XVI, LE PAPE QUI NE DEVAIT PAS ÊTRE ÉLU, *JC Lattès*, 2005

PAPE FRANÇOIS

JEAN-MARIE GUÉNOIS

PAPE FRANÇOIS

LA RÉVOLUTION

nrf

GALLIMARD

À Odile, mon épouse,
à mes enfants et petits-enfants

AVANT-PROPOS

J'arpente les couloirs du Vatican depuis bientôt quatre décennies. J'ai suivi trois papes, Jean-Paul II, Benoît XVI, François, à Rome ou au fond de leur avion sur tous les continents. Je m'efforce de saisir le dessous des cartes dans cette sphère codifiée et institutionnelle où chacun joue un rôle et où personne ne se livre vraiment. Je récuse le mot de « spécialiste », encore plus celui de « vaticaniste », néologisme forgé de l'italien *vaticanisti*, ces journalistes spécialisés sur le Vatican. Je me méfie de ce genre d'étiquettes parce que la grâce de ce métier est de toujours apprendre et, souvent, à partir d'un petit rien.

Ces pages vous introduisent dans un monde à part, celui du Vatican et du pape, au cœur d'un pouvoir séculaire et hors de portée, l'univers des esprits, de l'esprit, de l'Esprit saint selon la tradition catholique. L'ouvrage n'est pas rédigé par un historien, encore moins par un universitaire. C'est l'œuvre d'un journaliste dont le métier est de dessiner au plus vite, en lignes claires, des situations complexes, subtiles, souvent cachées ou énigmatiques. Ce travail est né de centaines de rencontres, de voyages, de confidences soigneusement consignées dans des carnets, je ne les compte plus. Ces observations ont été confortées par de multiples lectures consacrées à ce monde du silence et, surtout, par une maturation lente.

Cette longue expérience m'a aidé à prendre davantage conscience d'une réalité non tangible mais réelle : l'essence de ce monde particulier n'est pas l'ambition, le pouvoir mais le service des autres. Un tel dessein n'est jamais parfaitement atteint. Il naît d'une unique matrice. Un homme, une femme, est touché au cœur par sa « rencontre » avec le Christ. Il se sent « appelé » de manière irrésistible au point d'abandonner une situation enviable, il s'agit de marcher « à la suite du Christ ». Il dit vivre une histoire d'amour. Il est souvent rayonnant, serein, libre, visiblement heureux sans cacher l'exigence de la voie. Il a donné sa vie pour de bon, à Dieu et aux autres. Son existence entend aider et non dominer.

Les uns gardent cette fraîcheur, pour d'autres, elle s'érode à la tâche. Ceux qui vivent de cet amour brûlant ne sont plus audibles aujourd'hui. On voit plutôt des prêtres, religieux, prélats qui ont succombé aux trois tentations, pouvoir, argent, plaisir. Ces turpitudes inexcusables ne sont toutefois pas le tout de l'Église catholique qui vaut mieux que sa minorité de prêtres abuseurs sexuels — dont un seul sera toujours de trop. Il ne s'agit pas de louer l'Église mais de la considérer telle qu'elle est, sans naïveté. Mystique, elle n'en est pas moins humaine, spirituelle, et parfois... souillée.

D'autant que l'Église catholique existe sur toute la planète et depuis des siècles. Elle parle toutes les langues, elle plonge dans toutes les cultures. Elle édifie une église ? Elle bâtit aussitôt une école, une université, un dispensaire, un hôpital et propose des œuvres caritatives pour ceux dont personne ne veut plus. Si elle s'adresse à la société, c'est pour rappeler la dignité de la personne humaine, le respect de l'autre, la conciliation plutôt que le conflit, elle propose à l'homme narcisse devenu sa propre idole une place pour Dieu. L'Église entend faire le bien, les scandales donnent l'impression qu'elle ne ferait que du mal.

Ce monde catholique, ainsi observé dans sa globalité et non à la seule lorgnette des abus, est un sujet journalistique très riche en histoire, culture, politique, philosophie, théologie. Il offre des clés de compréhension incomparables pour pénétrer de l'intérieur les sociétés. L'actualité religieuse couvre de l'intime psychologique au vaste géopolitique, elle est parfois injustement négligée, elle est essentielle pourtant.

Enfin cette quête m'a appris que la notion de « sacré » n'est pas un concept dépassé. Les approches scientifiques et technologiques n'épuisent pas le sens du monde, beaucoup de « mystères » demeurent inexpliqués. Mais il y a de vrais mystères et de faux mystères. En abusant de sa culture du secret, l'Église a fini par laisser croire à ses fidèles que l'élection du pape tombait du ciel, par exemple. Ce n'est pas exact, nous verrons pourquoi. En revanche la même Église catholique ne parvient plus à expliquer son vrai mystère, cœur de sa foi, l'eucharistie, qui revendique la « présence réelle » du Christ caché dans un humble morceau de pain azyme. Cet objet de foi est effectivement incroyable mais pourquoi l'Église catholique n'ose-t-elle plus parler de ce qu'elle a de plus sacré ? Un sacré impensable, en effet, mais il distingue nettement cette religion des autres traditions. Un sacré hors norme — il demande à ses fidèles une relation d'amour personnelle, libre, avec Dieu et non une observance ritualiste fondée sur la peur d'un calcul d'intérêt pour l'au-delà. Un sacré qui est plus actuel qu'on ne l'imagine. Nous en verrons l'enjeu.

Et François ? Sa révolution nourrit ce livre. Sa réforme est envisagée dans le contexte plus large de ses prédécesseurs et de l'histoire récente de l'Église. Cela permet d'en apprécier le génie, la portée et les limites. Le métier de pape est scruté à travers l'étonnante cohabitation de Benoît XVI, mort le 31 décembre 2022, avec le bouillonnant pontife argentin.

Pour finir, le chapitre de la succession de François n'évaluera pas qui pourrait le remplacer, sujet prématuré, mais plutôt comment son successeur sortira des rouages de la très humaine mécanique du conclave. Ce livre met au jour comme jamais la réalité politique de l'élection du pape tout en respectant sa dimension spirituelle.

J'ai souvent été décrit comme un « opposant », voire un « ennemi » du pape François parce que j'étais un des rares journalistes à oser poser des questions critiques sur son pontificat au moment où beaucoup versaient dans la louange. Ces interrogations embarrassantes étaient effectivement un problème — non pour François qui appréciait les objections selon la grande tradition intellectuelle de l'Église — mais pour ses petits lieutenants ; ils toussotaient à l'abri de leur parcelle de pouvoir si dérisoire à l'échelle de l'Église catholique. François restera l'un des grands papes de l'histoire dans sa volonté de réforme de l'Église et un authentique religieux attachant, passionné de Dieu mais également rusé, éminemment politique. Ce travail, je le disais, est celui d'un journaliste libre. Ces quelques pages composent, je l'espère modestement, un livre libre.

Rome, le 1er mai 2023

1

UN ARGENTIN SECOUE LE VATICAN

« Il marche comme un paysan. » La perfidie ecclésiastique est d'une cruauté rare. Elle est sans bornes parce qu'elle est fraternelle. Plus qu'entre amis, on se blesse entre frères, parfois à mort. Et notamment entre « frères » cardinaux. « Le paysan » ? C'est le pape François. Il claudique en raison de douloureux problèmes de sciatique et de hanche, ce qui conférait au pape latino-américain une démarche un peu pataude avant qu'il ne soit réduit à se déplacer en fauteuil roulant. Il n'a pas l'assurance d'un prince. Debout ou assis, il paraît digne devant des rois ou des présidents mais il n'est pas des leurs. Élu pape le 13 mars 2013, il a refusé d'abandonner ses gros souliers noirs à semelle orthopédique. Il n'a pas voulu enfiler les délicats mocassins en cuir rouge que son prédécesseur Benoît XVI avait remis au goût du jour. Non par esprit d'opposition au pape allemand mais par goût de la liberté intérieure. À soixante-seize ans, Jorge Mario Bergoglio tient à rester lui-même.

Un paysan ? Le fait serait rassurant pour l'Église catholique sauf que ce pape est issu de la bourgeoisie laborieuse, italienne immigrée de deuxième génération, urbaine, de la capitale argentine — son entrée chez les jésuites élitistes de l'époque en témoigne. C'est plutôt son apparence, son allure bonhomme, sa simplicité non feinte que vise la morgue vaticane pour rabattre le pape en personne. Le mépris rôde en curie romaine. Ce n'est pas pour rien que François, en homme de combat, corrigera vertement cet organe de gouvernement de l'Église catholique, qui se prend souvent pour le centre du monde et, parfois, sans en avoir conscience, pour... Dieu.

L'administration centrale de l'Église catholique est une cour impériale avec ses flatteurs et ses médisants. Il y a aussi des saints. Ils ne se mettent pas en avant. Ils détiennent le vrai pouvoir que les ambitieux croient maîtriser. L'arrivée de ce religieux jésuite sans manières, jamais plus heureux qu'autour d'une assiette en carton et sa pizza partagée avec un clochard, a inévitablement choqué le monde précieux des petits *monsignori*. Ces bureaucrates ecclésiastiques sont plus familiers des ballets de soutanes noires à surplis impeccablement repassés sur fond de fresques Renaissance. Ils aiment les liturgies peignées dans les basiliques aux marbres lustrés. Telle une lame coupante, le style cru de « l'Argentin » a tranché en effet.

D'autant que le pontificat de Benoît XVI (2005-2013) avait vu le standing curial se hausser d'un cran. Non par goût de luxe mais pour la gloire de Dieu. Le frêle pape était porteur d'un souci esthétique en liturgie comme dans la vie de tous les jours du Saint-Siège. C'est un détail, mais une note avait été envoyée à l'époque aux journalistes pour leur rappeler l'exigence d'une tenue correcte, sombre et cravatée dans l'exercice de leur métier aux abords du pape. Jamais sous Jean-Paul II une telle remarque n'aurait été formulée car ces choses allaient de soi sans autre formalité.

Ce zèle des collaborateurs est souvent sans limites : sont apparues sous Benoît XVI des fantaisies ecclésiastiques d'un genre nouveau, comme des armes du pape, incrustées sur les portières des grosses limousines noires. Ces opulents véhicules allemands fleurissaient d'ailleurs au Vatican. Plusieurs cardinaux de haut rang ne boudaient pas ce confort. Partout dans la Cité du Vatican on ornait, on ravalait, on polissait. Déjà soigné, ce haut lieu romain prenait des airs de village bavarois où les géraniums semblent également ciselés, le prestige en plus.

Le diable se cache dans les détails. Par souci de bien faire, l'entourage de Benoît XVI exploitait sa fibre conservatrice et avait transformé le Vatican en une scène de théâtre que ce lieu, censé être saint, ne devait surtout pas être. Ce pape respirait l'intelligence et la sainteté, mais il était mis sous verre et isolé *de facto* dans un univers artificiel que d'autres imaginaient pour lui. Ce n'était pas la vocation du « représentant du Christ » sur terre. Il en souffrait. Autour de lui, la machine séculaire de pouvoir tellement bien huilée était la plus forte. Cette fameuse curie romaine, indomptable, se chargeait de tout.

Un choc de cultures

L'irruption inattendue de François produisit un choc. Un choc de cultures. Il fut ressenti, selon les sensibilités, comme un cauchemar, une secousse tellurique ou une authentique libération. La collision était rude dans tous les cas. Derrière les styles, deux visions de l'Église allaient se heurter. Certains attendaient cette revanche depuis des décennies.

« Votre Sainteté permettrait la suggestion d'un conseil... », glisse un adjoint à *Sua Santita* comme il était d'usage de s'adresser au pape. « Comment vas-tu, Paolo ? » lui répond d'emblée l'homme en blanc. « Et ta maman ? J'ai appris qu'elle avait été hospitalisée, donne-moi son numéro de portable... » Décontenancé, le *monsignore* sent le marbre se déliter sous ses pieds : « Mais, mais, votre Sainteté... — Détends-toi : j'appellerai ta maman. Et n'oublie pas de prier pour moi. »

On ne compte plus les échanges de ce genre. Le tutoiement n'est pas une fantaisie. Il est signe de la « culture de la rencontre » prônée par François dont le modèle est le saint d'Assise, pauvre et proche. Le nouveau pape transgresse volontairement les règles établies. Il aime la provocation. Il en joue. Mais à chaque geste, c'est une autre façon d'être pape qu'il invente.

Jean-Paul II, dès son élection en octobre 1978, avait certes supprimé la *sedia gestatoria*, cet imposant fauteuil à porteurs réservé au pontife romain. La distance restait toutefois inscrite dans les esprits. Cette haute fonction d'exception, unique, ne pouvait être familière. Son passé impérial et monarchique avait été nettement renforcé sous Benoît XVI. L'humble dignité du pape allemand attirait naturellement le respect mais tout avait été organisé autour de lui pour maintenir une séparation de bon aloi entre le pontife romain et les autres.

Argentin tactile, Francesco tape volontiers sur l'épaule pour vous encourager. Il serre sans vergogne la main des hiératiques gardes suisses qui veillent sur sa porte. Il demande qu'une tasse de café leur soit apportée alors que le règlement leur interdit non seulement d'ouvrir la bouche en service mais aussi de... sourire ! Voir ainsi, du jour au lendemain, un pape casser une gangue entretenue depuis des siècles par de strictes conventions provoqua tout d'abord un sympathique cahot dans cet univers codifié à l'extrême et feutré comme une boutique de joaillerie, mais finit par inquiéter les gardiens du temple.

La potion franciscaine, du nom de saint François d'Assise, modèle de pauvreté, choisi à dessein par le cardinal Bergoglio comme marque et nom du pontificat, eut aussi un goût très amer et inattendu pour le petit personnel du Saint-Siège. Ces serviteurs de toujours, souvent de père en fils, prirent une distance instantanée vis-à-vis de ce pape pourtant très social. L'une de ses premières réformes financières consista par exemple à supprimer la prime annuelle, souvent versée pour l'anniversaire de l'élection, à tous les employés sans distinguer les petits salaires qui frisent pourtant le smic à vie, l'échelle des salaires au Vatican oscillant de 1 à 3. Celui d'un très haut cadre ne dépasse pas les trois mille euros par mois. La suppression brutale et unilatérale de cette prime somme toute modeste mais significative représentait un choc pour beaucoup, d'autant que les loyers modiques proposés à ses employés par le Vatican entraient aussi dans une spirale ascendante.

L'état de grâce à l'intérieur du Vatican fut donc de courte durée et le vent commença à tourner au désavantage de ce pape argentin réformateur... « Encore un "étranger" », un *straniero*, entendez un non-Italien qui ne « comprenait rien » à la vie profonde du Vatican, susurraient des familles très modestes y travaillant depuis plusieurs générations dans un esprit d'intérêt mais aussi de service pour l'Église. En retour, le nouveau venu les percevait comme des « privilégiés » de l'emploi à vie au Vatican. Il ne restait qu'à se soumettre ou à prendre la porte. Au Vatican, il n'y a pas de syndicats réels et encore moins de dialogue social même si l'institution a une direction des ressources humaines. Ce mot, dialogue social, est curieusement absent du logiciel ecclésiastique dans un monde où l'on prêche pourtant à longueur d'homélie les vertus de la justice sociale.

L'autre douche froide, encore dans toutes les mémoires, fut une déclaration de guerre du pape François, en bonne et due forme, contre les comportements des hauts prélats de la curie romaine qui est l'administration centrale de l'Église catholique. En bon jésuite le pape n'ouvrit pas les hostilités au premier abord. Il attendit son heure. Assisté de son conseil spécial de cardinaux, il commença par lancer, six mois seulement après son élection, une profonde « réforme de la curie » en vue de modifier la Constitution apostolique, le document juridique qui régit la vie du Saint-Siège. C'était d'ailleurs une « commande » des cardinaux qui l'avaient élu.

Cette approche administrative n'était pourtant pas son objectif. En maître spirituel, il visait l'esprit de la curie, l'esprit des hommes qui la font vivre au jour le jour, souvent partagé, selon les individus, entre une sainteté authentique et une insatiable soif de pouvoir. Il prit le temps nécessaire, une année et demie d'observations, de connaissance des personnels — environ deux mille cinq cents employés travaillent pour une centaine d'ecclésiastiques italiens qui comptent vraiment —, avant de mener une charge historique de l'avis général.

La charge pontificale

Le premier coup de semonce fut donné par l'artillerie légère le 6 décembre 2013 avec un brillant lieutenant, Raniero Cantalamessa, simple prêtre capucin, italien, prédicateur hors norme, notamment chargé de prêcher des exercices spirituels à la curie romaine, avant les fêtes de Noël et de Pâques. Sur le mode du guide spirituel, il exhorta le petit monde des *monsignori* à abandonner « l'autorité-pouvoir » pour choisir « l'autorité-service » en vue de « faire tomber les bastions » et « rétablir le contact avec les gens ». Ne disposant d'aucun pouvoir hiérarchique, les sages propos du religieux en bure marron tombèrent dans l'oreille de sourds. Il avait pourtant exprimé le noyau de la pensée réformatrice de François : quitter les habits du « pouvoir » pour revêtir le tablier du « service ».

Le 19 décembre, au cours de l'homélie matinale de sa messe privée dans la maison Sainte-Marthe où il réside, François relaya le coup de semonce contre cet esprit de « pouvoir » et non de service : « Lorsque l'Église se croit tout pouvoir et s'empare de la conscience des gens, elle prend la route de l'hypocrisie, elle est stérile. » Car « l'Église n'est plus une mère mais une... femme d'affaires ».

L'offensive fut reprise le 21 décembre 2013 par le pape en personne lors d'un discours annuel traditionnel, son discours de vœux à la curie romaine. Saluant la vertu des « vieux curialistes », ces serviteurs d'antan qui travaillaient avec « abnégation », « soin » et « précision », il mit en garde contre « la médiocrité » de certains avec ce diagnostic sans appel : « Quand l'attitude n'est pas celle du service des Églises particulières et de leurs évêques, alors la structure de la curie grandit comme une pesante douane bureaucratique, d'inspection et d'inquisition et qui ne permet pas l'action du Saint-Esprit et la croissance du peuple de Dieu. »

Les mots de douane, d'inspection et d'inquisition avaient été pesés. Lui-même avait expérimenté la pesanteur du système qu'il dénonçait, dont le souvenir cuisant d'avoir été convoqué à Rome à la suite d'une nomination qu'il avait effectuée à la tête de l'université catholique de Buenos Aires en Argentine sans l'aval de la curie romaine. On l'avait alors longuement fait attendre sans qu'il soit reçu par le haut responsable en charge du dossier mais par l'un de ses adjoints... Un aller et retour Argentine-Italie pour si peu. Il s'en souvint après son élection et ce haut responsable ne fit pas long feu. Évêque latino-américain, jésuite, cardinal, Bergoglio, comme on l'appelle au Saint-Siège, détestait *de facto* le Vatican. Il ne s'y rendait que par stricte obligation. Il y passait le moins de temps possible. Il rencontrait plutôt ses vrais amis dans la ville de Rome.

L'autre point noir dénoncé par le pape ce jour-là fut « une loi non écrite de notre environnement de curie qui est malheureusement celle des bavardages » qui « abîment la qualité des personnes et du travail ». La traduction officielle de son discours retint bavardage. Mais le mot italien employé par le pape était *chiacchiere*, mieux traduit par commérage ou persiflage.

François attendit encore une année avant d'administrer le coup de grâce à sa curie romaine. Elle ne lui pardonna d'ailleurs jamais. Elle entra pour partie en résistance souterraine contre son pontificat, et la publication de la nouvelle Constitution de ladite curie, le 19 mars 2022, allait susciter une sourde grève du zèle.

Une volée de bois vert

La nouvelle escarmouche se déroula le 22 décembre 2014 dans l'opulente salle Clémentine du Vatican, l'une des salles d'audience les plus prestigieuses de la Cité, sous une grande fresque représentant la pêche miraculeuse de l'Évangile. Le pape demanda à l'avance « pardon » à son auditoire composé des plus hauts membres de la curie, ses collaborateurs les plus immédiats. Il ne pouvait que prendre cette précaution car il annonçait un « stimulant et véritable examen de conscience ». La curie, expliqua-t-il, est un « petit modèle de l'Église », c'est-à-dire un « corps » qui cherche « à être plus vivant, plus sain » et « plus uni en lui-même et avec le Christ ». Mais un « corps complexe et dynamique » qui « ne peut vivre sans se nourrir, ni se soigner » s'il est sujet aux « maladies, aux dysfonctionnements ». D'où l'annonce d'un « catalogue » des « maladies curiales ». Il en dénombra quinze exactement.

La volée de bois vert mériterait d'être citée car elle est historique. Aucun pape n'avait osé une telle critique publique des vices de son propre gouvernement « bureaucratique ». La photographie est du reste assez exacte. Redoutable de perspicacité, elle est prise de l'intérieur. Elle est aussi très significative des relations conflictuelles opposant ce pape venu du bout du monde avec ce centre du monde qu'est le Vatican pour l'Église catholique. Un cœur administratif avec ses vieilles habitudes séculaires et sa culture cléricale transmise de génération en génération comme un trésor immuable, rarement remise en cause, fût-elle au bord de la sclérose. On pourrait résumer ces quinze maladies en deux groupes d'affections, les unes personnelles, les autres collectives.

Sur le plan collectif François dénonça le « narcissisme » conduisant à « se sentir immortel » et « indispensable » où des prêtres « se transforment en patrons » en « se sentant supérieurs à tous et non au service de tous ». Il fustigea « la pétrification mentale et spirituelle » de ceux qui ont un « cœur de pierre » et qui « se cachent sous les papiers, devenant des machines à dossiers ». Ils s'enfoncent alors dans une « planification excessive » et dans le « fonctionnarisme » où « l'esprit de communion et d'équipe » n'est plus qu'un « orchestre » produisant « vacarme » et « scandale » dont les moteurs sont « la rivalité et la vanité ». Un exemple ? « On apprend quelque chose et on le garde pour soi au lieu de le partager positivement avec les autres. Par jalousie ou par ruse, on éprouve de la joie en voyant l'autre tomber au lieu de le relever et de l'encourager. » L'arme de choix est le « commérage » des « personnes lâches qui n'ont pas le courage de parler directement mais par-derrière ». Les agents de ce « terrorisme des bavardages » deviennent des « semeurs de zizanie (comme Satan) », puis « dans beaucoup de cas », insiste le pape, perpétuent des « homicides de sang-froid visant la réputation des collègues et des confrères ». On se fait aussi valoir à l'extérieur dans une forme d'« exhibitionnisme » pour « obtenir des profits mondains » en étant « capable de calomnier, de diffamer et de discréditer les autres, même dans des journaux et dans des revues ». Autre dérive de ce système ecclésiastique, « la maladie de diviniser les chefs : on courtise les supérieurs, en espérant obtenir leur bienveillance ».

Ceux qui ont cette maladie sont « victimes du carriérisme et de l'opportunisme, ils honorent les personnes et non Dieu », ils sont « seulement guidés par leur propre égoïsme funeste ». Tendance qui affecte également les supérieurs hiérarchiques qui « courtisent certains de leurs collaborateurs pour obtenir leur soumission, leur loyauté et leur dépendance psychologique ». Ce qui développe une « complicité » propre aux « cercles fermés ». Et, parfois, des « tirs de frères d'armes » forment le « danger le plus sournois ». Ambiance...

François poussa le scalpel encore plus loin, dans l'intimité plus personnelle des prélats de la curie romaine qui écoutaient, totalement abasourdis. Contrairement à leur vocation d'être des personnes humbles et des serviteurs, témoins du Christ, ils étaient décrits, au contraire, comme des personnages à double vie, ce que le pape appela la « schizophrénie existentielle » : « C'est la maladie de ceux qui mènent une double vie, fruit de l'hypocrisie typique du médiocre et du vide spirituel progressif que diplômes et titres académiques ne peuvent combler. » Ces prélats « créent leur monde parallèle, où ils mettent de côté tout ce qu'ils enseignent sévèrement aux autres et où ils commencent à mener une vie cachée et souvent dissolue ». Domine alors le règne de l'« apparence » où « les couleurs des vêtements et les insignes de distinctions honorifiques deviennent l'objectif premier de la vie » et où des hommes et des femmes, faux, vivent un faux « mysticisme » mais aussi un faux « quiétisme » qui va jusqu'à « une vie de prière zélée mais apparente, presque simulée ». Soit un « Alzheimer spirituel », le mot fit florès dans les médias. Ces prélats ont perdu « la mémoire de leur rencontre avec le Seigneur » qui fut pourtant décisive pour leur engagement à vie dans l'Église. Prisonniers de leurs « caprices et manies » ils sont « esclaves des idoles qu'ils ont sculptées de leurs propres mains ». Ces « hommes de Dieu » ne sont plus capables de « pleurer ».

L'une des dernières maladies listées par le pape ne parvint même pas à détendre l'atmosphère pesante chez ses collaborateurs qui avaient saisi que l'état de grâce était terminé vingt et un mois après l'élection de leur nouveau pape et qu'une guerre intestine était lancée. Cette affection couronnait le tout, elle était courante, il est vrai, chez bon nombre de collaborateurs mis à part de très souriantes exceptions : « la maladie du visage funèbre » ! François portait ce coup de dague final : « Ce sont des personnes grincheuses et revêches, qui considèrent que pour être sérieuses il faut arborer un visage de mélancolie, de sévérité et traiter les autres — surtout ceux qui sont censés être inférieurs — avec rigidité, dureté et arrogance. » Cette « sévérité théâtrale » est le signe d'un « pessimisme stérile » loin du témoignage de « l'apôtre qui doit s'efforcer d'être une personne courtoise, sereine, enthousiaste et gaie qui transmet la joie où qu'elle se trouve ». D'où cet encouragement mais qui reçut un accueil froid : « Ne perdons donc pas cet esprit de joie, plein d'*humour*, et même d'autodérision, qui nous rend aimables, même dans les situations difficiles. Comme une bonne dose d'humour sain nous fait du bien. » Mais cet humour de François était trop grinçant pour le vieux Vatican. Quant à la « guérison » annoncée par le nouveau chef de la maison catholique, elle supposait, annonçait-il, « la conscience de la maladie » et « la décision personnelle et communautaire de se soigner ». Bon gré, mal gré, François leur demandait de « supporter le traitement avec patience et persévérance ». De fait, la thérapie de choc allait commencer sans tarder... De Paris, l'un des cardinaux qui l'avait élu un an et demi plus tôt regardait avec flegme le choc sismique infligé — une veille de Noël ! — par ce pape issu du Nouveau Monde à la tête de la plus ancienne bureaucratie de l'Ancien Monde : « François fait subir à l'Église une retraite spirituelle, les exercices spirituels de saint Ignace de Loyola. Ils sont fondés sur un long examen de conscience. »

Ce cardinal, André Vingt-Trois, alors archevêque de Paris, visait plutôt juste.

Un jésuite argentin impétueux

Mais qui était ce pape, cardinal relativement inconnu deux ans plus tôt, qui donnait à présent la leçon aux plus hauts cadres ecclésiaux qui l'avaient pourtant élu ? De quelle autorité pouvait-il se réclamer en usant d'une telle violence dans le propos ? Il était pape, certes, mais à un pape tout n'est pas permis. Aucun de ses prédécesseurs n'avait osé se livrer à une pareille attaque frontale de la curie romaine. Il savait déclarer une guerre. Il voulait un double changement, de culture et de structure. Il en avait la vision et la force. Il était conscient que la bataille serait longue car cette lutte contre la mentalité curiale et ses acquis serait rude et subtile, ce qui allait bien à ce jésuite argentin impétueux.

✧

Cet homme de caractère est né le 17 décembre 1936 à Buenos Aires. Son père, Mario José, italien, est arrivé en Argentine en 1929 avec ses parents originaires du Piémont, dans le nord de l'Italie. La famille n'aurait jamais dû aborder l'Amérique latine, le paquebot qu'ils devaient emprunter en 1928 coula au large du Brésil. Les grands-parents du futur pape avaient reporté au dernier moment la traversée, ils n'avaient pu vendre leurs biens à temps. Sa mère, Regina Maria Sivori, est née en Argentine de parents immigrés italiens issus de Ligurie, la région côtière de Gênes, non loin de Nice. Mario José Bergoglio, le père du futur pape, a vingt ans quand il découvre Buenos Aires. Il est comptable et retrouve ses frères, déjà immigrés en Argentine, qui prospèrent dans une entreprise de construction. Le couple aura cinq enfants, l'aîné sera Jorge Mario. Il choisira la chimie dont il sera diplômé comme technicien. Il aimera danser le tango, il aura une fiancée mais l'appel au sacerdoce sera plus fort. À vingt et un ans, il entre chez les Jésuites, où il sera professeur de littérature et de psychologie avant de devenir prêtre en 1969. Il a trente-deux ans. Il prononce ses vœux perpétuels dans cet ordre religieux quatre ans plus tard. La même année, la Compagnie de Jésus confie à ce cadre prometteur la charge de la province d'Argentine. La responsabilité est immense pour un homme de moins de quarante ans. Le contexte politique rend la mission encore plus délicate avec le retour au pouvoir de Perón, un homme dont Jorge Mario Bergoglio partage une partie des opinions. Il y aura le coup d'État militaire en 1976, période difficile pour le jésuite. Sans absoudre, loin de là, les actes des généraux, le jeune supérieur entre en conflit avec des frères jésuites argentins qui soutiennent la résistance violente, de facture marxiste. Il est alors déjà critiqué pour ses méthodes autoritaires et autocratiques.

Dans cette fonction de gouvernement, Bergoglio connaît un échec retentissant. Il est écarté par ses propres frères jésuites. Les rôles subalternes se succèdent jusqu'en 1992. Il doute de lui-même mais l'épreuve renforce sa vocation religieuse, confiera-t-il. Ce désert dure quinze ans. L'homme est dans la force de l'âge, il a des aptitudes pour de hautes fonctions, il y a une forme de gâchis. Jusqu'au jour où le très conservateur cardinal Antonio Quarracino, archevêque de Buenos Aires, vient le chercher dans une ville d'Argentine où il n'est qu'un modeste confesseur. Il a cinquante-cinq ans et devient évêque auxiliaire de la capitale argentine, puis archevêque, primat d'Argentine à soixante et un ans. C'est la fin du purgatoire.

Il ne change rien pour autant. Sa vie est sobre, il utilise les transports en commun, fait lui-même le ménage et prépare ses repas. Il parcourt les banlieues, tonne contre les injustices sociales, peste contre les États-Unis. Ses coups de colère sont redoutés. Il prend le parti des pauvres dans une Argentine en crise économique et écartelée par un abysse social entre une minorité, richissime, une masse de nécessiteux, une classe moyenne qui travaille dur pour gagner peu. Quand Jean-Paul II élève cet archevêque incommode, qui ne sourit pas, au rang de cardinal en 2001, Bergoglio refuse toute fête de réception et demande que l'argent prévu à cet effet soit distribué aux pauvres. Remarqué par son style de vie ascétique, sa proximité avec tous et l'originalité de ses méthodes pastorales, il apparaîtra aux yeux des cardinaux comme le pasteur providentiel, blanchi sous le harnais, homme de terrain, prélat de combat, prince de gouvernement, pour remplacer Benoît XVI. Ils ne connaissent pas son caractère. Il est le premier jésuite à cette fonction suprême de l'Église. Seuls ses frères de la Compagnie de Jésus qui le connaissent s'inquiètent du choc qu'il va créer au Vatican par son tempérament ombrageux.

✧

Saint Ignace est le fondateur des Jésuites. Né en 1491 dans le Pays basque espagnol, cet homme de feu se destinait à une carrière militaire mais une blessure le conduisit à entrer en religion et à devenir l'un des plus grands saints de l'histoire de l'Église si l'on en juge par sa fécondité spirituelle, l'ampleur mondiale de son œuvre et sa permanence dans le temps. La Compagnie de Jésus, l'ordre qu'il a fondé, est à l'origine d'une multitude d'initiatives pastorales, d'écoles, d'universités. Elle a formé une élite catholique au fil des siècles, pas seulement intellectuelle mais spirituelle. Et avec une organisation proche de l'ordre militaire quant à l'abnégation et à l'obéissance demandées aux jésuites qui sont souvent considérés comme les « soldats du pape », toujours fidèles à lui par vœu religieux.

Ils vivent une spiritualité très exigeante, fondée sur les « exercices spirituels », un programme de retraite pouvant durer jusqu'à trente jours, qui repose sur un examen de conscience personnel très intérieur, sans concession, jusqu'à une certaine violence avec soi-même pour corriger sa propre conduite. Et avec une exigence de résultats tangibles, car le but n'est pas une spiritualité éthérée, platonicienne, éloignée des réalités, mais la « sainteté ordinaire », comme aime à le dire le pape François. La sainteté parfaite parce qu'imparfaite, celle de M. et Mme Tout-le-Monde qui vivent leur foi chrétienne au jour le jour, engluée dans le monde tel qu'il est et non tel que rêvé. Une sorte de saint réalisme qui décline une radicalité assumée.

Le « cadeau » de Noël 2014 de François n'était pas suave mais volontairement rude. Après des décennies d'expérience de la curie romaine depuis sa lointaine Argentine et au terme de sa première immersion d'une vingtaine de mois au premier poste de commande, François avait pu mesurer l'étendue et la complexité de ce redoutable contre-pouvoir sans visage. Il savait par une autre expérience, celle des quatre pontificats précédents — Paul VI, Jean-Paul Ier, Jean-Paul II et Benoît XVI —, que toutes les tentatives de réformes de la curie romaine avaient relativement échoué. De plus, la veille de son élection dans la chapelle Sixtine, il avait reçu un mandat spécifique des cardinaux pour mettre bon ordre à une machinerie devenue incontrôlable. Au point que cette toute-puissance de l'administration centrale de l'Église avait été, précisément, l'un des motifs de la renonciation du consciencieux pape allemand.

Il fallait donc mettre au pas la curie romaine, la dompter et la placer sous un seul chef, le pape, et non plus sous le cardinal secrétaire d'État, Premier ministre du pape. Il fallait la remettre à sa place, non plus au-dessus des Églises locales mais à leur service. En fin connaisseur des âmes et des hommes, le pape jésuite avait compris qu'il n'y avait pas d'autre voie pour y parvenir que celle de créer un rapport de force qui commençait par ce choc, cette charge pontificale apparemment peu chrétienne, ni charitable, mais salutaire et conforme à la grande tradition catholique de lutte à mort contre le péché.

Cette cure de la curie rebelle se poursuivrait par une manœuvre d'isolement selon deux axes. Le premier visait à dénoncer publiquement ce malaise de la curie pour prendre l'opinion catholique à témoin. Le second, on le verra plus tard, revenait à gouverner sans la curie par le biais d'un gouvernement parallèle. Comparé à une administration publique, c'est comme si un président de la République gouvernait avec un cabinet de conseillers ne laissant à son gouvernement officiel et aux ministres que les seules affaires ordinaires et courantes.

Le grand Jean-Paul II lui-même, dix ans après son élection en 1978, avait promulgué une réforme de la curie romaine sans succès réel. Il avait donc contourné en partie cette influence par une politique active de voyages apostoliques qui lui assuraient, avant Internet, un contact direct avec les Églises locales et, au fond, un *leadership* mondial. Benoît XVI avait aussi tenté une reprise en main de la curie, mais c'est elle qui avait fini par le prendre en main... François, sachant la partie difficile, opta pour l'affrontement, non par une dialectique du pouvoir politique, mais en hardi confesseur de la foi de culture jésuite classique, harcelant le mal et le dénonçant comme tel, publiquement.

Petit-fils d'immigrés italiens

Une tâche d'autant plus aisée pour lui que ce petit-fils de deux grands-parents immigrés en Argentine, italiens du nord pratiquant un dialecte dont il parle quelques mots, connaissait intimement la mentalité italienne. Il en était pétri bien que ses propres parents eussent mis un point d'honneur à ne plus parler la langue familiale au profit de l'espagnol pour mieux s'intégrer dans leur nouveau pays. Mais chez les Bergoglio, tout respirait l'Italie : la spiritualité, le football, la *pasta,* la famille. En cousin éloigné, mais comprenant de l'intérieur la culture cardinalice italienne, Bergoglio détestait ce panier de crabes ecclésiastique curial et italien et sa vision étroite, son ambition feutrée, son hypocrisie, son carriérisme, sa mondanité, tout en admirant quelques exemples de sainteté authentique. Les rares occasions où il fut obligé de se rendre à Rome, le prélat sud-américain n'habitait jamais au Vatican sinon pour les conclaves de 2013 et de 2018. Il dormait dans une maison pour prêtres, près de la Piazza Navona, et fuyait les réceptions. Il dînait en toute simplicité chez des familles amies.

D'où, aussi, la marge de manœuvre inédite et la liberté intérieure dont il bénéficia, dès son élection, vis-à-vis du système de pouvoir curial : il était de culture italienne — il maîtrisait les codes de la curie — sans être italien ; il était cardinal, membre du plus éminent corps clérical, tout en jouissant d'une souveraine liberté de religieux jésuite ; il était de culture latino-américaine, donc direct, sans précaution, sans scrupule, pragmatique, politique, sachant trancher dans le vif, une qualité rare dans le milieu ecclésiastique dominant qui élimine les caractères trop trempés pour l'onctuosité.

Cet avantage psychologique et culturel ne facilitait rien pour autant. À preuve, le très lent processus de réforme de la curie que François engagea dès le 1er octobre 2013, six mois après son élection. Il confia ce dossier à une équipe de huit cardinaux, soigneusement choisis loin de Rome, nous y reviendrons, qui eurent toutes les peines du monde à ficeler un projet acceptable. Alors qu'ils devaient boucler cette réforme en moins de deux ans, ils étaient toujours au pied du mur, sept ans après, en 2020, après... trente-trois réunions ! Elle fut publiée le 19 mars 2022, sans convaincre. Un an plus tard, elle avait toutes les peines à s'appliquer. C'est dire la difficulté de l'entreprise.

Réformer la curie romaine n'était pas seulement une œuvre organisationnelle mais aussi une œuvre culturelle. On ne modifie pas la culture sédimentée et multiséculaire d'une institution aussi immuable que l'Église catholique en deux discours et en trois réformettes. Bâtie, qui plus est, selon une architecture mentale défensive de la foi et de l'Église. C'était donc bien d'une « conversion » qu'il s'agissait, François l'avait compris : conversion du cœur, de l'intelligence, de façon à commuer, on l'a dit, une culture du pouvoir en une culture du service. Culture imbibée d'une empreinte tangible dans les mentalités actuelles de... l'Empire romain. Cette matrice antique du monde européen a laissé des traces encore actives dans l'organisation de l'Église catholique et dans son droit canonique qui ne sont pas les vestiges éteints du prestigieux Forum romain.

✧

En face de lui, on devrait dire avec lui, il y avait cette mystérieuse curie romaine. Des Italiens dans leur immense majorité, dont une bonne centaine pèse vraiment car ce système très hiérarchique et codifié ne laisse aucune place à l'initiative personnelle. C'est un modèle parfait de bureaucratie. De la taille d'une grosse préfecture, elle en partage l'esprit provincial étroit avec un personnel souvent arrogant et juché sur un petit carré de pouvoir. Elle œuvre en trois dimensions d'amplitude inouïe : l'échelle géopolitique et multiculturelle mondiale ; le temps long reposant sur deux millénaires d'histoire ; l'intériorité mystique et spirituelle, personnelle et collective. Le tout avec un appareillage juridique et religieux sans pareil, un personnel issu de toute la planète où la foi mais aussi le vœu d'obéissance au supérieur règnent en maîtres : plus de cinq mille évêques, quatre cent vingt mille prêtres, sept cent trente mille religieuses pour un milliard trois cent cinquante millions de fidèles.

Si vous n'êtes pas un touriste qui visiterait les musées du Vatican ou la basilique Saint-Pierre, franchir les murs de la Cité vous introduit instantanément sur une autre planète. Il faut d'abord montrer patte blanche car chaque entrée est contrôlée. Il faut se savoir constamment surveillé. Il y a toujours un garde suisse ou un gendarme du Vatican ou... un simple appariteur ou ascensoriste qui va vous suivre du regard ou écouter subrepticement votre conversation. L'itinéraire même du visiteur est tracé, son horaire aussi. Le contrôle est moins sévère sur les personnels mais chacun surveille chacun. C'est une vieille habitude liée à la sécurité, mais pas seulement. À moins de passer par un autre canal, plus discret mais sous contrôle désormais des caméras de la gendarmerie vaticane — concurrente des gardes suisses. Il consiste à traverser les locaux de cette garde et être conduit par un Suisse chez votre hôte qui aura donné cette consigne de discrétion pour échapper aux « Italiens » qui vous repéreront de toute façon.

C'est à se demander qui est vraiment chez soi au Vatican ? Le pape ? On peut parfois se poser la question. Une histoire romaine raconte que Dieu le Père demanda à son fils Jésus et à l'Esprit saint où passer les vacances cette année-là. Et l'Esprit saint de répondre : « Le Vatican, chouette, je n'y suis jamais allé ! » Sous-entendu : même cet esprit d'amour, d'intelligence et de sagesse de Dieu, selon la théologie, ne se serait jamais hasardé dans ce monde clos, trop humain pour entendre les voix de Dieu. Ce qui est évidemment exagéré et faux mais qui dit quelque chose de vrai. Il y a dans ce petit monde sérieux et serviable du Vatican, un visage du « Monsieur sérieux » du *Petit Prince* de Saint-Exupéry — « J'ai tellement de travail ! Je suis sérieux, moi, je ne m'amuse pas à des balivernes ! » — souvent moqué d'ailleurs par le pape François qui pincerait s'il le pouvait les *monsignori* pour les faire rire. *Monsignori* dont l'une de ses premières réformes consista à supprimer l'appellation et le titre honorifique, mais beaucoup conservèrent l'habitude de se faire ainsi appeler.

Le malheur est que ce monde curial se sent à part, voire divinement élu pour endosser une lourde responsabilité. Ces soi-disant « élus » ne le sont pas puisqu'ils sont nommés. Ils font bien sentir leur « pouvoir » à qui n'appartient pas au cercle. Cette attitude est renforcée par un effet de cour bien connu où plus on montre de zèle, plus on a de chance de gravir les échelons de cette hiérarchie, administrative pour les laïcs, ecclésiastique pour les prêtres.

Comportement également couronné par le carriérisme clérical tant combattu, à juste titre, par François, où il n'y a pas pire représentant qu'un prêtre célibataire, la quarantaine, revenu de son premier zèle de jeune prêtre. Promu au Vatican, parfois parce qu'il est brillant mais aussi parce que le diocèse le trouve ingérable ou incompétent ou ne sait pas quoi faire de lui... Cet homme qui a donné sa vie pour Dieu, sans mesure, pour une voie normalement marquée par la générosité et le grand vent, se trouve ici enfermé dans une fonction technocratique, avec des horaires de bureau, un « chef » au-dessus de lui, des subalternes, souvent laïcs, à ses ordres. Par zèle, scrupule ou ennui, il peut devenir l'un de ces petits tyrans pointilleux, bien intentionnés mais insupportables, qui hantent les institutions, alors qu'il serait un excellent curé de paroisse s'il n'était pas dans une fonction hiérarchique.

Dernière caractéristique de cette culture non avouée de la curie romaine, la prégnance de la mentalité italienne. Force et faiblesse de l'administration centrale de l'Église catholique, elle est un facteur-clé dont on ne parle jamais. Pour les Italiens, le Vatican leur appartient, c'est leur chose. La longue histoire du Saint-Siège le justifie, la multitude des papes italiens, et romains, également. Effet conséquent : tout non-Italien est un *straniero*, « un « étranger », fût-il pape ! Le langage trahit cet état de fait, *il polacco*, disait-on dans les couloirs du Vatican de Jean-Paul II, *l'argentino* désigne François. Benoît XVI fut épargné d'un sobriquet nationaliste car il était tout sauf la caricature d'un « Allemand ». La rectitude de sa longue carrière vaticane, sa fragilité, son effacement personnel derrière sa fonction, inspiraient beaucoup de respect filial. Le fait que les Italiens aient vu passer tant de papes explique que la personne même du souverain pontife compte finalement assez peu pourvu que la fonction soit dignement remplie. À Rome, on dit d'ailleurs *fare il papa*, « faire le pape », c'est-à-dire occuper un rôle sur la scène d'un théâtre religieux. On ne dit pas *essere papa*, être pape.

Tout change pour que rien ne change

Cette relative indifférence aux personnalités et cette attention à la fonction sont une force du système où rien n'est vraiment dramatique, ni réellement sérieux. Dans cette continuité tout change pour que rien ne change selon le mot du roman *Le Guépard* de Giuseppe Tomasi di Lampedusa. Un pape a telle fantaisie ? Un autre suivra... L'italianité apporte aussi plasticité, souplesse, sens des petites et grandes *combinazione* régulatrices d'un système central et international à cultures multiples et complexes. Mais elle suscite, voilà sa faiblesse, l'existence d'un système parallèle, voire occulte, des pouvoirs, des nominations, des décisions, au sein d'une institution qui prône la transparence et la probité. Avec un mode d'emploi que les Italiens connaissent d'emblée même si la majorité d'entre eux se refusent à la compromission. D'où les séries de scandales qui, s'ils ne touchent pas les mœurs, impliquent l'argent ou l'exercice du pouvoir. L'étage suprême, celui du pape, n'est jamais touché officiellement même si plusieurs affaires prouvent le contraire, mais il arrive que ses proches collaborateurs, curieusement italiens, le soient.

François, tout sympathique et adulé qu'il sera à l'extérieur de l'Église, arrive donc comme un « étranger » et le restera. D'autant qu'il n'a pas cherché à se faire aimer à l'intérieur de sa maison. On trouve même, non loin de lui, une forme de détestation chez ceux qui le considèrent trop progressiste pour tenir une maison de traditions. On note également à son endroit un souverain mépris, élégant, hypocrite, raffiné dont sont capables les Italiens quand ils sentent qu'ils ne sont pas respectés dans leur identité. Ce qui a pu occasionner de discrètes grèves du zèle dans l'administration vaticane, certains se limitant à assurer l'indispensable mais sans plus. Et l'on saura, par de subtiles formes d'obstruction, ralentir des réformes ou les ensabler... en attendant le souverain suivant.

Est-ce si grave ? La curie romaine est importante parce qu'elle est centrale, mais elle n'est pas décisive. Cette administration à l'ancienne n'a jamais converti une seule personne, ni suscité la moindre vocation, ni attiré qui que ce soit, si ce n'est des amateurs de pouvoir ecclésiastique. Elle joue son rôle mais ne change rien. Les vives émotions liées à des révolutions de papier qui agitent régulièrement la curie dès qu'une nouveauté ou une fantaisie papale apparaissent ne sont qu'une écume. Les cris d'orfraie : « On n'a jamais vu cela au Vatican ! » sont éphémères car ce petit monde, pourtant ouvert sur la terre entière, n'a que peu d'influence.

L'Église catholique est par essence décentralisée. Ses forces vives résident autant sur les sommets romains que dans les plus humbles des paroisses d'Afrique ou d'Océanie. Le spectacle de la curie romaine et de ses petits tracas est un paravent qui masque des questions beaucoup plus importantes et souvent cachées, que nous allons aborder. Cette curie forme néanmoins un écosystème plus ou moins en osmose avec le pape régnant. Elle peut lui faciliter la vie comme elle peut être un handicap. Mais il faut savoir qu'il n'y a jamais officiellement de problèmes sérieux entre la curie romaine et le pape ! La curie, on le sait, est soumise, tout entière donnée au « Saint-Père », titre usuel du pape au sein du Vatican. Mais derrière son image, qu'est-ce qu'un pape en réalité ? Nous allons le découvrir.

2

LES DESSOUS D'UNE COHABITATION INÉDITE

Du haut de la coupole de Saint-Pierre, la vision est idyllique. Une coursive circulaire permet de contempler la ville de Rome à cent quarante mètres de hauteur. Il faut tout simplement tourner le dos à la place Saint-Pierre et scruter les jardins du Vatican. Nous sommes loin du jardin de curé. C'est le jardin des papes. Pas tout à fait le jardin d'Éden, mais pas loin. Il est magnifique. Des milliers d'espèces végétales rares y sont collectionnées au gré des siècles dans un désordre savant. Les cactus en particulier. Ils existent également au sens figuré, on le verra, avec certains usages propres au Vatican. Quant à l'architecture des quelques bâtiments de ce lieu préservé, elle témoigne de multiples styles et de la lente histoire de la Ville éternelle. Ce jardin mythique est une page de l'histoire de l'art.

De ce perchoir on aperçoit le monastère Mater Ecclesiae, Marie, mère de l'Église. Il se distingue par sa banalité. Jean-Paul II avait souhaité que des religieuses contemplatives puissent y vivre et y prier. Plusieurs congrégations s'y sont succédé, clarisses, carmélites, bénédictines, visitandines. Elles imploraient jour et nuit et priaient pour l'Église et pour le pape selon la volonté du pontife polonais. Il avait trouvé en arrivant que l'on ne priait pas suffisamment au... Vatican. Il souhaitait cette lumière silencieuse et constante pour lutter contre les ombres du Saint-Siège.

À la fin de 2012, cette grande maison fut réaménagée dans une totale discrétion dont le Saint-Siège a le génie. C'était même un secret d'État : cette demeure devait accueillir le pape émérite Benoît XVI une fois qu'il aurait annoncé sa renonciation le 11 février 2013. Après ce jour historique, il passa quelque temps à Castel Gandolfo, la résidence d'été des papes, le temps de finir les travaux dans ce coin de paradis. Il se retira ensuite définitivement dans les jardins du Vatican.

Restez sur la coupole, du regard descendez cette colline sur la gauche et arrêtez-vous sur un gros bâtiment rectangulaire, sans fioriture, fonctionnel, à l'arrière de la basilique Saint-Pierre. C'est la « maison Sainte-Marthe ». Elle fut également transformée par Jean-Paul II en hôtellerie sobre et haut de gamme pour loger les prélats de passage et surtout, le cas échéant, les cent vingt cardinaux réunis en conclave pour élire le pape.

Les deux conclaves de 1978, celui qui élut Jean-Paul Ier le 26 août et celui qui élut Jean-Paul II le 16 octobre, avaient laissé un douloureux souvenir d'inconfort à certains cardinaux occidentaux, américains en l'occurrence. Le mois d'août est particulièrement étouffant dans la cuvette de Rome. Dormir dans des chambres improvisées avec des rideaux tendus à la façon d'un camp scout dans des salles et couloirs des musées du Vatican fermés pour l'occasion mais non loin de la chapelle Sixtine, lieu des votes, sans salles de bains ni toilettes à proximité, fut une épreuve moyenâgeuse pour ces septuagénaires et octogénaires. Elle l'aurait été pour n'importe qui.

En inaugurant ce bâtiment en 1996, Jean-Paul II ne pouvait toutefois imaginer que l'un de ses successeurs, François, y établirait ses appartements dans l'une des cent neuf suites de la résidence. Élu en 2013, ce religieux jésuite argentin, habitué à vivre en communauté, ne supportait pas d'être seul dans le traditionnel appartement papal, pourtant austère, mais gardé comme un coffre-fort et situé dans le palais apostolique dominant la place Saint-Pierre.

Deux papes donc, dans un même jardin ! En quatre cents ans la vieille coupole de Saint-Pierre avait tout vu et tout entendu mais elle n'aurait jamais pu imaginer la cohabitation de deux papes dans cet enclos d'Église ! L'un émérite, l'autre en fonction, mais tous deux en soutane blanche.

Des règles encore impensées

Que voulait dire la « sainte Providence » souvent évoquée dans la bouche des prélats pour expliquer cette cohabitation ? Était-ce un signe des temps ? L'annonce de l'affaiblissement de la papauté ? Ou les prémices d'une mutation historique du rôle du pape ?

L'équation se compliquait avec l'originalité de la personnalité des deux pontifes, car ni l'un ni l'autre n'était un pape ordinaire. Dans son genre, chacun était extraordinaire : un théologien hors norme pour Benoît XVI, un pasteur de terrain hors classe pour François.

Autre étrangeté, Joseph Ratzinger et Jorge Mario Bergoglio semblaient être liés par le destin ou le dessein divin. N'avaient-ils pas été tous les deux finalistes du conclave de 2005 quand il s'était agi de remplacer Jean-Paul II ? Huit ans plus tard, en 2013, qui pouvait parier sur les chances du cardinal Bergoglio d'être élu successeur du pape Benoît XVI sinon un tout petit cercle, curieusement très bien informé, selon certains, sur les intentions du pape allemand de transmettre sa charge avant sa mort ?

Autre surprise : les effets inattendus de cette improbable cohabitation. L'un est au pouvoir, l'autre est en retraite. La présence silencieuse, vouée à la prière, d'un ex-pape vêtu de blanc n'a pas été sans influence, nous le verrons. Tout comme la « présence » d'un troisième homme, pape lui aussi, canonisé, Jean-Paul II... Il avait régné un quart de siècle, son œuvre était toujours prégnante. Impossible en effet de saisir le pontificat de François sans référence à ce prédécesseur polonais et à son héritier direct, Benoît XVI, dont le pape argentin s'est nettement démarqué. Il puisait d'ailleurs son inspiration à son tour — ce qui n'est pas le dernier des paradoxes — chez les trois papes précédents, Jean-Paul Ier, Paul VI et surtout Jean XXIII !

Un pontificat est ainsi par nature relié aux autres, mais celui de François, tout en se libérant de Jean-Paul II sur la priorité de la morale, et de Benoît XVI sur la priorité de la liturgie, a comme ressuscité l'influence de trois défunts, Jean-Paul Ier, Paul VI et surtout Jean XXIII, le lanceur du concile Vatican II, admiré de François. La cohabitation inédite de deux papes a ainsi réveillé l'influence de quatre de leurs prédécesseurs.

Autre énigme, vingt ans après le début du troisième millénaire, Benoît et François ont été tous les deux les fameux habitants des bucoliques jardins du Vatican... Ce qui soulève une série de questions : pourquoi le pape émérite n'était-il pas rentré dans son pays d'origine, l'Allemagne, afin d'y vivre dans un monastère selon son rêve le plus cher ? Vivrait-il encore longtemps ? François et lui étaient-ils des papes jumeaux ? Certainement pour la succession mais pas du tout pour les personnalités, le style et les pensées comme le démontra leur cohabitation.

Des règles avaient d'ailleurs été strictement fixées. Elles avaient été impensées dans l'histoire de la papauté. Le binôme établit alors cette règle de fer simple et efficace : aucune interférence de pouvoir, soumission du retraité au pape régnant; le pape émérite ne s'engageant toutefois pas au « silence » comme cela a été faussement écrit.

Cette frontière fut peu franchie même si le serpent de la division toujours à l'affût dans ce jardin d'Éden ne manqua aucune occasion pour opposer ces papes qui récusaient pourtant publiquement toute mésentente entre eux. « C'est un peu comme mon grand-père », confia lors d'une conférence de presse aérienne le pape François à propos de son prédécesseur Benoît XVI. Un grand-père que l'on vient visiter pour les grandes occasions. Ce que fit le pape régnant, avec régularité, à l'occasion de fêtes religieuses, de synodes, ces grandes réunions d'évêques au Vatican, ou pour la création de nouveaux cardinaux. Une voiture, un petit bus chargé d'une bordée de soutanes « montait » saluer le pape émérite. C'était l'occasion de prendre une photo surréaliste, rassurante pour certains, inquiétante pour d'autres, avec côte à côte, les deux papes, le retraité et le régnant.

✧

Cet état d'esprit familial entre les deux hommes de Dieu, François l'avait effectivement défini, non sans arrière-pensée, au retour de son voyage en Arménie, le 26 juin 2016. C'était un peu plus de trois ans après son élection. Répondant à une question sur la cohabitation avec Benoît XVI, François, contre toute attente, avait insisté sur la hiérarchie de pouvoir : « C'est un pape émérite, et non pas le second pape. Il est fidèle à sa parole, c'est un homme de Dieu, très intelligent et qui, pour moi, est comme un grand-père à la maison. [...] Mais il n'y a qu'un seul pape. Peut-être qu'il y aura un jour deux ou trois papes émérites. Mais ils seront émérites. »

Ce n'était pas la première fois que François évoquait allusivement sa propre démission et le fait qu'elle pourrait survenir avant la mort de Benoît XVI, d'où la vision des trois papes... François avait aussi raconté plusieurs anecdotes : « Benoît est dans un monastère, il prie. Je suis allé le voir plusieurs fois, je l'ai eu au téléphone. L'autre jour, il m'a écrit une petite lettre avec sa signature pour me souhaiter un bon voyage. C'est une grâce que d'avoir à la maison le sage grand-père. Quand je lui dis cela, il rit ! Pour moi, il est le pape émérite, le grand-père sage, il est l'homme qui veille sur mes épaules et sur ma nuque par sa prière. »

Mais la pointe de sa déclaration tenait dans ce trait : « Il n'y a qu'un seul pape. » François traversait une période de flottement de son pontificat où de plus en plus de voix commençaient à s'élever contre ses orientations audacieuses et parfois déroutantes pour certains.

Le pape régnant était alors publiquement revenu sur les enjeux de pouvoirs entre le pape émérite et lui-même et les pressions exercées sur le plus vieux d'entre eux, après sa renonciation. « Je n'oublierai jamais, confia François, le discours qu'il a donné aux cardinaux le 28 février 2013 [Benoît XVI saluait les cardinaux pour qu'ils préparent l'élection de son successeur] : "Il y a parmi vous mon successeur, je promets obéissance", et il l'a fait ! Puis, j'ai entendu dire, mais je ne sais pas si cela est vrai, que quelques-uns sont allés le voir pour se lamenter sur le nouveau pape et il les a chassés ! De la meilleure manière, bavaroise, éduquée, mais il les a chassés... Et si cela n'est pas vrai, c'est bien trouvé parce que cet homme est ainsi : c'est un homme de parole. C'est un homme droit, droit, droit ! »

Le qualificatif de « grand-père » illustrait le côté sympathique de la situation mais elle se révéla plus complexe qu'un aimable voisinage, fût-il dans le cadre enchanteur des jardins du Vatican. D'où l'insistance de son successeur sur la droiture du pape Benoît. Comme si par ses mots il exorcisait la perspective de luttes d'influences — manœuvres non pas pilotées par ces deux « papes » mais par leurs zélateurs.

Certains, plutôt partisans de Benoît XVI, voyaient le vieux pape comme une figure tutélaire empêchant le pape François de basculer dans un réformisme sans limites. D'autres, plutôt partisans de François, voyaient le pape émérite comme une statue du commandeur, inconsciente peut-être, mais embarrassante, et dont le nouveau pontificat se serait bien passé. Sur le seul plan de l'histoire, « l'homme droit » décrit par François n'est jamais intervenu dans les affaires courantes de l'Église. Il est seulement sorti de sa réserve à de très rares occasions et seulement quand il a considéré l'Église en danger.

Cette « cohabitation » était évidemment subie par le pape François mais elle l'aurait été de toute façon pour n'importe quel pape élu à la suite de Benoît XVI. Elle fut également subie par le pape allemand qui n'aurait pas choisi le cardinal Bergoglio pour lui succéder, comme le suggère le long silence qu'il observa, selon des témoins, quand il apprit, le 13 mars 2013, l'élection de son successeur, qui n'était pas le candidat de son cœur. Leur coexistence se déroula néanmoins en bonne intelligence.

L'affaire du prélat faussaire

De fait, il ne se passa rien, ou presque. La norme était qu'il ne se passât rien. Le pape émérite, tel un moine contemplatif, priait sur sa colline. Il sortait peu sinon pour réciter son chapelet l'après-midi au long d'une allée de jardin. Quand il ne priait pas, il étudiait ou jouait du piano, son loisir favori. Et ce, tant qu'il le put physiquement, selon un emploi du temps ponctuel digne du philosophe Emmanuel Kant sur qui les habitants de Königsberg réglaient leurs montres au XVIIIe siècle.

Benoît XVI respecta son engagement d'obéissance au pape régnant selon un serment que tout cardinal et évêque prononce. Descendant de sa charge, il n'était plus pape puisqu'il s'était libéré de l'autorité suprême dont il était revêtu pour l'Église. Il était toutefois plus qu'un simple cardinal exerçant un rôle inédit dans l'histoire plutôt longue de cette institution. Sa fonction de pape émérite était à inventer.

Pour éviter tout quiproquo, il avait prévu avec soin les contours de cette « retraite ». Dont sa dénomination : plutôt « pape émérite » que « Benoît XVI » ou « Benoît » ; son habit : il gardait une simple soutane blanche sans les attributs du pouvoir papal que sont la ceinture blanche en soie moirée et le camail blanc, sorte de petite cape courte, que seul le pape régnant peut porter ; son rayon d'action : aucun déplacement sinon au tout début à Castel Gandolfo, la résidence d'été des papes, et un voyage privé en Allemagne en juin 2020 pour revoir son frère aîné, Georg, mort le 1er juillet à l'âge de quatre-vingt-seize ans ; sa soumission à son successeur : une obéissance qui ne signifiait pas forcément silence ou solitude, le pape émérite continuant de recevoir chez lui et d'écrire.

Il parla d'ailleurs à quatre reprises à travers des textes qui jamais ne passèrent inaperçus. Et toujours à propos de sujets qui lui paraissaient essentiels pour l'avenir de l'Église, la liturgie, le célibat sacerdotal, la vie spirituelle des prêtres. Il intervint également publiquement pour se défendre d'une grossière manipulation que le service de communication du Vatican avait imaginée pour laisser penser que le pape émérite soutenait les orientations pastorales progressistes de son successeur.

C'était en mars 2018. Le Vatican cherchait comment marquer les cinq premières années du pontificat de François. Estimant que la personnalité de ce pape latino-américain était fort connue mais que sa théologie l'était moins, Mgr Dario Edoardo Viganò qui était alors en charge de la stratégie de communication, nommé à ce poste par François, avait lancé une édition de petits livres illustrant tous les aspects de la pensée de François. Une collection assez technique mais joliment présentée dans un coffret édité et vendu par la Librairie éditrice vaticane, la maison d'édition officielle du Vatican.

Pour introduire cette série, Mgr Viganò avait sollicité une préface auprès du pape émérite qui déclina l'offre parce qu'il n'était pas d'accord avec le contenu publié. En l'occurrence avec la contribution du théologien allemand Peter Hünermann, un disciple du très connu Hans Küng que Joseph Ratzinger avait combattu de toute son énergie quand il était préfet de la Congrégation pour la doctrine de la foi. Peter Hünermann étant notamment un fervent partisan de la mise en place des synodes locaux, une décentralisation démocratique de l'Église, que Benoît XVI avait également repoussée. Hünermann, enfin, avait été l'un des plus critiques contre la décision du pape allemand de chercher à réintégrer les fidèles lefebvristes, dits intégristes. Demander au pape émérite d'endosser par une préface les positions théologiques assumée par François mais que Joseph Ratzinger, puis Benoît XVI, avait fustigées était insupportable pour lui.

L'épisode aurait pu s'arrêter là. Ce fut un scandale. Pour présenter à la presse et aux libraires le coffret de la Librairie éditrice vaticane publié à la gloire du pape François pour ces cinq ans de pontificat, le communicant Viganò n'eut pas meilleure idée que de faire réaliser une photographie publicitaire présentant les dix volumes posés sur la lettre du pape émérite dont apparaissait seulement la signature, laissant entendre qu'il soutenait l'initiative...

La manipulation faillit réussir, n'eût été la sagacité de l'agence américaine Associated Press qui révéla le subterfuge. L'agence scruta de plus près la photo numérique. L'analyse informatique du document permit de retrouver les étapes de transformation, puis la photo originale tout à fait nette. Il fut prouvé que le cliché avait été fortement et volontairement flouté pour rendre illisible un paragraphe entier du texte de la lettre de Benoît XVI. Passage où le pape émérite refusait clairement de se joindre à l'initiative...

Un communiqué officiel du Vatican signé par Mgr Viganò avait même promu l'initiative en ne retenant qu'une phrase de cette lettre de refus de Benoît XVI, qui saluait toutefois la « continuité intérieure » entre les pontificats. Il s'agissait pour le Vatican de démontrer à l'opinion que le pape François avait sa pensée théologique mais qu'elle n'était pas en rupture avec celle de Benoît XVI.

Ce qui n'était pas tout à fait exact. Si le pape émérite avait utilisé le terme de « continuité intérieure » entre les deux pontificats, c'était pour exprimer la continuité spirituelle profonde entre les papes et les pontificats. C'est d'ailleurs toute la force de l'Église catholique qui voit se succéder des papes qui n'ont pas les mêmes personnalités et les mêmes options mais qui voguent dans le même sens, décennies après décennies, en s'adaptant bon an mal an aux circonstances du temps.

Quoi qu'il en soit, Benoît XVI, pape émérite, protesta fortement. Il avait été manipulé et instrumentalisé par les services du Saint-Siège et pas des moindres... Mgr Viganò était le préfet du tout nouveau dicastère pour la communication, créé par François ! Ce prélat avait rang de ministre. Il fut débarqué sur-le-champ. Et récupéré dans un autre service du Vatican comme il arrive souvent pour les hauts prélats finalement protégés.

L'épisode peut paraître anecdotique à l'échelle de deux grands pontificats, l'un « théologique », celui de Benoît, l'autre « réformateur », celui de François. Cette affaire est effectivement microscopique mais elle a du sens car elle donne une image des méthodes employées qui ne sont pas toujours « catholiques ». Elle illustre surtout la sourde bataille théologique qui oppose ces deux papes. Nombreux sont ceux qui, dans le monde catholique, ne supportent pas l'usage de ces termes, « opposition », « rupture », entre les deux pontificats parce qu'ils estiment que l'Église catholique dépasse de haut et de loin ceux qui la servent, fussent-ils des papes. Ce qui n'est pas faux mais qui révèle aussi une méconnaissance des réalités du Vatican et des courants théologiques et ecclésiaux qui divisent l'Église catholique plus profondément qu'on ne le croit. Les analyser ne revient pas à se complaire dans la bassesse humaine mais éclaire au contraire l'intelligence d'une situation, même s'il faut rester modeste face aux questions spirituelles, dimension invisible du sujet dont la part pourtant essentielle échappe à la connaissance rationnelle.

François recule devant les prêtres mariés

L'autre « intervention » du pape émérite restera dans les mémoires et peut-être dans l'histoire de l'Église parce qu'elle semble avoir pesé sur une importante décision du pape François, bien que certains affirment le contraire. Elle concernait la question très débattue du célibat sacerdotal, plus connue sous la formulation « mariage des prêtres ». François a été tenté par l'idée de faire évoluer à petits pas cette discipline séculaire même si Benoît XVI y était farouchement opposé. L'affaire se noua lors du synode sur l'Amazonie en octobre 2019 à Rome.

Un synode est une assemblée d'environ deux cents évêques choisis et réunis à Rome par le pape pendant trois semaines pour dresser l'inventaire d'une question théologique ou ecclésiale. Il se conclut par des propositions de réformes votées en assemblée et transmises au pape qui est souverainement libre de les adopter ou non.

En 2019 François avait ainsi voulu que l'Église catholique réfléchisse à propos du « continent » amazonien qui englobe une dizaine de pays dont le Brésil essentiellement, et qui est l'un des poumons de la planète, d'où la forte dimension écologique donnée à cette recherche ecclésiale, évidemment assortie de préoccupations sociales et pastorales. Figurait dans ce dernier chapitre la possibilité d'ordonner prêtres des hommes mariés voués à accompagner des tribus lointaines et nichées au cœur de l'Amazonie. Une mesure qui aurait été limitée à ce seul territoire. Elle fut effectivement adoptée par vote majoritaire aux deux tiers de l'assemblée synodale, le 26 octobre. Toute la question était alors de savoir si le pape allait retenir cette « proposition » fortement soutenue par l'Église allemande notamment. En manque de prêtres, cette Église était prête à tenter l'expérience.

Quelle ne fut pas la surprise de constater, le 2 février 2020, que le pape François, pourtant sensible à cette problématique, n'avait pas retenu cette proposition-phare dans la rédaction du texte final et normatif de ce synode, *Querida Amazonia*, titre de cette « exhortation apostolique post-synodale ». Après la stupeur des militants face à ce qu'ils interprétaient comme un « recul » papal et le soulagement des opposants à cette réforme des règles du sacerdoce catholique latin, tous les regards se tournaient à présent vers le pape François. Il aurait alors pu marquer un tournant historique. Il n'en fut rien.

Deux facteurs décisifs avaient joué. Il faut les analyser pour saisir deux points essentiels : le « pouvoir » papal et les liens conscients et inconscients entre Benoît XVI et François. Le premier facteur fut le discernement personnel du pape François. On peut le classer dans la catégorie des progressistes, ce qu'il est en bonne partie mais qui n'épuise pas son être. Héritier d'une formation préconciliaire, donc classique, donnée depuis des siècles par l'ordre des Jésuites, il maîtrise le « discernement » ignacien. Cette arme spirituelle — elle est redoutable — consiste à ne jamais prendre de décision importante ou donner un conseil sans avoir pris le temps et les moyens d'opérer un large tour d'horizon intérieur

— laissant parfois de côté ses propres principes, ce que l'on reproche facilement aux jésuites — pour chercher le bien le plus adapté à la situation réelle de la personne, telle qu'elle se présente, dans le respect de sa liberté. L'un des critères est de penser davantage aux marges de progression plutôt qu'au but idéal dont on espère qu'il sera atteint un jour. Le discernement jésuite est aussi un moyen de lutter contre les conditionnements extérieurs qui entravent une décision libre.

Comment François aurait-il décidé de ne pas reprendre cette proposition-phare du synode ? Lors de son intervention de clôture du synode sur l'Amazonie, le 26 octobre 2019, il avait donné un indice en concluant par ces mots : « Cela m'a fait très plaisir que nous ne soyons pas tombés prisonniers de ces groupes sélectifs qui ne veulent voir du synode que ce qui a été décidé sur tel ou tel point intra-ecclésiastique. » Dont la question de la révision de la règle du célibat ecclésiastique pour laquelle il venait d'annoncer la création d'une commission d'étude de faisabilité, ce qui laissait donc entrevoir une issue plutôt positive. Mais le pape critiquait ici ceux qui ne retiendraient que ce point, ou qui ne s'attacheraient qu'à lui, et non à l'ampleur des discussions sur les enjeux sociaux et écologiques du synode. Il désignait également « les groupes sélectifs » sans dire qui ils étaient, de droite ou de gauche, ce qui laissait toutes les portes ouvertes.

Trois semaines plus tôt, en inaugurant les travaux de cette assemblée, le pape avait d'ailleurs sévèrement mis en garde les évêques contre la focalisation de l'attention sur cette unique question du célibat sacerdotal. « Nous ne sommes pas un parlement ! » avait-il prévenu. Il avait aussi demandé aux participants de ne pas dilapider l'« intimité » des débats synodaux à la presse. Non comme un « secret des loges » qu'il faudrait garder, avait-il plaisanté, mais en vue d'éviter deux synodes parallèles, l'un « intérieur », celui des évêques, l'autre « extérieur », celui des médias.

En somme, ce synode « consultatif » permettait de rassembler des évêques pour réfléchir, mais le pape, en dernière analyse, demeurait le seul décideur. Ce qu'il fit, en ne retenant pas la proposition n° 111 pourtant votée. Elle était ainsi libellée : « Ordonner comme prêtres des hommes convenables qui soient reconnus de la communauté, qui aient un diaconat permanent fructueux et reçoivent une formation adéquate en vue du sacerdoce, tout en pouvant avoir une famille légitimement établie et stable. »

Que s'était-il donc passé, entre le 26 octobre 2019, jour d'adoption de ce texte, et le 2 février 2020, date de la publication du texte définitif de l'exhortation apostolique post-synodale où ce paragraphe avait disparu ?

Les dessous d'une décision historique

Il semble que les choses se soient jouées au cours du mois de janvier 2020. Et Benoît XVI, le silencieux, priant sur la colline vaticane, pourrait ne pas être totalement étranger à ce revirement du pape François. Revirement ou repli tactique, l'avenir le dira car François tenait beaucoup à cette réforme.

N'avait-il pas confié à la presse, un an plus tôt, le 28 janvier 2019, alors qu'il rentrait des JMJ (Journées mondiales de la jeunesse) du Panama, qu'il n'était pas personnellement opposé à la perspective de réforme du célibat sacerdotal dans des cas géographiquement limités ? Il avait même avoué avoir été impressionné par l'étude de Fritz Lobinger, évêque émérite d'Aliwal en Afrique du Sud, qui défendait théologiquement la possibilité d'ordonner prêtres des hommes mariés tout en maintenant le célibat sacerdotal sur un mode volontaire.

Le projet était à ce point sérieusement envisagé que le quotidien officiel du Saint-Siège, *L'Osservatore Romano*, alla jusqu'à publier cette proposition de Mgr Lobinger dans la foulée, le 6 février 2019, sous le titre « Proposition pour les prêtres de demain ». Il s'agissait alors de préparer les esprits — comme aime le faire François pour toutes ses réformes — y compris par ce canal très officiel.

Après un tel éveil des consciences, ne pas adopter la réforme, votée qui plus est par le synode, ne manqua pas de susciter l'incompréhension. D'autant que la décision d'arrêter ce processus fut prise au dernier moment, semble-t-il. En effet, le rapporteur général du synode sur l'Amazonie, poste-clé que le pape avait confié à son ami, le cardinal Claudio Hummes, ancien archevêque de São Paolo au Brésil, avait secrètement prévenu tous les évêques concernés d'Amérique latine les 13 et 29 janvier, que la réforme du célibat était acquise pour l'Amazonie et qu'il convenait de s'y préparer activement. Hummes fut l'unique cardinal à être admis à son côté lors de la toute première apparition publique du pape François sur le balcon de la basilique Saint-Pierre, une heure après son élection, en 2013.

Hummes lui-même fut donc prévenu à la dernière minute de ce changement de programme. Il n'avait pas été mis dans la confidence car François joue aussi beaucoup de cette méthode, même avec les plus proches, pour garder le contrôle. Ce qui peut d'ailleurs expliquer l'absence retentissante du cardinal Hummes au moment-clé de la conférence de presse pour la présentation du document *Querida Amazonia* à Rome. Comment le rapporteur du synode en titre pouvait-il ne pas être là ? Certains l'ont alors interprété comme un signe de protestation de ce cardinal brésilien contre l'abdication du pape, ou la tactique de l'attente, sur le dossier mariage des prêtres.

Mais en quoi Benoît XVI, pape émérite, aurait-il pu jouer

un rôle ? Le 15 janvier 2020, les éditions Fayard publiaient en France un livre cosigné par le pape émérite et par le cardinal africain Robert Sarah en défense du célibat sacerdotal. L'ouvrage fit l'effet d'une bombe. Des éditions étrangères suivirent. Tout en affirmant leur « obéissance filiale au pape François » les auteurs, chacun dans leur style, rappelaient l'enjeu du maintien du célibat sacerdotal dans l'Église catholique latine.

Le pape émérite écrivait : « Dans l'Église ancienne [au premier millénaire] les hommes mariés ne pouvaient recevoir le sacrement de l'ordre que s'ils s'engageaient à l'abstinence sexuelle. » Le cardinal Sarah précisait qu'il existe « un lien ontologique et sacramentel entre le sacerdoce et le célibat. Tout affaiblissement de ce lien remettrait en question le Magistère du concile et des Papes Paul VI, Jean-Paul II et Benoît XVI. Je prie le Pape François de nous protéger définitivement d'une telle éventualité en opposant son veto à tout affaiblissement de la loi du célibat sacerdotal, même limité à l'une ou l'autre région ». Décision qui marquerait selon lui « une catastrophe pastorale, une confusion ecclésiologique et un obscurcissement de la compréhension du sacerdoce ».

L'histoire retiendra que ce livre, publié à l'insu du pape François, aura suscité un tel émoi dans la communauté catholique mondiale, compte tenu de l'autorité des deux auteurs, qu'il aura probablement pesé dans la balance de la décision finale de François, lequel, en réalité, a hésité, non pas sur le principe d'une telle réforme mais sur son opportunité à ce moment-là et dans ce contexte tendu où l'unité de l'Église catholique était en jeu. L'attente fébrile qui régnait alors dans l'Église catholique allemande, prête à lancer des milliers d'hommes mariés, déjà ordonnés diacres permanents, dans l'aventure du sacerdoce, formait une pression qui déplaisait profondément au pape François. D'instinct, ce grand politique comprit que s'il avançait dans cette direction, il divisait l'Église, alors qu'une des premières missions du pape est l'unité. Il allait ouvrir une crise et des schismes de fait, pas seulement chez les fidèles mais chez les prêtres, évêques et cardinaux, qu'il n'aurait pas pu contrôler.

L'histoire ne retiendra pas l'offensive avortée de la garde rapprochée de François pour décrédibiliser le livre du pape émérite et du cardinal Sarah, alors que les médias officiels du Vatican l'avaient salué dans un premier temps, en laissant entendre que Benoît XVI n'était pas l'auteur de cet ouvrage... Manœuvre d'appareil pathétique, menée par de petits lieutenants, qui aura fait long feu car le pape émérite était bien l'auteur très conscient de son texte. S'il a pris le risque de sortir de sa réserve par le biais de ce livre, c'est parce qu'il avait mesuré la gravité de la menace qui pesait sur le sacerdoce et donc sur l'avenir de l'Église catholique. Il ne s'était du reste jamais engagé au « silence » comme ses détracteurs l'ont alors affirmé mais seulement à l'obéissance. D'ailleurs, l'ouvrage s'intitulait *Des profondeurs de nos cœurs*, une sorte d'appel de dernière instance à la conscience de l'Église.

N'était-ce pas justement, au-delà des divergences théologiques connues entre les deux « papes », la vocation possible de ce compagnonnage, inédit dans l'histoire de l'Église, du pape et de son prédécesseur dans le même espace et dans le même temps ? Non pas une statue du commandeur, gardienne de l'orthodoxie face à des tentations réformistes, mais une convergence nourrie de haute intelligence et de densité spirituelle, de liberté profonde aussi ?

Beaucoup ont en effet voulu opposer François et Benoît en pôles antagonistes, de la tradition et de la réforme. Si le pontificat de François avait mené sciemment des ruptures avec le pontificat de Benoît XVI et surtout avec celui de Jean-Paul II, ces ajustements ne se sont pas réalisés à la manière de chefs de partis qui auraient mené une guerre d'usure. Ou qui auraient subi, *post mortem* pour le pape polonais, de sa retraite pour Joseph Ratzinger, les audaces de la fougue et du sans-gêne argentin. De fait, François attendit la mort de Benoît XVI pour oser nommer, le 1er juillet 2023, son opposé théologique au poste de préfet du dicastère pour la doctrine de la foi, en la personne de Mgr Victor Manuel Fernández, un Argentin ouvertement progressiste.

Voilà toute la différence entre l'esprit du monde et l'esprit de l'Église catholique. Un chef d'Église est dépositaire d'un héritage bimillénaire, il est en charge d'un périmètre mondial et multiculturel, autant dire que sa marge de manœuvre réformatrice est étroite.

Plus que des secrets de cohabitation, l'étonnante succession, Benoît XVI-François, puis la juxtaposition inédite de leur vie, a ranimé un vieux débat qui hante l'Église depuis l'apparition de la philosophie des Lumières quant à la place de Dieu dans la société. Une première réponse officielle, fermée à toute évolution, survint lors du concile Vatican I (1869-1870). Une tout autre réponse très autorisée fut donnée un siècle plus tard, lors du concile Vatican II (1962-1965) où l'Église appréciait les évolutions du monde comme des « signes des temps ».

Ce n'est donc pas l'éventuelle polarisation Benoît XVI-François qu'il importe de scruter mais ce que représentent l'un et l'autre pontifes : deux images d'une certaine Église, qu'aucun des deux n'épuise, car un pape n'est pas l'Église. Benoît XVI, perçu comme conservateur, fut un progressiste à de nombreux égards. François, classé comme progressiste, a été conservateur sur d'autres points essentiels.

La réalité de la cohabitation des « deux papes » n'a donc rien à voir avec la brillante mascarade mise en scène par Fernando Meirelles sur le scénario d'Anthony McCarten, *The Two Popes*. C'est un excellent moment de cinéma et de télévision mais il est vraiment aux antipodes de la réalité. Comme dans beaucoup de films réalisés sur le pape François sous son pontificat, le documentaire de Wim Wenders, *Le Pape François. Un homme de parole,* celui de Daniele Luchetti, *Appelez-moi François,* comme celui de Beda Docampo Feijoo, *Le Pape François,* ou encore *In viaggio* du documentariste Gianfranco Rosi, la bonne image du pontife régnant est survalorisée, les aspects sombres de sa personnalité ou de son passé sont arrangés de façon à ne pas nuire à une bonne impression générale. Les services de communication du Vatican veillent au grain. Ce sont des films plutôt hagiographiques.

The Two Popes présente un pape argentin qui aurait pris conscience de ses erreurs sous la dictature argentine pour se transformer lui-même spirituellement et politiquement, et s'ouvrir à une vision moins conservatrice. Il cherche par conséquent à débloquer de la même façon, pour le convertir à la liberté, le vieux pape allemand perclus de grands principes qui fuit les réalités dans ses partitions de Mozart. Ce portrait de Benoît XVI est une caricature d'un homme frustré, rigide, qui découvre sur le tard une liberté qu'il serait incapable de saisir, faute de... liberté intérieure. Il faut n'avoir lu aucune ligne écrite par ce pape ou ne l'avoir jamais rencontré pour en tirer un tel tableau. Il faut ne pas connaître l'histoire de Joseph Ratzinger qui participa au concile Vatican II et à qui les « intégristes » eux-mêmes reprochent son progressisme. De même, François n'est pas l'activiste politique que l'on veut dépeindre. Il est par exemple très classique dans sa spiritualité. Évoquant l'enjeu de la vie intérieure le 28 mai 2021, il avait eu cette phrase très significative, en expliquant que la méditation chrétienne était une « manière de rencontrer Jésus » et que c'était « seulement ainsi » qu'il était possible de « se retrouver soi-même » : « Nous ne sommes pas faits pour courir sans cesse, nous possédons une vie intérieure qui ne peut pas être piétinée. »

L'un n'est pas l'autre. L'un a succédé à l'autre. Et un autre succédera à François. La puissance de la structure de l'Église catholique, la continuité de sa doctrine, la permanence de sa liturgie pèsent lourdement sur les épaules d'un pape dont la mission première est la transmission de la foi catholique dans son intégralité aux générations futures et la préservation de l'unité des clercs et des fidèles. La fantaisie n'est pas de mise, l'originalité non plus, souvent combattue par la curie romaine, cette vieille garde, sans pouvoir apparent mais qui a tous les pouvoirs et que François a critiquée de toutes ses forces.

Immaturité catholique

Les catholiques ont de grandes qualités mais ils ont aussi le défaut, s'ils sont conservateurs, de ne pas reconnaître les bonnes choses apportées par un pape. S'ils sont progressistes, ils s'affirment tolérants mais ils ne cessent de disqualifier ceux qui ne partagent pas leur avis. Ce qui crée un climat qui n'est pas du tout fraternel. On a vu les mêmes progressistes, critiques acerbes des papes Jean-Paul II et Benoît XVI, devenir, une fois François élu, les pires conservateurs, au point d'être des « papistes » militants, catégorie qu'ils exécraient sous les papes précédents. Eux qui avaient pilonné les pontificats de Benoît XVI et Jean-Paul II, en gardiens de la bonne doctrine, la leur, accusant les critiques du pape régnant d'être des « ennemis ». Cet infantilisme catholique vis-à-vis de la figure du pape, notamment en France, nuit à la perception de ce qu'est vraiment la papauté.

L'expérience des « deux papes », un épisode hors norme dans l'histoire récente de l'Église, doit donc laisser de côté le concept de « continuité » pour ce qui est de leur personnalité. La continuité est plutôt le problème de l'Église en tant que corps très organisé, hiérarchisé, normé sur le plan doctrinal, qui se transmet de génération en génération et qui dépasse de loin et transcende la personne des papes. Ils ont une influence « personnelle » mais, précisément, dans ce cadre de l'Église dont ils veulent être le premier des serviteurs. L'Église s'enrichit ainsi des « discontinuités » des personnalités papales. Il suffit d'observer les successions de Paul VI et Jean-Paul II (sans oublier Jean-Paul Ier qui régna trente-trois jours) ou de Benoît XVI et François. Les contrastes entre leurs personnalités ne doivent pas surprendre ou inquiéter, ils sont une force, même si le cadre général de l'Église, lui, donne une apparence immuable.

Il n'y a certes pas de personnalités plus opposées que celles de Benoît XVI et de François. Tous deux ont donné leur vie à l'Église, travaillent à son accomplissement, mais leurs itinéraires sont presque aussi éloignés que l'Argentine l'est de l'Allemagne, bien que tous deux soient des fidèles de l'Église catholique, frères et membres de la même communion de foi.

Tout les opposerait, sauf la foi. L'un est docteur en théologie, l'autre n'a jamais terminé son doctorat malgré l'injonction de ses supérieurs jésuites. L'un a mené une carrière de prêtre, professeur d'université, puis évêque, puis cardinal, premier collaborateur de Jean-Paul II alors qu'il était préfet de la Congrégation pour la doctrine de la foi, à ce titre chargé de l'interprétation catholique la plus officielle sur toutes questions, morale, philosophique, théologique. L'autre est un religieux, jésuite qui plus est, formateur et pasteur de terrain, aimant arpenter sa ville en transports en commun. L'un est un timide chronique, tellement respectueux des autres qu'il élève peu la voix ; c'est un doux. L'autre est un homme de contact et de grand vent, aussi jovial qu'ombrageux, souvent rugueux. L'un a connu une jeunesse allemande troublée par le nazisme auquel était opposée sa famille et fut enrôlé de force dans l'armée, où il servit peu. L'autre a connu une jeunesse simple mais confortable dans une capitale et au sein d'une petite bourgeoisie immigrée italienne industrieuse.

L'un a fait de la recherche théologique son fer de lance, à distance des tumultes politiques. Pour l'autre, ce fut l'action sociale dans la mêlée, à la limite de la provocation politique contre les nantis ou les compromis.

Entre Benoît XVI et François, il y a quelque chose du choc de l'eau, calme, profonde, posée, et du feu, vif, aérien, brûlant. Jamais ils ne se seraient choisis, jamais ils n'auraient pu travailler ensemble, mais ils ont été obligés de cohabiter, fût-ce passivement pour le pape émérite, dans une relation de succession.

D'autant qu'ils représentent chacun bien plus que leur propre personne. Ce sont deux héritiers. Le pape Benoît XVI est l'héritier, presque filial, du pape Jean-Paul II, dont il fut aussi l'un des grands penseurs théologiques, un conseiller fréquemment sollicité au long d'un pontificat d'un quart de siècle. Derrière cette alliance entre le pape polonais et le cardinal allemand, il y avait surtout les deux plus puissants gardiens d'une interprétation du concile réformateur Vatican II allant dans le sens d'une synthèse historique entre la plus ancienne tradition de l'Église et les réformes de modernisation. Ce concile, ils l'avaient tous les deux vécu et ils avaient intellectuellement contribué à l'élaboration de textes importants. Mais ils furent tous les deux accusés, par les « réformateurs » qui allaient pousser l'élection de François, d'être trop attirés par la tradition de l'Église, « trop conservateurs », conduisant, notamment par l'insistance sur les questions morales, à éloigner les gens de l'Église.

Accusation qui s'est révélée fausse car les pontificats de Jean-Paul II et de Benoît XVI semblent avoir poussé et maintenu plus de monde dans les églises et dans les séminaires que le pontificat de François, plus clivant à beaucoup d'égards, peu amène pour les clercs, plus social et moins « religieux ».

François, qui n'avait pas vécu le concile Vatican II comme évêque ou comme conseiller, a été élu sur le programme le plus réformateur qui soit, porte-étendard de l'« esprit du concile », en faveur d'évolutions nettes en direction des divorcés-remariés par exemple, d'un statut clérical pour les femmes, d'une révision à terme de la discipline du célibat sacerdotal, d'un affaiblissement du pouvoir central et dominateur de la curie romaine au profit d'une décentralisation des décisions prises par des conférences épiscopales plus proches du terrain. Bref, d'un concile Vatican II vraiment appliqué dans sa visée réformatrice et dans son ouverture au monde et non pas chichement mis en œuvre avec l'œil dans le rétroviseur et avec un discours d'abord destiné aux catholiques pratiquants et aux prêtres les plus impliqués.

Ainsi François se voulait l'héritier de Jean XXIII, celui qui avait convoqué le concile Vatican II. De Paul VI également qui allait mettre en œuvre ce concile historique et qui fut dépassé par « la crise moderniste » que ce concile devait provoquer dans les années 1970. Il s'inscrit aussi dans la filiation de Jean-Paul Ier qui avait dans ses projets une réforme de la curie et de l'Église assez semblable à celle du pape argentin avant de disparaître subitement, et que François a béatifié le 4 septembre 2022.

Voilà le vrai fond de tableau de la « succession », de la « cohabitation », de la « continuité », des « ruptures » entre les deux pontificats. Beaucoup plus qu'une différence de personnalités qui a été instrumentalisée à l'envi, ce sont deux visions de l'Église, deux programmes, même si ce mot est banni dans le milieu ecclésial, deux héritages ecclésiaux, qui plongent très loin dans l'histoire récente et ancienne de l'Église et non pas dans les derniers cancans. D'un côté, une Église d'ouverture, peu regardante sur son dogme et ses traditions pour tendre la main au monde et, de l'autre, une Église d'identité, cultivant sa spécificité spirituelle pour éclairer ce monde.

La cohabitation de deux papes a ainsi « ressuscité » quatre

prédécesseurs, Jean XXIII, Paul VI, Jean-Paul Ier, Jean-Paul II. Il faudrait en citer d'autres car cela faisait un siècle que l'Église de Rome bataillait avec une modernité qu'elle ne savait pas comment dompter, en la rejetant sèchement tout d'abord, puis en lui tendant la main, avec deux conciles : Vatican I, inachevé en 1869 et 1870, et Vatican II, un siècle plus tard, commencé en 1962 et conclu en 1965. Benoît XVI avait la conscience historique de porter la continuité de la tradition de l'Église face à la modernité du monde. François, élu de façon inattendue, a la conscience historique de mettre en œuvre le concile Vatican II dans sa totalité et non plus ancré dans les habitudes anciennes de l'Église.

L'histoire montrera ce qu'aura facilité ou empêché cette cohabitation de « deux papes » imprévue et inédite dans cette forme. L'avenir dira si de telles situations se reproduiront à l'identique ou subiront des aménagements, ou si elles seront soigneusement évitées.

Force est de constater que, du vivant de Benoît XVI, les critiques sur la coexistence de deux papes en blanc, émérite et régnant, ont été discrètes. Elles sont venues des deux bords. Compréhensibles venant de ceux qui se sentaient à l'aise avec le pontificat de François et percevaient la présence du pape émérite dans le jardin du Vatican comme une « gêne ». Ces réserves étaient moins compréhensibles chez ceux qui ont regretté la renonciation du pape Benoît XVI, que certains ne lui ont jamais pardonnée.

Un cardinal, et pas des moindres, a ainsi exprimé publiquement ses questions sur la cohabitation d'un pape émérite avec un pape régnant, en demandant que cette « anomalie » soit interdite dès le prochain pontificat, car, estimait-il, elle aurait contribué à affaiblir l'unité de l'Église qui est sans doute l'un de ses biens les plus précieux.

C'est l'Australien George Pell, ancien préfet de la secrétairerie pour l'économie, une structure qui avait été créée par le pape François pour rationaliser les finances du Saint-Siège, tâche pour laquelle il était allé chercher ce prélat de choc pour tenir tête aux cardinaux italiens qui voulaient que rien ne change. Il avait ensuite démissionné de cette fonction pour répondre aux accusations de pédophilie qui le visaient dans son pays. Il les a toujours niées mais cela lui valut une peine de treize mois d'emprisonnement préventif avant de gagner finalement son appel et d'être lavé de toute accusation. Temps qu'il mit à profit pour rédiger un livre de méditation, *Journal de prison*, publié aux États-Unis, en décembre 2020, où il demande que soit mieux encadrée, si elle se reproduisait, la coexistence de deux papes : « Le protocole de la situation d'un pape qui a renoncé doit être clarifié, de façon à consolider les forces pour l'unité. Alors que le pape qui s'est retiré peut conserver le titre de “pape émérite”, il devrait être renommé dans le collège des cardinaux, où il serait connu sous le nom “cardinal X, Pape Émérite” et ne devrait plus porter la soutane blanche, ni enseigner publiquement. »

Ce cardinal australien, qui n'a pas sa langue dans sa poche, mort en janvier 2023, estime que les règles qui s'appliquent à tout évêque qui a l'obligation de démissionner le jour anniversaire de ses soixante-quinze ans devraient aussi s'appliquer au pape qui aurait renoncé. Il rappelle qu'elles sont précisées dans le code de droit canonique. L'évêque émérite doit « éviter toute attitude et relation qui pourrait même insinuer une sorte d'autorité parallèle à l'évêque diocésain, avec des conséquences dommageables pour la vie pastorale et pour l'unité de la communauté diocésaine ». George Pell considère également, en termes de gouvernement, qu'une telle règle permettrait de « protéger » le pape régnant qui aurait davantage les mains libres : « Il est probable que les mesures seraient mieux introduites par un pape qui n'a pas de prédécesseur survivant. » Après cette expérience, Pell se prononce donc pour le respect de « la tradition millénaire où les papes ne démissionnent pas, continuant jusqu'à leur mort, parce que cette règle aide à maintenir l'unité de l'Église ». Même s'il reconnaît que « les progrès de la médecine moderne compliquent la donne puisque les papes d'aujourd'hui et de demain pourraient vivre plus longtemps que leurs prédécesseurs, même si leur état de santé est très affaibli ». Mais « il ne doit y avoir qu'un seul pape », conclut-il. Une telle charge reste un défi unique à porter sur les épaules d'un seul homme. Ce que nous allons découvrir à présent.

3

LE ROYAUME DU PAPE

Le pape est un souverain. Il dirige un « royaume » mais comme tout chrétien, il est un chercheur de royaume. Il passe sa vie à chercher le « Royaume de Dieu ». Un empire intérieur fondé sur un mélange subtil, une alchimie spirituelle qui vise à chasser hors de lui tout ce qui le ramène à lui, orgueil, suffisance, amour de soi, égoïsme, noirceurs de l'âme. Ce « Royaume de Dieu » n'est pas seulement intérieur, il est aussi une promesse visible, extérieure à l'homme. Celle d'un avènement qui marquera la fin de l'histoire avec le « retour » annoncé du... Christ ! C'est écrit dans les Évangiles : le « Seigneur reviendra ».

Mais cela demeure un « mystère », même pour un pape. Dans cette lumière qui n'a d'égale que l'obscurité, le chef de l'Église catholique doit préparer ce « retour ». C'est peut-être l'idée la moins connue mais la tâche essentielle et toute première du chef de l'Église. Il doit enseigner la foi catholique avec soin et stimuler les fidèles pour qu'advienne ce « royaume ». En un mot il s'agit de repousser les ténèbres hors de soi grâce à la force spirituelle du Christ tout en travaillant à une « civilisation de l'amour » à la surface de la Terre. Autant que possible...

Mais qu'est-ce que ce royaume ? Ce n'est pas un jardin

secret. C'est un lieu de profondeurs où l'homme se trouve au plus vrai de lui-même.

Si l'on veut vraiment connaître un homme, c'est son royaume intérieur qu'il faut solliciter et approcher. On le trouve alors tel qu'en lui-même, au lieu de lui-même, au mieux de lui-même. Ce monde intérieur existe chez les croyants et chez les non-croyants. Ce verger mystique est intime sans être clos car il est la source de vision du monde et d'action de tout homme. Il est le lieu d'où l'homme sort de lui-même pour tendre la main à l'autre.

C'est pourquoi nous commençons cette quête sur ce que peut être un pape, sur son rôle, sur ses occupations, par cette porte rare, celle de l'intériorité. Peu fréquentée, elle est pourtant la clé de tout. Elle se voudrait l'une des originalités de ce livre. Beaucoup plus que les aspects extérieurs du Vatican, son imposante basilique ou ses musées, son droit canonique interne, ses coutumes, son histoire, ses personnalités, c'est l'intériorité qui mène l'Église et son premier responsable sur la Terre. Qui le guide dans ses intuitions et orientations. Qui lui donne la force de tenir face au torrent d'épreuves que représente cette charge. Qui lui donne aussi la grâce de sa fonction. Et non la couleur rouge ou noire des chaussures du pape !

✧

En ce sens, les analyses politiques ou sociologiques de la papauté sont utiles mais elles se trompent souvent par leur superficialité. Elles peuvent même manquer leur objet parce qu'elles passent à côté de l'essentiel de l'Église catholique, sa spiritualité. C'est comme si l'on voulait saisir un fleuve et la complexité de ses méandres en ignorant sa source vive sous prétexte qu'elle est d'ordre spirituel. Donc illusoire, donc relative, donc évanescente. Or, c'est tout le contraire. C'est en buvant à cette source de la foi que ces hommes de Dieu trouvent la lumière de l'intelligence, la puissance du cœur, l'essence de la constance, l'énergie de l'action.

On admet souvent, de l'extérieur, qu'une personnalité religieuse, à plus forte raison un pape, a probablement vécu une sorte de « flash » intérieur pour choisir une vie à ce point à contre-courant, célibat sacerdotal, vœu de pauvreté, obéissance au supérieur... Pourtant, beaucoup de non-croyants estiment que cette profession de foi, chrétienne en l'occurrence, demeure une pure illusion psychologique et une folie pour la raison.

Difficile, dès lors, de percevoir ce que l'option cléricale catholique signifie vraiment. Or ce n'est pas un « engagement » que prend le prêtre, futur évêque, cardinal, pape, le jour de son ordination sacerdotale, c'est-à-dire lors de la cérémonie où il est consacré par l'évêque pour devenir prêtre. C'est un vrai « mariage » avec Dieu. Les moyens en sont une vie de prière, de relation constante par la méditation, la pensée, l'action avec le divin, en l'occurrence le Christ. Cette « relation » dépasse largement les actes publics et extérieurs, les rituels de cette prière où l'on voit par exemple le prêtre célébrer chaque jour une messe. Ces actes extérieurs sont imbibés de la vie intérieure du prêtre, comme des eaux souterraines irriguent des arbres verts — sauf crise spirituelle, sécheresse de l'âme, routine, ou addictions de compensation multiples, sexuelle ou alcoolique.

L'importance et l'influence de cette vie intérieure ne sont pas spécifiques aux catholiques. La majorité des croyants dans les autres religions le vivent également. Et cela n'a rien à voir avec le fanatisme ou l'autosuggestion. C'est la vie intérieure, celle de l'esprit, celle de l'âme, celle du cœur. Elle est difficile à définir, ce qui ne veut pas dire qu'elle ne soit pas réelle. Elle ne se « voit » pas, si ce n'est dans la sérénité ou la paix intérieure d'authentiques hommes et femmes de prière qui ne sont pas pour autant des êtres éthérés, hors du monde. Là aussi, les exemples abondent. De grands spirituels se trouvent totalement engagés dans des causes humanitaires les plus difficiles, concrètes, près des plus pauvres, souvent où plus personne ne veut aller.

Ainsi de la diversité de psychologie, de culture, de formation, d'expérience entre les papes que nous venons d'approcher dans le précédent chapitre, il ressort un trait commun, peu connu et précisément lié à leur intériorité. C'est un élément discret, mais capital pour saisir en profondeur ce qu'est la papauté.

On ne décrirait pas le dalaï-lama sans évoquer les milliers d'heures qu'il passe en méditation. Mais on raconterait facilement la vie des papes sans tenir compte des mêmes heures qu'ils passent en colloques intérieurs de prière, de méditation, de lecture de la Bible. Jean-Paul II par exemple avait l'habitude de se tenir comme prostré en prière de longues heures dans sa chapelle privée. Un visiteur, invité un jour à participer à sa messe privée à 7 heures du matin, ne remarqua même pas le pape qui était déjà là comme un roc immobile devant le tabernacle, tant il était immobile, comme absent à ce monde, et comme plongé dans le monde spirituel.

✧

Le « tabernacle » est une boîte fermée à clé qui a inspiré au long des siècles toutes les formes artistiques possibles, des rondeurs les plus baroques aux aspects cubiques les plus récents, en toute matière, du fer à l'or, de la pierre au bois. Dans le tabernacle, espace le plus sacré qui soit de la religion catholique, se trouvent enfermés des calices, récipients précieux, contenant des « hosties consacrées », petits pains plats sans levain, de forme ronde. Ils sont censés être, dans la foi catholique, la « présence réelle du corps du Christ » issue de la « consécration » par le prêtre, pendant la messe, de ces simples morceaux de pains azymes. Après chaque messe, le prêtre enferme là les « hosties consacrées » qui n'ont pas été consommées par les fidèles pendant la « communion », et cela constitue la « réserve eucharistique ». C'est ainsi que les catholiques prient devant le tabernacle, cœur des chapelles, églises et cathédrales où « Dieu » lui-même, incarné dans le Christ, est censé être « présent ». On appelle cela l'« adoration eucharistique » qui peut aussi se pratiquer — François en est un adepte quotidien comme Benoît XVI l'a été — en plaçant une hostie dans un ostensoir, trépied souvent très artistiquement ouvragé, surmonté d'un petit logement transparent où une « hostie consacrée » est ainsi exposée à l'« adoration » des fidèles.

On pourra toujours objecter encore une fois l'illusion, l'autosuggestion, l'irrationalité. Il n'empêche que la « prière » catholique devant la « présence réelle du Christ » est un fait objectif, incontournable et historique même s'il est « incroyable » pour certains. La question de la « présence réelle » a suscité et suscite toujours d'interminables débats théologiques. Elle repose sur la plus ancienne pratique chrétienne qui soit puisqu'elle prend sa source dans le dernier repas, la Cène, que le Christ prit avec ses apôtres, selon les récits évangéliques, la veille de la Passion et de sa mort sur la croix. Cette foi, partagée par les catholiques et les orthodoxes, ne l'est pas par une partie des protestants réformés qui considèrent que la « présence » du Christ lors de la « Cène » est plutôt symbolique et non « substantielle » comme le soutiennent les théologiens catholiques et orthodoxes avec là aussi des nuances de taille.

Ce petit détour sur la foi eucharistique de l'Église catholique n'en est pas un. Comme diraient les musulmans à propos de leur foi, l'eucharistie est, non pas l'un des cinq « piliers » de la foi catholique, mais LE pilier par excellence. Ne pas l'intégrer dans notre analyse conduirait à passer à côté de la réalité vraie catholique et papale. Tout s'ordonne dans cet univers religieux autour de cette « présence réelle » du Christ dans chaque église, du plus minuscule oratoire à la basilique Saint-Pierre : l'ordination sacerdotale des prêtres aptes à célébrer les « sacrements » par les évêques; le choix des évêques par Rome; la suite des élections papales dans l'histoire pour maintenir un lien qui remonterait jusqu'à saint Pierre et donc au Christ qui lui a conféré ce pouvoir spirituel. Chacun peut prier « dans sa chambre » comme le recommande le Christ dans un passage d'Évangile, mais la vie de l'Église tourne comme un cercle concentrique autour de l'hostie ronde et blanche qui ne serait plus du pain mais « Dieu », « réellement présent ». À côté des textes de la Bible, lus et relus chaque jour, c'est l'ADN le moins visible de l'Église mais le plus actif. Il suffit d'ailleurs d'observer comment la Contre-Réforme catholique lancée en 1545 contre la Réforme protestante (1517) a exalté l'eucharistie, notamment sur le plan architectural des églises, avec des retables impressionnants. Ces boiseries ou ornements avaient pour seule fonction de donner de l'importance et de mettre en valeur le fameux « tabernacle » comme s'il s'agissait du noyau atomique de la foi catholique. Le concile Vatican II a cherché à rééquilibrer la foi catholique en acceptant, près de cinq siècles plus tard — et sous la même influence protestante —, de mettre à égalité, en quelque sorte, l'eucharistie et la lecture de la Bible. Cela s'est traduit dans l'architecture intérieure des églises où le tabernacle a été souvent décentré au profit de l'exposition d'une simple Bible. Mais la puissance de la place de l'eucharistie demeure dans la spiritualité catholique. Elle revient même, contre toute attente, au sein des nouvelles générations.

Cette mise en perspective est indispensable pour « voir » la réalité de l'Église catholique telle qu'elle se présente. En vérité, l'Église est plus humblement à genoux devant son

Dieu que son image d'organisation toute-puissante et sa spectaculaire scénographie ne le laisseraient penser. Affirmer ce point de vue n'est pas un recul dévot ou une facilité pieuse visant à passer sous silence les défauts de l'institution — on en traitera avec précision. Mais c'est le fruit de l'observation de ce corps social et religieux qu'est l'Église catholique en tous ses dédales intellectuels et humains, en toutes ses réalités planétaires et en toutes ses turpitudes et grandeurs.

Le monde invisible du pape...

Revenons au pape. Avant de visiter son « royaume » visible, il faut s'appuyer sur ce « trésor » qui n'est pas un secret d'État mais un mystère bien difficile à expliquer sur la place publique. Ce n'est pas un accessoire de vie, une matière à option mais le cœur battant de la foi catholique. Que le pape actuel soit le jésuite le plus renommé de la terre, que son prédécesseur ait été l'un des théologiens les plus réputés de la planète, ces deux hommes, sensiblement aux mêmes heures, dans deux chapelles différentes, sont assis — ni l'un ni l'autre ne peut plus s'agenouiller sinon ils le seraient — en prière devant le fameux tabernacle qui n'est pas une boîte vide et vaine.

On ne sait pas que l'actif François se lève peu après 4 heures du matin, qu'il passe alors au moins deux heures, seul, en prière dans son oratoire privé avant de dire sa messe à 7 heures. Qu'il termine sa journée de la même façon par une heure d'adoration eucharistique en fin d'après-midi. François, homme d'action, aussi souriant que colérique, ne donne pas l'impression d'être confit en dévotion, mais la prière est pourtant la clé de voûte de sa personnalité bouillonnante. Inutile de s'étendre sur Benoît XVI qui a toujours rêvé d'être un moine contemplatif. Son désir profond de prière et de solitude est une des multiples raisons de sa démission en 2013. Quand, cardinal, il était au service de Jean-Paul II, ce dernier lui avait refusé, l'âge de la retraite approchant, d'accéder à ce désir de rentrer dans sa chère Bavière pour y vivre dans un monastère contemplatif où la seule « activité » consiste à prier de jour et de nuit. Ce n'est pas non plus un hasard si Jean-Paul II composait souvent ses textes importants en tête à tête avec le tabernacle, ayant fait installer un petit bureau dans sa chapelle. Et combien de décisions prises, nominations, orientations, tant par François que par Benoît XVI, après des consultations au plus haut niveau certes mais aussi des heures de prières et de méditations solitaires.

Ce silence, cet abîme mystique, cette solitude d'un homme chargé de porter une partie significative de l'humanité — l'Église catholique compte un milliard trois cent cinquante millions de fidèles, plus de cinq mille évêques, quatre cent vingt mille prêtres, sept cent trente mille religieuses — sont peut-être plus importants que le brouhaha des grands rassemblements spectaculaires, des voyages pontificaux ou des flèches aiguisées ou empoisonnées des cancans de la curie romaine, l'administration centrale de l'Église catholique.

Mais ce silence de la prière solitaire du pape, prélude de chacune de ses journées, ne dure pas une éternité. L'heure de la messe dite « privée » approche. François se rend à la sacristie de la chapelle du bâtiment collectif Sainte-Marthe où il a décidé d'habiter. Ses habits liturgiques sont prêts sur une table haute. La grande chasuble, d'une pièce, qu'il revêt change de couleur tous les jours, verte, rouge, parfois rose ou violette, selon le saint du jour célébré. Si c'est la mémoire d'un martyr, le rouge est de mise. Dans le monde, ce jour-là, tous les prêtres revêtent la même couleur pour célébrer la « même » messe.

Le pape entre ensuite dans la chapelle moderne où l'attendent une trentaine de fidèles souvent venus du monde entier, invités « à assister à la messe privée du pape », un privilège, il est vrai, qui passe souvent par l'entremise de l'évêque local ou d'une relation amicale avec un proche du pape. Malgré l'esprit égalitaire voulu par le pape révolutionnaire, ces « recommandations » existent toujours, il faut bien filtrer tant sont nombreuses les demandes.

Cette messe « de semaine », fût-elle papale, est simplifiée. Elle se déroule comme toutes les autres messes de ce jour-là à travers le monde, dans la cathédrale Saint-Patrick de New York, dans une église de fortune d'une favela du Brésil, dans un village d'Afrique, ou dans une église de la campagne française. Le protocole liturgique est strictement identique avec deux étapes : la « liturgie de la Parole », où sont lus, systématiquement, deux textes de l'Ancien Testament, une lecture et un psaume sortis, intacts, du judaïsme, puis, un passage de l'Évangile qui raconte la vie du Christ. Par cycle annuel, tous les textes, ou presque, de la Bible sont lus, relus, entendus à longueur de temps par les catholiques.

Sitôt l'Évangile lu et toujours proclamé par un prêtre ou un diacre, le pape entame une courte homélie plus connue sous le nom de sermon. Au début du pontificat, ces homélies, par volonté du pape, n'étaient pas rendues publiques, sinon par bribes, ce qui donnait à François une rare liberté de ton. Puis elles le sont devenues pour disparaître à nouveau. L'exercice est néanmoins encadré car le prédicateur doit obligatoirement commenter les textes du jour. Ce que François a toujours fait avec brio, brièveté et un rare sens des formules-chocs. Ce pasteur a un art consommé pour parler à l'imagination, donc à tous. Il bataille pour que les prêtres s'en tiennent à des homélies courtes et captivantes. Au début du pontificat, ses bons mots faisaient, le lendemain, la Une des journaux, d'où sa volonté de ne pas les diffuser, mais cette digue entre messe privée d'un pape et vie publique n'a pas tenu longtemps.

S'ensuit, seconde étape de la messe, la reproduction de la dernière Cène du Christ selon ce qui est rapporté dans les Évangiles. Le prêtre, qu'il soit pape, cardinal, évêque, moine, religieux, curé ou simple vicaire de paroisse, reproduit sur l'autel, table plate inspirée des autels sacrificiels du judaïsme quand les sacrifices sanglants d'animaux existaient encore, le « sacrifice du Christ ». C'est-à-dire, et selon la théologie chrétienne, le fait que « le fils de Dieu » donna sa vie en oblation, le jeudi saint, veille de la crucifixion, pour le « rachat du péché du monde » lors de ce dernier repas où, selon toutes les traditions chrétiennes, il institua l'eucharistie : « son corps et son sang », devenus nourriture spirituelle à travers les espèces du pain et du vin et considérées comme « présence réelle du Christ » lors d'un phénomène de « transsubstantiation ». Il survient au moment où le prêtre « consacre » le pain et le vin en prononçant les paroles du Christ : « Ceci est mon corps livré pour vous et pour la multitude en rémission des péchés, faites ceci en mémoire de moi », puis : « Ceci est mon sang... » Difficile à saisir pour les non-croyants et même pour beaucoup de chrétiens, ce « mystère » est le moment le plus sacré de la liturgie catholique. Chaque prêtre dans le monde est tenu de dire sa messe tous les jours même s'il n'a pas de fidèles autour de lui. La messe, souvent considérée comme le plus banal des rites du catholicisme, est en réalité l'âme, le feu ardent, l'accomplissement de cette religion souvent réduite à son décorum, à la soutane blanche de son pape ou à ses interdits moraux, qui finissent par dissimuler le mystère invisible de cette foi religieuse pourtant première et essentielle.

... et le monde visible du pape

Il faut dire que le rituel de la messe privée du pape avec public sélectionné n'était pas le choix du pape Benoît XVI. Il préférait célébrer le matin en toute discrétion avec son seul entourage immédiat. Jean-Paul II, en revanche, remplissait de fidèles sa chapelle privée chaque matin. Elle jouxtait l'appartement du pape, alors situé dans le palais apostolique dominant la place Saint-Pierre. Le pape est libre en ce domaine mais il n'y a pas un jour sans messe.

À la fin de la messe, le pape prend le temps de saluer un à un les invités. C'est une occasion de contact privilégié même si le temps du pontife romain est compté. S'ensuit le petit déjeuner que le pape François prend collectivement dans la maison Sainte-Marthe où il a voulu s'établir, près d'autres prélats, pour ne pas être seul. Jean-Paul II, par exemple, ne passait pas un repas, matin, midi et soir, sans inviter des hôtes de toutes sortes pour échanger et se maintenir informé de la réalité des choses et du monde hors des circuits ecclésiaux et des rapports formatés qui arrivaient sur son bureau.

Il n'est pas loin de 8 h 30 ou de 9 heures. Commence alors la journée « professionnelle » du chef de l'Église catholique. Là aussi, les habitudes des uns et des autres varient mais deux heures environ sont consacrées à la lecture des courriers avec les secrétaires particuliers ou au règlement des affaires courantes, ou à une réunion imposée par un dossier urgent. La seconde partie de la matinée se poursuit par deux à trois heures d'audiences officielles. Elles sont plutôt individuelles et référencées publiquement, sauf le mercredi matin où le pape donne une audience publique sur la place Saint-Pierre ou dans l'immense salle Paul-VI si la météo est mauvaise, une occasion de délivrer à la foule une « catéchèse » sur un point de la foi chrétienne.

Les audiences individuelles concernent d'abord les « ministres » du pape appelés « chefs de dicastère » dans le langage de la curie. Cela peut être le préfet de la Congrégation pour les évêques (le cardinal canadien Marc Ouellet fut longtemps à ce poste), qui vient présenter au pape des dossiers de nominations d'évêques pour la direction de l'un des milliers de diocèses de la planète. Cela peut être le préfet de la Congrégation pour la doctrine de la foi, qui expose une épineuse question théologique de façon à savoir comment l'interpréter. Mais cela peut aussi concerner des questions plus prosaïques comme les finances ou la gestion du Vatican, que François suit de très près.

Dans un registre moins interne, ces audiences individuelles sont aussi accordées à des chefs d'États, de gouvernement, plus rarement à des ministres, ou à des ambassadeurs. À ce titre, fin 2022, le Vatican entretenait des relations diplomatiques avec cent quatre-vingt-trois pays. Et seuls treize manquaient à l'appel : Afghanistan, Arabie saoudite, Bhoutan, Brunei, Chine, Comores, Corée du Nord, Laos, Maldives, Oman, Somalie, Tuvalu, Viêt Nam. C'est par là que la dimension de chef d'État du pape prend son ampleur, sans qu'il cesse jamais d'être un pasteur. Les témoignages de personnalités qui ont eu cette expérience, au cours des trois derniers pontificats, racontent qu'un échange plus personnel a toujours lieu après les conversations géopolitiques, dont ils sortent marqués même s'il est de bon ton de ne jamais faire état de ces échanges avec le pape. Souvent ces audiences présidentielles se terminent par une invitation officiellement adressée au pape à venir visiter le pays de son hôte.

Sur ce plan géopolitique, le pape est très assisté. Il dispose d'un chef de gouvernement, le « secrétaire d'État » du Saint-Siège, le cardinal italien Pietro Parolin, une sorte de Premier ministre que François a marginalisé en permanence prenant lui-même les commandes, et d'un véritable ministre des Affaires étrangères, « le secrétaire pour les relations avec les États », l'Anglais Mgr Paul Gallagher. Ce poste fut d'ailleurs longtemps attribué à des Français, le cardinal Jean-Louis Tauran, décédé en 2018, s'y illustra particulièrement — il fut le grand ministre des Affaires étrangères de Jean-Paul II — d'autant que le français est resté la langue diplomatique officielle du Saint-Siège. Le cardinal français Dominique Mamberti occupa aussi cette fonction après le cardinal Tauran.

Et s'il y a beaucoup d'ambassadeurs à Rome, l'Église catholique a ses propres ambassadeurs, les nonces apostoliques. Ce qui vaut au Vatican d'être l'une des places du monde les plus informées sur la vie réelle des nations. Il n'est pas rare qu'un nonce soit appelé à Rome pour expliquer au pape en long et en large la situation confuse d'un pays, et surtout le dessous des cartes... Les réseaux de terrains de l'Église catholique, prêtres de paroisses, religieux et religieuses, ramifications à tous les étages et dans toutes les sociétés, apportent de précieuses informations qui dépassent largement les communications politiques officielles entre gouvernements et ambassadeurs.

Ces matinées d'audiences bien chargées se terminent souvent par des audiences de petits groupes catholiques, associations, mouvements, œuvres, avec qui le pape prend la pause photographique après leur avoir adressé une rapide exhortation. Ce peuvent être aussi — les Italiens sont les maîtres du genre — des associations sportives, ou un simple conseil municipal ou une modeste entité locale de la Péninsule.

La sieste pontificale

Si banal que cela puisse paraître, un pape n'est pas un surhomme et il dort. Après un repas, pour François, dans le restaurant collectif de la maison Sainte-Marthe, et pour ses prédécesseurs, dans l'appartement qui leur est dévolu, les hommes en blanc se reposent. Pour l'hyperactif François, c'est la condition des deux journées en une qu'il déploie quotidiennement sans jamais prendre de vacances. Il ne cache pas non plus qu'il dort « comme une souche », ce qui lui donne une forte capacité de récupération. Jésuite de l'ancienne école, ce religieux s'est toujours imposé une règle de vie austère et drastique où il évite de perdre du temps, considéré comme un don de Dieu. Avant de devenir pape, il fuyait les mondanités, romaines en particulier ; pape, il n'a pas changé cette habitude, privilégiant les relations individuelles et personnelles de qualité.

La particularité de François est toutefois d'avoir réservé l'agenda des après-midi à son seul contrôle. Entre la fin de sa sieste et l'heure d'adoration eucharistique qui précédera le dîner, il se consacre à des rendez-vous privés dont il gère le flux sur son propre agenda de poche, tenu à l'ancienne, avec un vrai petit crayon et une gomme ! Souvent, ses propres secrétaires ne sont pas informés du détail de ces rencontres, ou au dernier moment. C'est aussi à ce moment-là qu'il passera directement des coups de téléphone à des personnes en situation difficile qui lui ont écrit. Il lui arrive de consacrer ce temps à des visites, dans le Vatican, ou plus rarement dans la ville de Rome, pour encourager telle institution humanitaire, ou aller se recueillir dans un sanctuaire. Chaque pape a toutefois ses habitudes de l'après-midi. Benoît XVI, pape émérite, aimait à dire son chapelet en marchant dans les allées du jardin du Vatican, non loin de la réplique de la grotte de Lourdes.

Les papes lisent, et même beaucoup pour ce type de fonction. Il y a les rapports et les dossiers obligatoires digérés par des équipes autour d'eux, qui établissent des synthèses. Ces hommes d'Église sont des intellectuels. Jean-Paul II et Benoît XVI furent professeurs accomplis et professionnels en universités catholiques. François n'a jamais achevé son doctorat de théologie, désobéissant alors à ses supérieurs qui l'avaient envoyé en Allemagne pour cela; il est plutôt amateur de littérature et de poésie, un grand lecteur. Ce qui signifie qu'au-delà des temps de prière en solitaire, les papes ont des temps de travail, où, isolés, ils lisent, méditent, écrivent. Beaucoup, à l'époque du pape polonais, aimaient à regarder la lampe qui restait allumée tard le soir, visible de la place Saint-Pierre. C'était son bureau de travail.

✧

En quoi consiste le « travail » quotidien d'un pape? Quel est son métier? On laissera ici de côté ce qui est commun aux autres clercs. Un pape reste un prêtre. Il dit sa messe, on l'a vu. Ces grands hommes se plaisent d'ailleurs à confier qu'ils sont avant tout des prêtres. Ils sont en effet pasteurs, confesseurs, prédicateurs, accompagnateurs. De la même façon, un pape est toujours évêque : il enseigne, il guide et veille à l'unité du troupeau, il exhorte et stimule les croyants autant qu'il les défend, il dénoue des situations difficiles, personnelles ou collectives. Il interprète l'enseignement et la doctrine catholique face aux évolutions de la société et aux questions nouvelles qui peuvent se poser. Il administre enfin la machine Église sur le plan matériel et financier et sur celui des ressources humaines. Un pape, enfin, n'est plus cardinal en tant que tel, mais il reste le premier d'entre eux puisque ce sont les cardinaux qui l'ont choisi et élu, ce qui est la fonction centrale d'un cardinal. Le pape, une fois élu, choisit et nomme de nouveaux cardinaux qui éliront parmi eux son successeur, nous détaillerons cela dans la dernière partie de l'ouvrage.

Le pouvoir du pape est absolu, mais est-il suivi dans ses décisions ? C'est peu évident pour les fidèles qui en prennent ou en laissent même si, tendanciellement, les catholiques suivent le pape. C'est un peu plus évident pour les prêtres qui doivent obéissance à l'Église, donc à son chef suprême. C'est évident pour les évêques, directement nommés par le pape, qu'ils soient au Laos, en Tanzanie ou en Alaska. Cette modalité est l'une des forces de l'Église catholique, car la totalité de son encadrement épiscopal est dûment sélectionnée par les nonces apostoliques selon des critères très stricts (ils sont les ambassadeurs du pape dans les pays) avant d'être transmis à Rome pour nomination papale. Cette verticalité n'enlève pas sa souplesse à la sensibilité ecclésiale du clergé, prêtre comme évêque, plus ou moins classique, de droite, de gauche, à cheval ou pas sur la liturgie, plus intellectuel ou davantage pasteur de terrain. Ainsi l'obéissance catholique est-elle d'une autre nature que l'obéissance militaire.

Et puis, le pape, s'il a un pouvoir absolu, ne décide pas de tout et tout seul. Il dispose de nombreux conseillers, pas toujours officiels à l'échelle mondiale. Si Benoît XVI s'était laissé enfermer par l'administration du Vatican, déléguant de fait une bonne partie de ses décisions, François a démuré en quelque sorte la fonction papale, s'attribuant beaucoup de prérogatives directes mais élargissant le « cercle » des conseillers, selon une géométrie très variable, souvent imprévisible, où il ne s'est jamais laissé enfermer par personne, n'hésitant pas à jouer l'un contre l'autre. L'accroissement du pouvoir direct, autoritaire et personnel est lié à sa culture de jésuite de l'ancienne génération, un ordre religieux qui fut réputé pour sa discipline interne. Le pape argentin a également développé le recours aux synodes, largement lancés avant lui par Jean-Paul II, pour réfléchir et décider de nouvelles orientations générales pour l'Église. Nous reverrons dans le détail cette réforme du pouvoir papal, et donc l'exercice de responsabilité de la papauté dans la seconde partie de cet ouvrage, avec une série d'exemples concrets.

✧

Continuons à présent sur les spécificités du métier de pape dont la première définition est d'être l'« évêque de Rome ». Ce titre fonde son autorité juridique sur toute l'Église catholique, car Rome fut le premier « diocèse » constitué. Le nom de « diocèse » était utilisé par l'administration de l'Empire romain sous Dioclétien à la fin du IIIe siècle pour désigner une circonscription territoriale. Le mot vient du grec *dioikesis* qui signifie « administration, gouvernement ». Dans l'Église catholique, un diocèse est donc un territoire ecclésial géographique précis gouverné par un évêque.

La notion de territoire est extrêmement importante dans le monde catholique. Bien que spirituelle, l'Église a les pieds sur terre et les yeux sur les cartes géographiques de la planète. Si l'autorité de l'évêque lui vient « d'en haut », l'exercice de cette autorité, sa juridiction, se trouve « en bas », sur ce morceau de terre qui lui est confié. Historiquement, l'attribution de ces territoires a connu des confusions d'intérêts avec les pouvoirs princiers temporels. On ne confiait pas le pouvoir spirituel d'un comté à n'importe quel évêque, lequel était plutôt issu de la noblesse. C'était l'alliance du trône et de l'autel. Ces frontières territoriales avaient l'avantage d'associer des personnalités parfois fortes, celles des évêques, sans qu'ils se marchent trop les uns sur les autres et pour que l'unité de l'Église n'en pâtisse pas. C'est toujours le cas aujourd'hui, les évêques, tels de petits patrons dans leur diocèse, ne rendent compte qu'à Rome et non à leurs confrères évêques.

Cette approche territoriale et diocésaine de l'Église n'est pas une digression. Elle permet de saisir de l'intérieur le métier de pape et, surtout, l'une des réformes très importantes menée par le pape François pour faire évoluer cette charge.

Affirmer que la première fonction d'un pape est d'être « évêque de Rome », de laquelle découlent toutes les autres, n'est pas une aimable formule de guide touristique. C'est l'un des points d'achoppement de l'édifice catholique. Il justifie même une fiction juridique sur laquelle repose l'élection du pape. Celui-ci est élu par des cardinaux venus du monde entier. Ces derniers ne tiennent pas le droit juridique d'élire le pape de leur seul cardinalat ou de la diversité de leurs nationalités, américaine, indienne ou allemande, mais du fait d'être « titulaires » d'une église de la ville de Rome ! Comme s'ils en étaient des curés responsables selon l'ancienne tradition de l'Église, qui voulait que l'évêque de chaque diocèse, Rome y compris, soit élu par ses pairs, les clercs de ce diocèse.

La fiction juridique consiste à attribuer au nouveau promu, sitôt nommé au rang de cardinal, une église dans Rome et sa banlieue, sur le territoire du diocèse, dont il est le « titulaire ». Et c'est ce titre et non sa charge dans son pays qui lui donne le droit de vote pour élire l'évêque de Rome. Par exemple, le cardinal Jean-Marc Aveline, archevêque de Marseille, élira le prochain pape, non pour cette ville mais en tant que juridiquement titulaire, selon le droit canonique, d'une petite église Santa Maria dei Monti, près du Colisée, et de la très belle église Saint-Pierre-aux-Liens de Rome qui abrite le majestueux *Moïse* de marbre de Michel-Ange, tout comme des chaînes réputées avoir retenu prisonnier l'apôtre saint Pierre.

Saint Pierre, justement, prince des apôtres, mourut martyr à Rome. La basilique Saint-Pierre est érigée sur son tombeau selon la plus fournie des traditions. De Pierre découle toute l'autorité dans l'Église, d'où l'importance de la dénomination de « successeur de Pierre » pour les papes. Même si l'Église catholique est aujourd'hui internationalisée, son noyau dur, la raison de sa raison d'être n'a pas changé : c'est à Rome, sur le lieu du martyre et de la sépulture de Pierre, chef des apôtres, premier « évêque » même s'il n'en avait pas le titre (il faudra attendre le concile de Nicée en 325 pour que cette organisation territoriale soit validée), que s'est constitué l'édifice catholique. Ce périmètre urbain fonde toujours l'autorité de l'Église catholique parce que cette autorité spirituelle a été transmise par le Christ, selon les Évangiles, à Pierre. Et c'est par cette autorité que l'évêque de Rome est le pape en titre. Qu'il nomme et ordonne les autres évêques. Lesquels ordonnent, au nom de la même chaîne d'autorité, les prêtres, leur transmettant ainsi le pouvoir consécrateur sur les sacrements destinés aux fidèles. Et que le pape dirige la théologie pour transmettre, à travers les siècles, le fameux « dépôt de la foi », c'est-à-dire l'interprétation catholique des Évangiles.

Voici donc le « métier de pape ». Ce n'est pas une fonction administrative mais une charge mystique. Dans la vision catholique, le souverain pontife, quels que soient ses qualités et ses défauts, est dépositaire d'un pouvoir divin, celui des « clés » confiées selon la tradition par le Christ à Pierre pour « lier » ou « délier », dire le bien et le mal, pardonner les péchés, exhorter à la sainteté chrétienne, en vue du salut éternel des âmes des fidèles. L'autorité du pape tient en cela, même si l'Église n'ose plus trop mettre en avant cette spécificité.

Ce pouvoir est respectable et exorbitant aux yeux de beaucoup, à commencer par les chrétiens orthodoxes et les protestants. Il est respectable et insupportable aux yeux des juifs détenteurs, comme « peuple élu », peuple de la « première alliance » de Dieu avec les hommes, qui ne reconnaissent pas Jésus-Christ comme le Messie toujours attendu mais que les catholiques revendiquent comme le signe de la « nouvelle alliance », définitive, avec les hommes. Ce pouvoir est plus étranger encore à l'univers musulman et à celui des sagesses asiatiques pour lesquels l'idée d'« un homme fait Dieu », « fils de Dieu », est une absurdité.

En sa situation, somme toute modeste, d'évêque de Rome, le pape acquiert par son élection à cette charge une dimension et une responsabilité métaphysiques, planétaires, historiques qui transcendent les limites de la « ville », l'*Urbs* antique, Rome, siège de son pouvoir symbolique et mystique.

Le pape a huit noms officiels

Comme tout souverain le pape dispose d'une série de titres officiels. S'ils paraissent dépassés parce qu'ils sont peu usités, ils permettent de saisir l'amplitude mystique et historique de cette fonction et sa dimension verticale et horizontale. Curieusement, le mot « pape » n'appartient pas à cette liste officielle. C'est pourtant le plus connu. Il vient du grec πάππας (*pàppas*) et signifie « père », « papa » dont on trouve une trace archéologique dans les catacombes romaines de Saint-Calixte à propos du « pape Marcellin » qui régna de 296 à 304.

De même les termes « Sa Sainteté » ou « Saint-Père », pourtant d'usage courant, ne figurent pas dans les huit dénominations formelles dont le premier titre, fondamental, est celui d'« évêque de Rome », nous venons de voir pourquoi. Vient ensuite l'appellation « vicaire de Jésus-Christ », son suppléant sur Terre, celui qui représente le Christ. Ce titre est le plus théologique des titres du pape puisqu'il est lié, selon l'interprétation catholique, à l'ordre reçu du Christ par saint Pierre d'édifier son Église. Ce titre du pape apparu au Ve siècle sous Léon Le Grand (pape de 440 à 461) sera presque oublié pour revenir avec force au XVIe siècle.

Vient ensuite le titre de « successeur du prince des apôtres », donc de saint Pierre. Puis arrive le titre de « souverain pontife de l'Église universelle ». Il doit son origine au pape Théodore Ier en 642. La formulation de l'époque, *pontifex maximus*, était un réemploi d'un titre d'empereur romain, grand prêtre, lié à sa fonction de chef religieux. Cette insistance sur le pouvoir du pape correspondait à la lente agonie de l'Empire romain d'Occident qui fut, depuis l'empereur Constantin, le protecteur de l'Église de Rome. Ce titre resurgira à la Renaissance et *pontifex maximus* mutera en *summus pontifex* — le *pontifex, pontem facere* en latin, signifiant le constructeur de ponts entre les fidèles, dont le pape est le pasteur, et le Christ.

Le cinquième titre du pape est beaucoup plus local, puisqu'il s'agit du « primat d'Italie ». Qu'est-ce qu'un primat ? Dans tous les pays du monde existe un primat catholique. En France, « le primat des Gaules » est l'archevêque de Lyon, dénomination toujours en usage. C'est le premier évêque dans l'ordre de l'honneur et souvent de l'histoire parce qu'il occupe le siège épiscopal le plus ancien de cette nation. La sixième appellation dérive de cette même logique locale : « archevêque et métropolite de la province romaine ». Dans l'Église, les diocèses, souvent de la taille d'un département, sont en effet regroupés en « provinces ecclésiastiques ».

Plus récent dans l'histoire de la papauté est le titre de « souverain de l'État de la Cité du Vatican ». Il désigne le chef d'État au sens temporel, soit une monarchie absolue élective. Ce nom est apparu à la suite des accords du Latran entre le Saint-Siège et l'Italie en 1929. Ils mettaient fin à la querelle des États pontificaux dont la spoliation avait été alors compensée par un important dédommagement financier qui permit au Vatican de se constituer un imposant patrimoine immobilier, en Italie et à l'étranger, dont il vit toujours.

« Dernier » titre : « serviteur des serviteurs de Dieu ». C'est un titre éminemment chrétien puisqu'il désigne l'humilité, le fait que le premier est le dernier aux yeux de Dieu, que le gouvernant, dans la vision christique, n'est qu'un serviteur de ses frères. Saint Augustin évoque cette qualité qui sera reprise par saint Benoît, le fondateur des bénédictins. C'est le pape Grégoire le Grand qui installera ce titre pontifical en 602.

En 2006, Benoît XVI, pourtant très attaché à la tradition de l'Église, supprima le titre de « patriarche d'Occident » de cette liste. Il souhaitait avancer sur le chemin de la réconciliation avec l'Église orthodoxe qui utilise le nom de patriarche pour désigner ses chefs. Le pape théologien voulait ne pas limiter l'Église à l'Occident. « Patriarche d'Occident » était apparu au VIIe siècle et revenu en 1863, sous Pie IX, de façon à renforcer la primauté romaine dans la fin des États pontificaux.

L'ordre des titres est aussi important que les titres eux-mêmes, comme l'a démontré la polémique soulevée par le pape François quand il a exigé en 2020 — après sept années de vifs débats internes — qu'il ne retiendrait désormais, pour titre fondamental et quasi unique de sa fonction, que celui d'« évêque de Rome ». Il a fait modifier la nouvelle présentation de l'annuaire pontifical 2020. Cet épais livre rouge de 2400 pages est une sorte de *Who's Who* de l'Église catholique, édité par le Vatican. Il est la référence absolue de « qui est qui » dans l'organisation catholique, à Rome, comme dans le monde entier. « François, évêque de Rome. » Jusque-là, ce titre figurait sous son nom mais il était, sur la même page, accompagné des autres titres traditionnels ; désormais cette dénomination était seule, sur une page, les autres apparaissant sur une autre page. Ce qui suscita un soulagement dans les milieux progressistes et un scandale dans les milieux conservateurs.

L'ancien préfet de la Congrégation pour la doctrine de la foi, le cardinal allemand Gerhard Ludwig Müller, a accusé le pape de « barbarie théologique ». Si ce cardinal n'avait pas été en charge de l'interprétation de la foi catholique, l'un des postes-clés du Vatican — de 2012 où il avait été nommé par Benoît XVI, à 2017 où il a été démis par François — une telle accusation serait tombée dans l'oubli des outrances. Elle était extrême mais elle dénonçait quelque chose de grave. Car le choix de François de privilégier, pour se définir, la formule d'« évêque de Rome » plutôt que celle de « vicaire du Christ » exprimait en fait l'essence de sa conception de la papauté et le cœur de sa réforme : minimiser la théorie ecclésiale, opter pour la pastorale accessible à tous.

Certains y ont lu une volonté de réduire sa fonction à un service et non une primauté dans un souci d'humilité. D'autres ont pointé la conséquence de ce choix symbolique et politique sur l'avenir de l'Église catholique elle-même dont le centre et la tête ne seraient plus d'abord d'ordre divin et spirituel mais à dimension humaine et organisationnelle.

La critique portée par le cardinal Müller était donc significative. Il l'a résumée dans un journal catholique allemand, *Die Tagespost*. Le prélat a d'abord accusé d'« hypocrisie » ceux qui ont salué l'« humilité » de ce changement de dénomination. Il a déploré que tous les autres titres, dont celui de « vicaire du Christ », fussent désormais relégués aux oubliettes des « titres historiques ». Le fond de son argumentation s'appuyait sur les paroles de l'institution de l'Église catholique par le Christ, certes contestées par certaines lectures protestantes des Évangiles mais où « Jésus ne nomme pas Simon-Pierre comme évêque de Rome mais comme chef des apôtres ».

Cette protestation fut lettre morte. Très peu relevèrent cette passe d'armes théologique considérée pour certains d'un autre âge. Elle était pourtant au cœur de la réforme culturelle de l'Église catholique voulue par le pape François. La nouvelle présentation de l'obscur « annuaire pontifical » n'allait pas changer le monde. Elle signait, on le verra, une nouvelle ère de l'Église catholique. Mais rien, à ce stade, n'est encore gagné pour François.

La pointe d'une pyramide

Dans cette tension entre tradition et modernité sur la définition de la papauté, il faut enfin faire place au rôle du droit canonique qui est le droit spécifique de l'Église catholique. Le droit en effet est censé accorder les esprits. Le code de droit canonique comporte 1752 articles ou canons. Plusieurs définissent avec précision la fonction papale. Cette définition est largement ignorée des fidèles catholiques qui n'ont aucune formation sur cette loi de l'Église. Que dit alors le droit canonique à propos du pape ?

Le canon 331 — le mot « canon » signifiant une règle ou une norme — décrit ainsi la fonction de pape : « L'Évêque de l'Église de Rome, en qui demeure la charge que le Seigneur a donnée d'une manière singulière à Pierre, premier des Apôtres, et qui doit être transmise à ses successeurs, est le chef du Collège des Évêques, Vicaire du Christ et Pasteur de l'Église tout entière sur cette terre ; c'est pourquoi il possède dans l'Église, en vertu de sa charge, le pouvoir ordinaire, suprême, plénier, immédiat et universel qu'il peut toujours exercer librement. »

L'étendue de l'exercice de ce pouvoir absolu est précisée à l'alinéa 1 du canon 333 : « En vertu de sa charge, non seulement le Pontife Romain possède le pouvoir sur l'Église tout entière, mais il obtient aussi sur toutes les Églises particulières et leurs regroupements la primauté du pouvoir ordinaire par laquelle est à la fois affermi et garanti le pouvoir propre ordinaire et immédiat que les Évêques possèdent sur les Églises particulières confiées à leur soin. » Autrement dit, le pape est souverain dans toute l'Église, les évêques n'exerçant leur pouvoir qu'en vertu d'une délégation reçue du pape.

Quant à l'exercice du pouvoir, le pape a le devoir d'être en « lien de communion » avec ses frères évêques mais il peut aussi décider seul, c'est à sa convenance comme l'exprime l'alinéa 2 du canon 333 : « Dans l'exercice de sa charge de Pasteur Suprême de l'Église, le Pontife Romain est toujours en lien de communion avec les autres Évêques ainsi qu'avec l'Église tout entière ; il a cependant le droit, selon les besoins de l'Église, de déterminer la façon personnelle ou collégiale d'exercer cette charge. » Le paragraphe 3 du même article renforce d'ailleurs le pouvoir absolu du pape en son Église : « Contre une sentence ou un décret du Pontife Romain, il n'y a ni appel ni recours. » Ce pouvoir et ces décisions peuvent cependant être exercés en concertation avec les évêques et les cardinaux, ce que l'Église appelle la collégialité ou la « synodalité » dans l'Église. Elle n'est pas une obligation dans l'Église catholique comme elle l'est dans les Églises orthodoxes où un patriarche ne peut rien décider de lui-même et sans un vote du Saint-Synode, le groupe d'évêques chargés de l'assister.

Le canon 334 l'explique mais insiste encore une fois sur le pouvoir relatif des évêques qui n'existe que par délégation du pape : « Les Évêques assistent le Pontife Romain dans l'exercice de sa charge en lui apportant leur collaboration sous diverses formes, entre autres celle du Synode des Évêques. Il est aidé en outre des Pères Cardinaux ainsi que par d'autres personnes et par diverses institutions selon les besoins du moment ; toutes ces personnes et institutions remplissent en son nom et sous son autorité la tâche qui leur est confiée pour le bien de toutes les Églises, selon les règles définies par le droit. »

Cette petite leçon de droit, peut-être rébarbative, est utile pour constater combien dans l'Église catholique la place du pape, qu'il soit « évêque de Rome » et/ou « vicaire du Christ », demeure centrale et son pouvoir total malgré les évolutions du concile Vatican II. Dès le début de son pontificat en 2013, le pape François s'est battu pour casser la forme impériale de la papauté au profit d'une vision plus démocratique, fondée sur des « synodes ». Ce sont des réunions d'évêques qui visent à décider des grandes évolutions. Les Églises orthodoxes vivent la synodalité depuis leur création. Les protestants ont toujours placé la collégialité au cœur de leur mode de gouvernement.

Mais l'Église catholique, vieille dame, est lente à la manœuvre. Elle est divisée sur le plan théologique et très prudente dans son gouvernement. Elle connaît aussi de puissantes résistances au changement qui pourraient la faire imploser après le pape François et la faire revenir à la situation antérieure connue sous Benoît XVI et Jean-Paul II. À moins que la tendance réformiste ne l'emporte car François a mis toute son énergie et son génie politique pour ce succès même s'il a souvent décidé seul de tout, tranchant souvent de façon très autoritaire.

4

L'ÉGLISE CATHOLIQUE SE MÉFIE DES RÉFORMES

Il y a des mots magiques qui hantent l'Église catholique. Magiques parce qu'ils semblent produire leur effet dynamique au seul fait d'être prononcés. « Réforme » est l'un de ces vocables. Il court de siècle en siècle comme la solution miracle à tous les reculs ou ralentissements. Il est même à l'origine d'un adage latin : *Ecclesia semper reformanda*, « L'Église est toujours en cours de réforme ». Cette formule est attribuée à tort à Luther même si ce fut pourtant bien son programme. L'idée ? Pas d'Église sans réforme. Mais ce slogan typique du monde protestant lancé en réalité par le théologien protestant Karl Barth en 1947 sur la base d'une interprétation de saint Augustin, repris par le théologien contestataire catholique Hans Küng, est désormais cité avec régularité par le pape François.

L'adage *Ecclesia semper reformanda* est également attribué à tort au concile Vatican II qui le citerait dans la constitution dogmatique *Lumen gentium*, mais ce texte ne dit pas cela. Il parle de purification, de pénitence pour un « renouvellement » permanent de la « sainteté » de l'Église et non pour sa réforme permanente : « L'Église est à la fois sainte et toujours appelée à se purifier, poursuivant constamment son effort de pénitence et de renouvellement. » Ce n'est pas le même sens : l'orthodoxie catholique exprimée par le concile admet la réforme pour la sainteté de l'Église, non la réforme pour la réforme. Cette précision peut paraître académique. Elle ne l'est pas car elle est à la base des tensions entre réformateurs et conservateurs.

De ce point de vue, le pontificat de François restera comme un des pontificats les plus réformateurs. Cette remise à jour de l'Église catholique lui avait d'ailleurs été « commandée » par les cardinaux, juste avant son élection en 2013. Les prélats en rouge cherchaient un esprit réformateur mais aussi un patron sans peur, au caractère trempé et audacieux pour s'opposer à ceux qui dans l'Église refusaient toute évolution. Évolution en deux directions : au cœur de la subtile mécanique interne du monde clos du Vatican, sa gouvernance ; et, au sein de l'immense patrimoine de l'enseignement de l'Église, son éthique et sa théologie.

La trempe, le courage de dire « non », l'audace de prendre des risques ne sont pas des vertus communément partagées par le corps épiscopal. Il est choisi plutôt pour sa docilité et sa capacité à se taire sur les petits arrangements ecclésiastiques. Certains ont permis de couvrir des scandales de mœurs, sexuels ou financiers. Les caractères trempés ou les personnalités hors normes, trop brillantes, sont écartés de la voie hiérarchique de l'Église diocésaine, en France en particulier. En revanche, des pays où le catholicisme est minoritaire ont besoin d'élites fortes. Ce qui explique que les fortes têtes choisissent plutôt des ordres religieux, comme les Jésuites, les Dominicains, les Franciscains. Ces familles, plus restreintes et davantage liées au charisme d'un fondateur, offrent à ces tempéraments des voies d'épanouissement de leur vocation et apostolat plus vastes, et davantage de liberté d'action.

Un jésuite autoritaire

Ce sont ce caractère, cette énergie qui avaient d'ailleurs valu au jeune jésuite Bergoglio, brillant sujet puisqu'il avait été nommé à l'âge de trente-six ans seulement à la tête des Jésuites d'Argentine en 1973, d'être finalement remercié tant il avait « clivé » — selon le témoignage d'un de ses confrères — cette importante province jésuite d'Amérique latine : « J'avais trente-six ans : une folie ! confie-t-il dans le premier livre-interview de son pontificat. Il fallait affronter des situations difficiles et je prenais mes décisions de manière brusque et individuelle[1]. » Il conclut : « Cela étant, les gens se lassent de l'autoritarisme. Ma manière autoritaire et rapide de prendre des décisions m'a conduit à avoir de sérieux problèmes et à être accusé d'ultra-conservatisme. » Il faut dire qu'il fut nommé à ce poste trois ans avant l'arrivée de la dictature militaire en Argentine, période où son action fut très controversée et soigneusement édulcorée dans sa biographie officielle.

Ce jésuite impétueux fut donc mis à l'écart des instances de direction de la Compagnie de Jésus en 1980 pour un long purgatoire d'une douzaine d'années avant d'être finalement repéré par l'archevêque de Buenos Aires de l'époque, le cardinal Antonio Quarracino, très conservateur, qui l'appela en 1992 à ses côtés, en tant qu'évêque auxiliaire. À cinquante-cinq ans, Bergoglio, connu pour sa radicalité, entre dans le circuit des évêques diocésains, un passage peu courant pour un religieux, qui le conduira au cardinalat sous Jean-Paul II puis à la papauté. Il sera ainsi le premier jésuite jamais élu pape depuis la création de la Compagnie de Jésus en 1534 ! Et le premier

1. Le pape François, *L'Église que j'espère*, Flammarion / Étvdes, 2013, p. 68.

pape issu d'un ordre religieux depuis... 1831. C'est dire combien les cardinaux, en majorité issus du clergé diocésain, se méfient des « religieux » qu'ils voient comme des électrons libres formatés par la règle d'un institut religieux dont ils importent le style et souvent la radicalité jusqu'au plus haut niveau de l'Église. Sans oublier le favoritisme accordé à des membres de leur ordre : on n'aura jamais vu autant de jésuites à des postes importants au Vatican depuis 2013.

Mais la volonté, si puissante soit-elle, ne suffit pas pour réformer l'Église. Elle ne peut, à elle seule, emporter l'adhésion. Une vision et un programme sont nécessaires et ils n'ont pas manqué au pape François. Il n'a fait que « mettre en œuvre, confie l'un de ses proches, le concile Vatican II ». Cette entreprise de réforme profonde de l'Église catholique fut décidée en 1965. Près de trois quarts de siècle plus tard elle demeure toujours partiellement appliquée pour les esprits progressistes. Ce qui satisfait les esprits conservateurs plutôt critiques sur ce concile. « Alors que tous les papes depuis 1962, année d'ouverture du concile Vatican II, y avaient physiquement participé, François, ordonné prêtre en 1969, l'a suivi de loin, ajoute cet observateur. Son but est de l'appliquer sans entrer dans le débat de la juste interprétation du concile qui a hanté ses prédécesseurs. » Tous se sont effectivement montrés prudents dans la mise en œuvre de cette lente réforme.

La plus spectaculaire fut l'adoption d'une nouvelle liturgie pour célébrer la messe. Plus difficile à incarner fut la décision d'ouvrir l'Église aux autres religions et au « monde » tel qu'il se présente et non selon une vision catholique de surplomb. Sur ces deux axes, François aura mis toute son énergie. Sa dernière « révolution » visant à introduire plus de démocratie et de décentralisation dans l'Église est encore à réaliser. Deux synodes spéciaux, convoqués à l'automne 2023 et 2024, sont prévus pour cela, ainsi que la réforme de la curie publiée le

19 mars 2022. Il s'agit de redimensionner le pouvoir romain mais aussi la gouvernance générale de l'Église. Jusqu'au pontificat de François le pouvoir exercé par la curie était presque absolu sur l'ensemble des Églises catholiques de la planète. Cette puissance est inscrite dans le droit canonique, le droit interne de l'Église, comme dans la pratique quotidienne car beaucoup de décisions importantes remontent à Rome. Il n'est pas étonnant que cette réforme de la curie ait suscité le plus de résistance. On y reviendra.

L'Église craint la réforme

Avant de s'intéresser au fond des choses, il importe de faire comprendre combien la seule évocation du mot « réforme » ou la moindre tentative en ce sens suscitent dans une Église catholique plurielle des tirs de barrage ou des... hourras de bienvenue. D'où le luxe de précautions et les ruses que François aura déployés pour introduire ces mutations sans choquer même s'il lui fallait parfois passer en force. Si la plus grande institution chrétienne mondiale a régulièrement cherché à se réformer, elle ne pouvait toutefois s'appeler « Église réformée » comme sa petite sœur protestante. L'Église catholique nourrit, à l'état de seconde nature, la culture de la conservation et de la transmission de son enseignement, de ses rites et de son trésor spirituel. Certains y voient un « conservatisme » effréné, ce qui est simpliste, car l'Église de Rome sait avancer et prendre des virages importants quand il le faut. Mais c'est toujours au prix élevé de schismes silencieux ou tapageurs. Cette situation de turbulences, à l'image d'un vol au long cours secoué par des vents contraires parce que le pilote n'entend pas changer de cap, restera comme l'une des marques du pontificat de François. Déstabilisation qu'il a totalement assumée, souvent sans égard pour la confusion interne, les clivages et divisions qu'elle a pu semer, ou pour les personnes blessées voire anéanties.

Jamais en effet une « réforme » dans l'Église catholique ne va de soi. Cette visée est même suspecte dans les mentalités ecclésiastiques même si beaucoup la magnifient officiellement. Elle peut susciter des rejets profonds du corps ecclésial et cette question sera aussi l'un des enjeux de la succession du pape François qu'il nous faudra examiner.

Il suffit, premier exemple, de se référer à Martin Luther. Avant de fonder « la Réforme », c'était un religieux catholique du couvent des Augustins à Erfurt. Docteur en théologie, il enseigna dans cette ligne. Sa critique de l'institution, sur la question des indulgences notamment mais aussi sur l'autorité du pape et des conciles, le conduisit à se trouver au ban de l'Église par excommunication en 1521. Rome récusait en bloc la réforme qu'il proposait.

Il serait possible également de citer la longue histoire des conciles, deuxième exemple. Ces réunions régulières de tous les évêques combattent les hérésies, consolident des dogmes ou des enseignements, formulent des interdictions, font des recommandations. En deux millénaires et pour l'Église catholique, il y a eu vingt et un conciles généraux et près de cent cinquante conciles régionaux, comme celui de Toulouse en 1229 qui interdit de lire la Bible ou de la lire dans une langue qui ne serait pas le latin... On se demande quelle erreur ou subtilité hérétique auraient pu être oubliées dans la longue liste des débats théologiques sans fin. Ils démontrent que l'Église catholique n'a jamais cessé de s'adapter pour affiner l'expression de sa foi à l'épreuve des questions posées au fil des époques. Mais elle a toujours affirmé avec le même soin le caractère immuable de sa foi, son interprétation « infaillible » sur certains points, excluant de manière plus ou moins forte ceux qui s'y opposaient — un trait spécifique des institutions en position de monopole et de domination. En leur sein, les réformateurs n'ont qu'à bien se tenir. Ils sont combattus.

Un dernier exemple relativement récent parmi une multitude à l'échelle de deux millénaires mérite aussi un rapide détour. Il vient d'un dominicain célèbre et français. Il y a moins d'un siècle il fut banni pour avoir osé penser une « réforme » pour l'Église catholique. Le père Yves Congar publia en 1950 un ouvrage qui deviendra un classique de la théologie française. Dans un premier temps, cela lui vaudra une véritable censure ecclésiastique : le Saint-Office, ancêtre de la Congrégation pour la doctrine de la foi, va jusqu'à interdire toute réimpression de la première édition ainsi que toute traduction de l'ouvrage ! L'auteur devra dorénavant soumettre tout nouveau projet de livre au supérieur général de l'ordre dominicain... Soit une reprise en main. Ce livre n'était pourtant pas un brûlot. Il s'intitulait : *Vraie et fausse réforme dans l'Église.* Mais le mot « réforme » est alors tabou dans l'Église catholique car vu comme le spectre de l'influence de la mentalité protestante au sein de l'Église catholique. Le père Congar y démontre que les changements dans les sociétés d'après-guerre, mais aussi dans l'Église catholique, appellent une certaine « réforme ». Il ne veut pas s'attaquer aux dogmes et aux questions fondamentales de l'Église catholique mais il souhaite une adaptation « pastorale » pour mieux répondre, estime-t-il, aux besoins nouveaux de la société moderne, en particulier d'après-guerre, qui était en pleine mutation.

Il devra attendre 1967, soit dix-sept années de « purgatoire » intellectuel, avant de pouvoir publier une seconde édition de son livre ! Celle-ci aura lieu après le concile Vatican II où Congar aura été finalement admis comme théologien. Dans la seconde édition il prônera le fait que l'Église ne doit pas seulement « s'adapter » mais qu'elle doit aller plus loin parce que la remise en cause de l'Église dans la société s'attaque désormais aux « racines mêmes de l'Église et de la foi ».

Avait-il tort? Jean-Paul II ne le pensait pas. Il nommera Congar cardinal en 1994 à titre honorifique car ce dernier avait passé les quatre-vingts ans, ce qui interdit d'élire le pape. Quelle reconnaissance tout de même! Le plus truculent de l'histoire est que le pape Jean XXIII, qui avait convoqué le concile Vatican II, avoua une fois élu pape qu'il avait été très marqué par le livre de Congar sur « la réforme dans l'Église », dont il avait toujours la première édition — interdite — à portée de main! Il en va de même de Paul VI qui succéda à Jean XXIII et qui mit en œuvre le concile Vatican II. Ce pape de haute culture avait lu toutes les œuvres de Congar qu'il appréciait tout particulièrement. Quant à François, il allait puiser chez Congar les éléments pour discerner la « vraie » de la « fausse » réforme dans l'Église. Comme Henri de Lubac, Yves Congar est aujourd'hui un « mentor » du pape François, affirme un biographe de référence, le journaliste anglais Austen Ivereigh[1]. Il explique que le jésuite argentin, dans l'exercice de ses premières responsabilités, puisera chez le théologien français des éléments de discernement sur la « vraie » réforme, car il est alors confronté à une « avant-garde » jésuite très progressiste que combat le jeune prêtre Bergoglio. Grâce à Congar, le futur pape y perçoit les germes de schismes, de divisions dans des réformes à marche forcée, bien intentionnées mais plus animées par l'« idéologie » ou des « mouvements d'opinion dominants » que par le bien des fidèles ordinaires et le souci des sources de la tradition de l'Église. « Les réformes qui ont réussi au sein de l'Église, écrit Congar repris par Bergoglio, sont celles qui ont été menées dans le souci des

1. Austen Ivereigh, *François le réformateur*, Éditions de l'Emmanuel, 2017.

besoins concrets des âmes, dans une perspective pastorale, en ayant pour finalité la sainteté. »

C'est aussi chez Congar que le pape François, qui bataille à l'époque contre les plus progressistes des jésuites, puise l'un de ses antidotes contre les réformistes à tout crin : « le saint peuple fidèle de Dieu ». Il désigne ces fidèles anonymes qui prient en silence contre vents et marées, de génération en génération, dans des nefs catholiques séculaires, montées de bric et de broc, ou à l'abri de l'harmonie parfaite des cathédrales. Ils seraient un rempart contre les éventuels excès des réformes par la calme puissance de leur foi enracinée, simple, constante. D'où la méfiance permanente de François vis-à-vis des « élites » dans l'Église, également dénoncées par Congar. En 1980, le père Bergoglio écrit : « Les conservateurs et les révolutionnaires passeront toujours leur temps à se battre pour obtenir le pouvoir, avoir le contrôle et diriger l'institution », voulant la transformer pour les uns en « ateliers de restauration », pour les autres en « laboratoires aseptisés » sans percevoir « le mouvement véritable » qui se déploie « au sein du peuple des fidèles de Dieu » où tout se joue. Le futur pape s'adresse à des religieux et prévient : « Comme toujours, c'est à ce moment-là que les idéologues restaurationnistes et idéalistes, indisposés par l'odeur de sueur qui se dégage du progrès incarné dans la réalité, seront laissés à la traîne. Ils sont coupés du monde, isolés dans leur élitisme[1]. »

C'est dire l'influence de Congar, théologien réformateur français, et la difficulté d'aborder la question de la réforme. Toutes les réformes dans l'histoire de l'Église ont d'ailleurs souvent généré des « contre-réformes », ou des oppositions longues et sourdes, et parfois des schismes.

1. Jorge Mario Bergoglio, *Formacion permanente y reconciliación* dans *Meditaciones para religiosos*, Ediciones Mensajero, 2014.

L'habileté madrée de François

Ainsi peut s'expliquer la résistance presque naturelle de l'Église au changement mais comment réformer un corps social, de type religieux, dépositaire d'une révélation divine exclusive, dont il a l'écrasante responsabilité de la pérennité, par la préservation du patrimoine de foi et par la transmission de ce message au monde entier ?

Si gérer l'Église est une routine parce que l'expérience accumulée et les procédures internes sont rodées comme une vieille horloge, la réformer, en revanche, est l'entreprise la plus sensible et délicate qui soit. Il n'est pas surprenant que François ait été d'une prudence extrême pour progresser sur ce terrain miné. Domptant son caractère entier, il a souvent surpris et déçu son aile gauche par des pas de côté incompris. Ou des retraits purs et simples quand son entourage le poussait au contraire à accomplir des pas de géant.

On l'a constaté sur la réforme de la famille, avec la question de la communion pour les divorcés-remariés. Le pape a d'abord pris le temps, deux années avec un long synode qui se préparait à voter à la majorité cette mesure-phare. Mais François ne l'a pas retenue comme un titre majeur dans son document final *Amoris lætitia*. Avec beaucoup de précautions et de restrictions, il l'a introduite au titre d'une simple note de bas de page. Ce qui allait donner lieu à une foison d'interprétations contradictoires chez les évêques et a accentué les divisions dans l'Église.

Mêmes tâtonnements sur la question d'une éventuelle admission d'hommes mariés au sacerdoce, l'une des mesures attendues du synode sur l'Amazonie en octobre 2019. Elle fut votée, on l'a vu, en assemblée, mais François, jugeant que les temps n'étaient pas mûrs, et l'opposition forte, préféra surseoir. Lent mûrissement également pour la réforme pourtant fondamentale de la curie romaine, qui demanda, non pas des mois, ni deux ans mais neuf années de préparation ! Lancée dès 2013, elle devait aller de soi. François a préféré la remettre à l'ouvrage tant qu'elle ne lui paraissait pas aboutie. Elle sera publiée en mars 2022.

Ce pape n'a toutefois pas hésité à jouer sur l'effet de surprise et le passage en force pour régler un dossier qui lui tenait beaucoup à cœur, celui de la liturgie. Il s'agissait de mettre fin à la réforme majeure du pape Benoît XVI. Délicat, car ce pape émérite, décédé le 31 décembre 2022, était toujours en vie en juillet 2021 quand son successeur porta le coup fatal à cette réforme-phare de son prédécesseur. Contre toute attente, le pape régnant publia un décret d'application qui annulait en bonne partie le décret, un *motu proprio*, par lequel Benoît XVI avait permis un usage très libéral de la messe selon l'ancien rite, celui de saint Pie V, réédité par Jean XXIII, connu sous le vocable de « messe en latin » et qui était en vigueur avant le concile Vatican II. Ce fut une action éclair et sans appel du pape argentin. François ne consulta pas son prédécesseur même s'il suggéra le contraire après la mort de Benoît XVI qui n'était plus là pour confirmer. Le coup était préparé dès son élection en 2013.

Ce religieux très politique, qui a théorisé « la culture de la rencontre » pour aborder des horizons jusque-là peu fréquentés par les papes, a également conceptualisé la légitimité du « conflit » et du « désaccord » dans le milieu chrétien, en particulier au moment des phases réformistes où les dissensions apparaissent. Il s'est inspiré, là encore, de Congar mais aussi de Romano Guardini, un prêtre philosophe allemand (1885-1968). Le père Bergoglio devait d'ailleurs lui consacrer une thèse de doctorat qui n'aboutira pourtant jamais, même s'il séjourna en Allemagne à cette fin après sa mise à l'écart d'Argentine en 1986 où il avait échoué à la tête de la province des Jésuites. Un séjour allemand qui ne durera toutefois que huit mois. Cet homme d'action n'avait plus la patience, à cinquante ans, de se plonger dans une obscure et longue recherche théologique doctorale. Le jésuite s'inspirera beaucoup d'un important texte de Guardini, rédigé en 1925, intitulé *Der Gegensatz,* « L'opposition ». Critique des dialectiques marxistes et hégéliennes, cette étude concluait sur la notion de « dynamiques du désaccord » où les oppositions — si elles ne sombrent pas dans la contradiction stérile — peuvent être « fécondes et créatives ». Une leçon que François appliquera ouvertement et sans vergogne contre une culture ecclésiale de gestion des conflits, souvent lisse et onctueuse en façade mais d'une dureté implacable en sous-main.

Réformes « irréversibles »

Ce sens politique inné du pape François — qui confiait en 2013 au jésuite italien Antonio Spadaro : « Je suis un peu rusé, je sais comment faire les choses » — n'est toutefois pas la seule raison de son habileté redoutable. François, nous le comprendrons en fin d'ouvrage, a une conscience historique de sa mission. S'il réforme, ce n'est pas pour échouer. Il veut aussi infléchir le cours de l'histoire de l'Église catholique à un moment décisif où ses deux prédécesseurs, Jean-Paul II et Benoît XVI, ont plutôt freiné les élans du concile Vatican II, le pape allemand cherchant même à renouer avec la plus ancienne tradition de l'Église dans une logique de « continuité » et non de « rupture ». François, sans chercher la rupture — à l'école de Congar, il craint les schismes — veut des mesures « irréversibles ». Un mot qui reviendra souvent dans la bouche de ses plus proches conseillers interrogés sur l'esprit de la réforme de François : « ir-ré-vers-ible ! » Le pape avait confirmé le caractère non négociable, définitif du concile Vatican II dans la conclusion de son entretien avec le père jésuite Spadaro, c'est dire l'importance qu'il donne à ce concile dans son pontificat : « Vatican II fut une relecture de l'Évangile à la lumière de la culture contemporaine. Il a produit un mouvement de rénovation qui vient simplement de l'Évangile lui-même. Les fruits sont considérables. » Il ajoutait en référence à Benoît XVI notamment : « Il y a certes des herméneutiques de continuité et de discontinuité, pourtant une chose est claire : la manière de lire l'Évangile en l'actualisant, qui fut propre au concile, est absolument irréversible. »

L'homme sait parfaitement où il va et entend semer une empreinte durable. Non seulement il laisse peu de chose au hasard comme il l'a démontré dans la gestion des affaires du Vatican mais il travaille sur le long terme. Ce serait d'ailleurs l'une des faces cachées de son apparence souvent joviale et avenante : sous un cœur grand ouvert, bataille une volonté de fer. Il confie en 2017 au supérieur des Jésuites, le père Adolfo Nicolás, qu'il ne démissionnera jamais alors qu'il a laissé entendre publiquement depuis le début de son pontificat qu'il pourrait le faire : « Je demande au bon Seigneur, aurait-il dit selon cette source fiable, de me prendre seulement quand les changements seront devenus irréversibles[1]. »

Aussi François, en politique avisé, connaisseur du cœur profond des hommes, soignera-t-il presque davantage la méthode de réforme que la réforme elle-même. On le verra sur le dossier de la curie notamment. Il sait qu'une réforme trop vite imposée ou mal préparée est vouée à l'échec car les vieilles habitudes reprendraient vite le dessus. Les coutumes sont incrustées et fossilisées dans la culture profonde et inconsciente du corps ecclésial dont l'horloge biologique n'est pas rythmée par les secondes mais par les siècles. D'où le goût de ce pasteur — qui fut aussi professeur de séminaire —

1. Agence Crux, 13 mai 2017, article d'Austen Ivereigh.

pour les « discours de la méthode » — non pas celle de Descartes mais par le biais des pense-bêtes, *check-lists,* faciles à retenir, opérationnels, peu théoriques, concrets, où il donne une série de principes d'action simples et efficaces à ses yeux. Il y a « douze » points-clés pour penser la réforme de la curie que François a consciencieusement inventoriés en décembre 2016 et que nous verrons. Il y a également « quatre » points de méthode d'action pour conduire le changement qui sont une charte fondamentale du pontificat, François les a souvent évoqués.

Discours de la méthode

Ceux qui connaissent François les ont déjà devinés tant ces quatre préceptes sont devenus un classique de la méthodologie du pontificat : « le temps est supérieur à l'espace » ; « l'unité prévaut sur le conflit » ; « la réalité est supérieure à l'idée » ; « le tout est supérieur à la partie ». Ces quatre principes d'action viennent de très loin. Le jésuite Bergoglio les exposa pour la première fois devant ses confrères religieux argentins en 1974.

Dans l'exhortation apostolique *Evangelii gaudium,* François développe le sens de ces maximes. « Le temps est supérieur à l'espace. » Ce principe permet de « travailler à long terme, sans être obsédé par les résultats immédiats. Il aide à supporter avec patience les situations difficiles et adverses, ou les changements des plans ». Donner la priorité à l'espace conduirait « à devenir fou pour tout résoudre dans le moment présent » alors que prendre le temps exige « des convictions claires et de la ténacité » sans sombrer dans l'inquiétude. Le pape estime que le principe est adapté à l'évangélisation car le temps de Dieu n'est pas celui des hommes : « Le Seigneur lui-même en sa vie terrestre a fait comprendre à ses disciples qu'il y avait des choses qu'ils ne pouvaient pas comprendre maintenant, et qu'il était nécessaire d'attendre l'Esprit saint. »

Deuxième principe : « L'unité prévaut sur le conflit. » Nous retrouvons là un homme d'Église au caractère trempé et aux idées tranchées, dont toute la vie a été paradoxalement émaillée de rapports conflictuels, comme le soulignent le renouvellement régulier de ses collaborateurs et sa méfiance à leur égard, jusqu'à les opposer en sous-main, pour ne jamais dépendre d'aucun d'entre eux. Ce religieux revendique le commandement chrétien de l'amour alors qu'il se trouve souvent dépassé par son tempérament fougueux, ombrageux, calculateur. « Le conflit ne peut être ignoré ou dissimulé. Il doit être assumé, dit-il. Mais si nous en restons prisonniers, nous perdons la perspective, les horizons se limitent et la réalité même reste fragmentée. Quand nous nous arrêtons à une situation de conflit, nous perdons le sens de l'unité profonde de la réalité. » Et de proposer une troisième voie. « Ne pas se laver les mains », comme Ponce Pilate le fit, ni se satisfaire des « blocages » mais « accepter de supporter le conflit, de le résoudre et de le transformer en un maillon d'un nouveau processus ». Facile à dire, François y croit : « Il est possible de développer une communion dans les différences, que seules peuvent faciliter ces personnes nobles qui ont le courage d'aller au-delà de la surface du conflit. Il ne s'agit pas de viser au syncrétisme ni à l'absorption de l'un dans l'autre, mais de la résolution à un plan supérieur qui conserve, en soi, les précieuses potentialités des polarités en opposition. »

Troisième principe : « La réalité est supérieure à l'idée. » François pourchasse les maux suivants : « sophismes, purismes angéliques, totalitarismes du relativisme, nominalismes déclaratifs, projets plus formels que réels, fondamentalismes antihistoriques, éthiques sans bonté, intellectualismes sans sagesse ». Le chimiste de formation qui n'a pas la rigueur d'un philosophe imagine une « tension bipolaire » entre la réalité qui « est » et l'idée que rien ne devrait séparer. « Il y a des hommes politiques — y compris des dirigeants religieux — qui se demandent pourquoi le peuple ne les comprend pas ni ne les suit, alors que leurs propositions sont si logiques et si claires. C'est probablement parce qu'ils se sont installés dans le règne de la pure idée et ont réduit la politique ou la foi à la rhétorique. »

Dernier principe : « Le tout est supérieur à la partie. » François propose une image pour représenter ce grand tout. Ce n'est pas un globe parfait, lisse, sans aspérité où « chaque point est équidistant du centre, sans différence entre un point et un autre ». Il lui préfère le « modèle du polyèdre », protéiforme, il offre des facettes multiples, des arêtes, des pics et des creux, reliés au même centre. Cette figure exprime mieux « les confluences de tous les éléments partiels tout en conservant leur originalité. C'est la conjonction des peuples qui conservent leur propre particularité dans l'ordre universel. C'est la totalité des personnes dans une société qui cherche un bien commun, qui les incorpore toutes en vérité ». Conséquence : « On ne doit pas être trop obsédé par des questions limitées et particulières. Il faut toujours élargir le regard pour reconnaître un bien plus grand qui sera bénéfique à tous. Mais sans se déraciner. » Le polyèdre démontrerait que le tout est supérieur à la partie mais que chaque particularisme a sa place dans le tout : « La Bonne Nouvelle est la joie d'un Père qui ne veut pas qu'un de ses petits se perde. L'Évangile est le levain qui fait fermenter toute la masse. »

Entre subtilité et brutalité

En attendant, la masse ecclésiale est plus en ébullition avec le pape François qu'en fermentation paisible. À quelques exceptions, cette ébullition ne provient pas seulement des dossiers de réformes; cette mise à feu vif de l'Église catholique découle de la personnalité de François, de son style et de ses méthodes de travail. Du feu ardent et continu du pape Jean-Paul II, au feu doux et convaincu du pape Benoît XVI, les catholiques sont passés en l'espace de trois décennies d'un fleuve tranquille à un passage sur le gril. Si les scandales de pédo-criminalité marquant les victimes de blessures indélébiles, et le clergé de honte profonde, ont plongé la communauté catholique dans le trouble, la volonté réformiste menée à la hussarde par le pape François a déstabilisé beaucoup de catholiques tout en en rassurant d'autres.

Ce n'est pas tant la radicalité de François qui cita Léon Bloy dans sa première homélie — « celui qui ne prie pas Dieu, prie le diable » — qui a frappé. La radicalité non violente d'un religieux ou d'une religieuse est presque constitutive de leur état de vie. Mais c'est plutôt ce que certains dénoncent comme une forme de violence parfois colérique qui a dérangé. Ce trait de caractère de François est peu connu hors de Rome mais il est redouté au Vatican et chez ceux qui le fréquentent. Les méthodes rusées utilisées par le pape argentin pour parvenir à ses fins ont aussi semé le doute. Souvent elles étaient justifiées par la prudence pastorale pour ne pas indisposer ou braquer mais elles ont fini par introduire une confusion sur des dossiers pourtant essentiels impliquant la foi de l'Église, ainsi sur la question des divorcés-remariés ou celle de la liturgie. Tendre la main et favoriser l'insertion des personnes séparées qui ont refait leur vie dans la communauté a été très apprécié, comme juste, salutaire, attendu, mais les conséquences sur l'« indissolubilité » du mariage, enseignement fondamental de l'Église, ne sont pas encore connues, car les jeunes générations ne pourront plus penser le mariage indissoluble dès lors qu'il est pratiquement admis par l'institution qu'il puisse être rompu.

Confusion entretenue également sur la question des

personnes homosexuelles à qui ce pape aura ouvert comme jamais les portes de l'Église tout en émettant des messages sciemment contradictoires sur la question de la bénédiction de ces couples. Quant à la liturgie, il aura profondément meurtri les traditionalistes en interdisant pratiquement ce que Benoît XVI avait permis, la possibilité de célébrer la messe selon l'ancien rituel. Parfois, le pragmatisme de François aura été perçu comme un relativisme et aura desservi son autorité. Il aura trop cherché à adapter son discours à son auditoire en occultant tel aspect pour ne pas déplaire. L'un des exemples les plus fameux fut l'« oubli », selon la version officielle, de lire un paragraphe très critique sur le libéralisme alors qu'il s'adressait au Congrès américain le 24 septembre 2015 à Washington. Avant de fouler le sol des États-Unis pour la première fois — comme évêque il avait toujours refusé de s'y rendre —, ce pape n'a jamais cessé de critiquer la politique américaine. Il a continué de le faire ensuite.

Autre paradoxe de ce pape réformateur, il aura été très dur comme patron et très miséricordieux comme pasteur. Il aura été par exemple d'une rudesse sans merci pour les « bons cathos pratiquants » dont il aura souvent critiqué, publiquement et sans retenue, les travers et l'« hypocrisie », et d'une mansuétude infinie pour ceux qui ne partagent pas la foi catholique ou qui vivent loin d'elle. Ce qui aura contribué à décrédibiliser son autorité à l'intérieur de l'Église et à miner l'adhésion interne au pontificat.

Autre caractéristique de ce pape, François aura fui la promulgation de grandes lois et beaucoup pratiqué la méthode du fait accompli dont la reconnaissance finit par avoir force de loi. Ainsi de sa stratégie des petits pas sur les réformes internes à l'Église, typiques pour la réforme de la curie. Ainsi de la simple note de bas de page, en caractères minuscules, dans l'exhortation apostolique *Amoris lætitia*, « la joie de l'amour », qui ouvrit l'une des réformes les plus importantes de ces dernières décennies dans l'Église catholique sur le mariage et sur le divorce. Ainsi du « synode sur la synodalité », lancé en 2021 sur trois années, un temps long pour que l'Église, tout en réfléchissant à une nouvelle modalité de gouvernance plus collective et démocratique, change sa façon même de décider au fur et à mesure de cette réflexion. Des changements, en apparence mineurs, qui finissent par provoquer une révolution de la pensée ou des pratiques. Apprendre en marchant, réformer en marchant, pourrait être le propre de la méthode de réforme de François.

Toutefois ces méthodes, subtiles ou brutales, inconnues du grand public, ne doivent pas estomper la portée des réformes de François, même si l'heure de vérité d'une révolution n'est pas dans ses coups d'éclat mais dans ses résultats au long cours. Or le domaine religieux impose une adhésion personnelle absolument décisive puisque la contrainte extérieure existe peu, contrairement au monde civil, sauf pour les clercs soumis au vœu d'obéissance. C'est pourtant là que se mesurera « l'après-François » — l'adhésion à ses réformes. On sait déjà dans le microcosme du Vatican, italien notamment, que la page sera vite tournée tant ce pape aura mis la pression et imposé le contrôle sur les employés, passant parfois par des écoutes téléphoniques. Le ton des commentaires de couloir sur le prochain conclave et sur le futur pape, « tout sauf un Latino-Américain », est très significatif...

Mais il y a plus que les ragots. C'est toute l'alchimie, si l'on peut dire, de l'Église catholique, qui s'érode avec le temps, comme une vieille cathédrale, à la fois plus belle, patinée, et laide en ses recoins, mais qui trouve des trésors d'inventivité pour se maintenir et demeurer. Les réformes religieuses sont fréquentes, certaines durent, d'autres périclitent tels des ajouts d'architectes trop audacieux qui finissent par être supprimés. La réforme dans l'Église n'est jamais une histoire tranquille, linéaire, sans à-coups. Elle est souvent pensée de loin, lancée avec soin, chaotique à la fin. C'est une affaire à saisir sur le fond comme nous allons nous y employer à présent en analysant les grands dossiers sur la sellette.

Laissons toutefois à Georges Bernanos, un auteur apprécié de François, qu'il cite souvent, le mot de la fin sur ce chapitre : « C'est [...] un fait d'expérience qu'on ne réforme rien dans l'Église par les moyens ordinaires. Qui prétend réformer l'Église par ces moyens, par les mêmes moyens qu'on réforme une société temporelle, non seulement échoue dans son entreprise, mais finit infailliblement par se trouver hors de l'Église. Je dis qu'il se retrouve hors de l'Église avant que personne n'ait pris la peine de l'en exclure, je dis qu'il s'en exclut lui-même, par une sorte de fatalité tragique. » Il poursuit : « On ne réforme l'Église qu'en souffrant pour elle, on ne réforme l'Église visible qu'en souffrant pour l'Église invisible. On ne réforme les vices de l'Église qu'en prodiguant l'exemple de ses vertus les plus héroïques. Il est possible que saint François d'Assise n'ait pas été moins révolté que Luther par la débauche et la simonie des prélats. Il est même certain qu'il en a plus cruellement souffert, car sa nature était bien différente de celle du moine de Weimar. Mais il n'a pas défié l'iniquité, il n'a pas tenté de lui faire front, il s'est jeté dans la pauvreté, il s'y est enfoncé le plus avant qu'il a pu, avec les siens, comme dans la source de toute rémission, de toute pureté. Au lieu d'essayer d'arracher à l'Église les biens mal acquis, il l'a comblée de trésors invisibles, et sous la douce main de ce mendiant, le tas d'or et de luxure s'est mis à fleurir comme une haie d'avril. [...] L'Église n'a pas besoin de réformateurs, mais de saints[1]. »

1. Georges Bernanos, *Les Prédestinés*, Le Seuil, 1983, p. 115-116.

5

LA RÉFORME DE L'ÉGALITÉ

On dit que le diable est dans les détails. Dieu aussi, semble-t-il. Certains gestes apparemment banals parlent néanmoins à livre ouvert pour raconter une nouvelle ère. Ces signes sont parfois « aériens ». Ainsi ce 31 juillet 2016 dans un avion d'Alitalia qui transportait le pape François de Cracovie en Pologne, ville dont Jean-Paul II fut l'archevêque, vers Rome après de mémorables Journées mondiales de la jeunesse. L'habituelle conférence de presse vient de se conclure puisqu'il est de tradition que sur le vol affrété par le Vatican soixante-dix places environ soient allouées à la presse internationale. François est interrogé sur le « terrorisme islamique » à la suite de l'assassinat tout récent du père Hamel à Saint-Étienne-du-Rouvray, près de Rouen. Le pape refuse de parler de violence islamique car, dit-il, il lui faudrait parler de « violence catholique ». Il met sur le même plan des violences conjugales dans des pays catholiques et la violence de groupes armés islamiques aboutissant à tuer un prêtre catholique en pleine messe en raison de sa foi : « Je n'aime pas parler de violence islamique, car tous les jours, quand je feuillette les journaux je vois des violences, ici en Italie : celui qui tue sa fiancée, un autre qui tue sa belle-mère... Et il s'agit de catholiques baptisés, violents ! assura François. Ce sont des catholiques violents... Si je parlais de violence islamique, je devrais également parler de violence catholique. Tous les musulmans ne sont pas violents ; tous les catholiques ne sont pas violents. C'est comme une salade de fruits, il y a de tout, il existe des personnes violentes appartenant à ces religions. Une chose est vraie : je crois que dans presque toutes les religions, il y a toujours un petit groupe fondamentaliste. Fondamentaliste. Nous en avons. »

Après cette mise au point qui lui vaudra beaucoup d'incompréhension, le pape François salue les journalistes et l'un d'eux, Antoine-Marie Izoard, directeur de l'agence I. Media, prend la parole au nom de ses confrères pour remercier le père jésuite Federico Lombardi, directeur de la salle de presse du Saint-Siège, et donc porte-parole du pape, qui prend sa retraite à bientôt soixante-quatorze ans. Suit une scène cocasse. Il est de tradition dans le cercle des journalistes accrédités au Vatican qu'un pot spontané — et rapide car la charge de travail est lourde et le temps compté surtout sur des vols courts — soit organisé autour d'un gâteau. Ce qui fut fait pour le père Lombardi, jésuite très apprécié des journalistes pour sa finesse dans une fonction éminemment sensible et sans filet. Tous avaient envie de le fêter. Sauf que le pape François — et c'est là que le geste anodin prend son sens — fit venir également, lors de cet hommage à son frère jésuite, un simple employé du Vatican, porteur des gros colis et grosses valises pendant les voyages du pape. Lui aussi partait en retraite, accomplissant son dernier voyage papal. Lombardi n'avait pas démérité, loin de là, dans cette fonction et dans celle de directeur de Radio Vatican pendant vingt-sept ans. Mais pour ne pas le mettre en vedette et, somme toute, pour l'humilier, le gâteau fut donc partagé avec le porteur de valises, Lombardi, le pape et les journalistes. Il fut assez choquant de voir François s'ingénier à louer publiquement les services de son humble collaborateur qui ne savait pas où se mettre devant les soixante-dix journalistes présents qui n'avaient rien à voir avec lui, de façon à minimiser visiblement les états de services de son frère Lombardi qui avait pourtant supporté avec succès et simplicité, toujours au service de l'institution, sans jamais se mettre en avant, le poids d'énormes responsabilités et de crises majeures depuis dix ans à ce poste.

L'infirmier est l'égal du médecin

Le pape François était alors dans sa quatrième année de pontificat, mais ce geste surprenant, voire injuste, visait à montrer le régime d'égalité et de mise sur le même plan de chacun, selon une vision radicale, égalitariste, de l'Évangile, où le Christ accorde une même considération individuelle à chaque personne, pauvre ou riche. Ce régime d'égalité absolue entre le cardinal et le concierge du Vatican, doublé d'une volonté évidente et chronique d'abaissement de ses proches collaborateurs, plusieurs fois observée selon d'autres témoignages internes, entendait aussi casser le système hiérarchique du Vatican, vieille administration rigide et minée par des passe-droits, mais redoutablement efficace comme savent l'être des bureaucraties qui n'ont rien à perdre, ni à gagner. Le geste du pape, enfin, s'adressait aux Jésuites en mettant sur le même plan un lettré raffiné, fidèle serviteur, avec un gros bras sans qualification, employé du Vatican.

Un épisode plus récent révélera le même état d'esprit. Il s'agit d'une interview accordée par le pape François à la radio espagnole COPE pour la rentrée 2021. À vrai dire, cet entretien-fleuve d'une heure et trente minutes avait un seul objectif : couper net la rumeur organisée en Italie selon laquelle François ne tarderait pas à démissionner à la suite de l'opération à l'intestin subie plus tôt en juillet de la même année. Dans les réponses aux questions relatives à cet acte chirurgical exécuté par une batterie de professeurs italiens à l'hôpital Gemelli de Rome, dont tous les noms furent dûment publiés, le pape choisit sciemment de ne leur adresser aucun remerciement public en particulier, sauf pour le simple infirmier travaillant au service de santé du Vatican, qui lui aurait « sauvé la vie » parce qu'il l'aurait convaincu de se faire opérer. Sans doute cet homme d'une cinquantaine d'années dont le pape loua « la longue expérience » était-il un excellent infirmier. Mais comment douter que le médecin personnel du pape au Vatican et les éminents professeurs du bloc opératoire ne l'étaient pas également dans la maîtrise de leur art médical ? Ce sont des faits objectifs, des gestes et des propos publics où l'on entend mettre petits et grands sur le même plan. Une attitude évangélique, corrigeront certains, même si elle est franchement injuste pour d'autres.

Cette remise à plat de la hiérarchie n'a pas eu que de mauvais côtés. On rapporte par exemple des premiers mois du pontificat, en 2013, des anecdotes significatives se déroulant à la maison Sainte-Marthe où François avait établi ses quartiers et où il a vécu dans le même esprit d'égalité au milieu d'autres évêques et cardinaux, déjeunant le plus souvent dans la salle à manger collective, allant se servir comme tout le monde au buffet. Un jour qu'il sortit de son bureau et trouva fatigué le garde suisse chargé de surveiller cette porte, il lui apporta un tabouret et lui intima l'ordre de s'asseoir. Le pauvre garde ne savait plus s'il devait obéir au règlement qui lui défendait de s'asseoir pendant le service ou accéder à la demande du pape qui était son supérieur le plus élevé ! Autre anecdote, François avait fait porter une tasse de café à ces mêmes gardes qui ont évidemment l'interdiction de boire quoi que ce soit pendant le service de garde !

L'égalitarisme de dignité doit donc régner désormais au Vatican et dans l'Église où le seul motif de fierté pour les deux mille cinq cents personnes qui y travaillent doit être le « service » des autres, le pape se référant souvent, pour s'adresser à la curie, son gouvernement central, au Christ agenouillé et lavant les pieds de ses disciples. François l'expliqua clairement le 17 octobre 2015 dans un discours devenu célèbre sur la synodalité, cette collégialité dans l'Église : « La synodalité, comme dimension constitutive de l'Église, nous offre le cadre d'interprétation le plus adapté pour comprendre le ministère hiérarchique lui-même. » Derrière le mot « ministère hiérarchique » il y a la réalité classique de la hiérarchie très pyramidale de l'Église catholique où seuls les ministres ordonnés, les clercs, ont finalement le dernier mot sur les décisions. Puis, François cite l'une des plus grandes figures du christianisme, saint Jean Chrysostome : « Si nous comprenons que, comme dit saint Jean Chrysostome "Église et synode sont synonymes" — parce que l'Église n'est autre que le "marcher ensemble" du troupeau de Dieu sur les sentiers de l'histoire à la rencontre du Christ Seigneur — nous comprenons aussi qu'en son sein personne ne peut être "élevé" au-dessus des autres. Au contraire, il est nécessaire dans l'Église que chacun "s'abaisse" pour se mettre au service des frères tout au long du chemin. »

Il s'exprimait dans le cadre du cinquantième anniversaire de la création, par Paul VI, du « synode des évêques », un organisme de la curie romaine. Il conclut par une explication et une recommandation : « Dans cette Église, comme dans une pyramide renversée, le sommet se trouve sous la base. C'est pourquoi ceux qui exercent l'autorité s'appellent "ministres" : parce que, selon la signification originelle du mot, ils sont les plus petits entre tous. » La recommandation était la suivante : « Ne l'oublions jamais ! Pour les disciples de Jésus, hier, aujourd'hui, et toujours, l'unique autorité est l'autorité du service, l'unique pouvoir est le pouvoir de la croix. »

« L'urgente conversion » de la papauté

Quant à lui, chef de l'Église catholique, élu pape, successeur de Pierre, il se définira dans ce discours comme un simple « baptisé » : « Je suis persuadé que, dans une Église synodale [donc collégiale], même l'exercice du primat pétrinien[1] pourra recevoir une plus grande lumière. Le pape ne se trouve pas, tout seul, au-dessus de l'Église, mais en elle, comme baptisé parmi les baptisés et dans le collège épiscopal comme évêque parmi les évêques, appelé en même temps — comme successeur de l'apôtre Pierre — à guider l'Église de Rome qui préside dans l'amour toutes les Églises. » Même le pape, dans l'esprit de François, n'est pas « au-dessus ». Il insiste dans le paragraphe suivant sur « la nécessité et l'urgence de penser à "une conversion de la papauté" ».

Il est vrai que le pape entrait en 2013 dans une Cité du Vatican qui avait un peu perdu la tête sous le pontificat de Benoît XVI. Non que ce dernier ait été négligeant, mais il fut trop confiant dans cette administration séculaire qui finit par prendre le dessus et se gonfler d'orgueil, donnant un esprit de superbe aux personnels, surtout en milieu italien. Les Italiens constituent l'écrasante majorité des employés. Pour eux, travailler au Vatican est perçu comme un honneur et un privilège, même si les salaires y sont modestes.

Pour se rendre compte de la dérive, il suffit de se remémorer les images du secrétaire d'État de l'époque, le numéro 2 du pape, le cardinal Tarcisio Bertone, qui occupa ce poste de 2006 à 2013 et qui fut en charge de la transition du pouvoir après la renonciation de Benoît XVI. Ce n'était pas un homme humble comme le pape qui venait de laisser sa charge mais un

1. Primat pétrinien : ces deux mots désignent le fait que Pierre était le chef des apôtres, tout comme ses successeurs, donc le pouvoir même du pape.

prélat qui se prenait pour le roi. Il se tenait sans vergogne au centre du jeu sans se rendre compte du ridicule de la situation. Il se fit par exemple remettre devant les caméras les attributs du pouvoir temporel au Vatican, une sorte de sceptre, dont il allait s'approprier la charge de façon temporaire.

Sous sa responsabilité, la Cité du Vatican avait pris une tournure hautaine et avec lui le pontificat de Benoît XVI perdait l'esprit bon enfant qui l'avait caractérisé. Cette évolution mit plus d'une fois en colère un certain cardinal Bergoglio qui n'y mettait jamais les pieds, ou le moins possible. Il n'est pas étonnant que l'un des premiers axes de réformes demandé par les cardinaux lors du pré-conclave de 2013 — ces réunions réservées aux cardinaux où est dressé collectivement un bilan réel et cru de l'Église — fût, avec le dossier pédophilie et le dossier financier, celui de la « réforme de la curie », l'organe central du pouvoir romain. Dans l'assistance, l'archevêque de Buenos Aires prenait bonne note même si la version officielle de l'histoire assure qu'il ne s'attendait pas du tout à être élu, alors qu'il savait que beaucoup travaillaient fortement en coulisse à son élection.

La réforme de la curie est un des serpents de mer du Vatican. Tous les papes récents en ont parlé. Plusieurs s'y sont employés. Ainsi Paul VI et Jean-Paul II. Ainsi François. Mais si les deux premiers auront insisté sur l'organisation, une meilleure répartition des pouvoirs et des fonctions, François aura probablement été le plus incisif sur l'esprit de la réforme, en touchant relativement peu aux structures sinon à la marge mais en renversant totalement la perspective. L'histoire dira s'il a réussi, tant les résistances internes se sont très tôt levées. Mais il aura tenté ce qu'aucun de ses prédécesseurs récents n'avait osé : casser la notion de « pouvoir » qui définit toutes les centrales de gouvernement pour transformer cette culture, souvent arrogante, en esprit de « service », sans prééminence entre Rome et les diocèses satellites, désarticulant l'axe vertical de la hiérarchie passée pour l'aplatir à l'horizontale. Le tout avec la force et l'exemple conférés par le fondateur même du christianisme, Jésus, dont les Évangiles s'accordent pour le dépeindre comme le « fils de Dieu » et le plus humble des serviteurs, le basculement ayant eu lieu le jour du « lavement des pieds » de ses apôtres peu avant la Passion.

La résistance au changement

L'histoire dira en effet quels seront les lendemains de cette révolution culturelle du pouvoir romain façonné par des siècles de pratique et par l'influence inconsciente de l'Empire romain et de son appareillage juridique. Il faut saisir que le corps clérical, tel un corps d'anciens énarques ou de polytechniciens à la française, n'abandonne pas ses prérogatives séculaires au premier coup de boutoir. Il y a la formation commune. Il y a l'élection, conférée par l'ordination, qui vous fait entrer dans une élite, un mot banni par François. Il y a le renoncement à beaucoup de plaisirs — la sexualité, l'argent, la famille, le prestige social —, une forme d'ascèse. Cela nourrit la spécificité du corps clérical qui ne s'exprime pas seulement chez le prêtre mais aussi chez l'évêque, chez le cardinal. Les religieux — François en est un, jésuite — sont relativement préservés de ce cléricalisme que l'on pourrait définir comme le pouvoir de ceux qui ont reçu, par l'ordination sacerdotale, la lourde responsabilité spirituelle de veiller sur les âmes des fidèles. Mais l'alliage est plus subtil encore chez un religieux censé cultiver la vertu d'humilité ; si certains sont authentiques, d'autres ne peuvent contenir leur goût du pouvoir. C'est ce cléricalisme que François a combattu de toutes ses forces comme l'ennemi culturel numéro 1 de sa réforme de la curie, tout en étant parfois très clérical.

Mais il y a eu et il y aura des résistances fortes à cette réforme de l'administration centrale de l'Église. Dans la ligne des discours de Noël à la curie romaine où, en guise de cadeaux à ses subordonnés, François réglait ses comptes, il dénonça en 2014 les « maladies » de cet organisme. Il y eut en 2016 un autre discours de présentation des vœux de fin d'année, plus apaisé, où le pape expliqua sa vision de la réforme en question. Ce document, dans le meilleur du style métaphorique de François, est significatif du pontificat et mérite une analyse rapide car il explique le cœur de la démarche.

Il insiste avant tout sur l'âme de sa réforme, une « conversion » intérieure, personnelle : « Il est nécessaire de rappeler avec force que la réforme n'est pas une fin en soi mais un processus de croissance et surtout de *conversion*. Pour cette raison, la réforme n'a pas un but esthétique, comme si l'on voulait rendre la Curie plus belle ; elle ne peut pas être non plus comprise comme une sorte de *lifting*, de *maquillage*, pour embellir le corps curial ancien, ni même comme une opération de chirurgie esthétique pour enlever les rides. » Et cette conclusion fulgurante : « Chers frères, ce ne sont pas les rides que nous devons craindre dans l'Église mais les taches ! »

Première étape, donc, la conversion : « La réforme, assure François, sera efficace seulement et uniquement si elle est mise en œuvre par des hommes "rénovés" et pas seulement par des hommes "nouveaux". » Ainsi, la clé du succès pour ce maître spirituel jésuite ne viendra pas d'un changement de personnel mais d'un « renouvellement spirituel, humain et professionnel des membres de la Curie », tout étant dans « la conversion des personnes » qui va de pair avec une « purification permanente ». Sans ce « changement de mentalité », l'effort fonctionnel serait vain. Il reprend ici encore le *semper reformanda*. François le traduit par ces mots : « une conversion personnelle et structurelle permanente ».

Devant lui, des prélats et des cardinaux acquis et fascinés, et d'autres distants et très critiques. François, en pape très politique, redoutablement bien informé par ses propres réseaux de renseignement internes sur qui pense quoi dans la curie romaine, ne laissant rien au hasard, affronte alors directement les sceptiques en cherchant à les impliquer dans son mouvement de réforme. Il s'appuiera précisément sur leur opposition qu'il juge « normale et salutaire » en dressant une typologie des résistances au changement.

Il y a les « résistances ouvertes » fondées sur la « bonne volonté » et sur le « dialogue sincère ». Il y a les « résistances cachées qui naissent des cœurs effrayés ou pétrifiés qui s'alimentent des paroles vides du "gattopardisme spirituel" de celui qui en paroles se dit prêt au changement, mais veut que tout reste comme avant ». Ce néologisme est forgé à partir de l'œuvre de l'écrivain italien Giuseppe Tomasi di Lampedusa, auteur du livre *Le Guépard, Il Gattopardo* en italien, magistralement mis à l'écran par Luchino Visconti. Avec cette phrase célèbre : « *Se vogliamo che tutto rimanga com'è, bisogna che tutto cambi* », qui peut se traduire en français par : « Il faut que tout change pour que rien ne change. » Même si les « guépards et les lions », explique l'auteur, seront remplacés lors de révolutions ou de réformes, par les « hyènes et les chacals », rien ne changera en réalité pour les petites gens et surtout pour les puissants.

Cet aphorisme est très connu en Italie. Il est souvent cité pour commenter la politique italienne. Devant une curie à écrasante majorité italienne, François savait qu'il ferait mouche. Le pape sait également que le système de pouvoir italien dans la curie romaine se transmet de génération en génération cléricale par le biais d'une culture impénétrable de l'extérieur, par ses puissantes racines régionales et par ses liens d'amitié souvent conclus dès le séminaire, créant ainsi un esprit de clan résistant à toute épreuve.

Obéir au pape sans condition

On sait donc patienter dans la Ville éternelle. Et les prêtres et les prélats italiens observent avec un certain détachement les papes « étrangers », qu'ils utilisent pour leur propre carrière, s'évertuer à réformer un système qu'ils tiennent en partie, sous la table, par ce système clanique. Un non-Italien au Vatican est et reste évidemment un « étranger », fût-il le pape et si longtemps que puisse durer son pontificat ! Le « gattopardisme » dénoncé par François n'est pas un mythe. Autre type de résistance visée par François au sein de sa propre curie : les résistances « malveillantes » qu'il dénonce avec vigueur ce jour-là : « [Elles] germent dans des esprits déformés et apparaissent quand le démon inspire des intentions mauvaises (souvent "déguisées en agneaux"). » Ce type de résistances « se cache derrière les paroles de justification et souvent accusatoires, en se réfugiant dans les traditions, dans les apparences, dans la formalité, dans le connu ». François conclut toutefois sa typologie en saluant ces résistances, « signe que le corps est vivant alors que l'absence de réaction est un signe de mort ».

Un détail, décidément il faut le capter, ne trompe pas dans son discours. Il est très révélateur de sa personnalité autoritaire qui l'aura conduit à se rendre insupportable à beaucoup, créant un climat de « peur » et de « terreur » en curie. Il se cache à la fin d'un paragraphe où François résume sa pensée sur la réforme de la curie. C'est un processus délicat, écrit-il, qui requiert une fidélité à l'essentiel, un discernement continuel, du courage évangélique, de la sagesse ecclésiale, une écoute attentive, une action tenace, un silence positif, des décisions fermes, beaucoup de prières, point sur lequel insiste François à cinq reprises comme une attitude d'« abandon à la conduite sûre de l'Esprit saint ». Il faut aussi une humilité profonde, une grande clairvoyance, des « pas en avant concrets et — quand c'est nécessaire — avec des pas en arrière », une volonté déterminée, une grande vitalité. Et de conclure : il faut une « autorité responsable », sous-entendu le pape, et une « obéissance sans condition », sous-entendu au pape...

Nous y sommes. Ceux qui se figurent un pape souriant et affable, dans la gestion des affaires comme il l'est lors des audiences publiques, se trompent. François est un patron, adossé à une culture jésuite de l'« obéissance sans condition » exigée des collaborateurs directs. Il en a d'ailleurs souvent changé pour ne pas se laisser enfermer dans un cercle qui finirait par le dominer. Il n'y a qu'un chef, c'est lui. Tout comme le démontrera sa vision de la « synodalité » au Vatican. Ce gouvernement davantage « collégial » se réfère, en dernier lieu, à un seul homme, le pape. Et c'est lui qui décide, pas l'assemblée.

Le « cancer » de la curie

Viennent alors dans ce discours fondateur douze critères pour la conduite de la réforme du gouvernement. François, en homme d'action, aime décidément les *check-lists* ! Les énumérer serait rébarbatif mais ils forment la meilleure synthèse de la pensée de François sur la réforme de l'administration centrale de l'Église.

Il y a d'abord l'esprit de la réforme. Ce mastodonte administratif n'a pas d'autre but que de « porter l'annonce joyeuse » du Christ « aux extrémités de la terre ». Cela suppose que les collaborateurs vivent une « spiritualité de communion » entre eux. Sans cette fraternité, les changements de structure seraient « inutiles ». Car si « une seule personne peut apporter beaucoup de bien à tout le corps », un seul individu

« peut le faire tomber malade ». Cette « communauté de service » serait « l'antidote à tous les poisons de la vaine ambition et de la rivalité illusoire ». Il va sans dire que la centrale romaine doit vivre « l'indispensable sobriété » des témoins du Christ. Et qu'elle laisse prendre les décisions qui peuvent l'être à l'échelon local de l'Église, dans un esprit de subsidiarité. Une note caractéristique de François a fait beaucoup rire en coulisse. Il attend que le Vatican travaille de manière « synodale », c'est-à-dire ouverte, sans cloisonnement, avec « des réunions habituelles » des ministres « présidées par le pontife romain ». Ses propres ministres — on les appelle des chefs de dicastère — regrettaient toutefois, courant 2021, l'absence de ces « conseils des ministres » ; à cette date, il n'y en avait pas eu pendant sept ans ! Un seul avait été convoqué en 2014, un an après son élection. Il en organisa un autre fin août 2022 réunissant du coup tous les cardinaux pour leur « soumettre » la fameuse réforme de la curie. L'opération était de pure forme. François l'avait édictée cinq mois plus tôt, le 19 mars de la même année, sans consulter les cardinaux dans leur ensemble, sinon un tout petit groupe choisi par lui ! Contrairement à son discours sur l'esprit synodal de l'Église, François aura gouverné seul et de manière autoritaire, ses ministres devant « se référer directement au pape » comme il le rappelle lors cette intervention. Autre trait typique des attentes de François, les personnels de la curie doivent être recrutés sur la base de leur « irréprochable vie spirituelle et morale » et de leur « compétence professionnelle », sans avoir peur de recruter des « fidèles laïcs » et des « femmes » qui « peuvent être plus compétents que des clercs ». De fait, le pape a nommé des femmes et des laïcs à plusieurs postes mais pas forcément de premier plan, les Italiens et les jésuites ayant toujours une longueur d'avance. Le pape aborde aussi un « cancer » contre lequel il a lutté avec détermination et force tant les mauvaises habitudes étaient prises. Ce cancer organisationnel est universel. Il a donné un adage latin très courant à Rome : *promoveatur ut amoveatur.* Il signifie : promouvoir vers le haut de la hiérarchie des incapables pour ne plus les laisser à des postes opérationnels ou stratégiques dans l'Église. Cette pratique doit être « définitivement » abandonnée plaide le pape François, « elle est un cancer ».

L'histoire dira si la lente maturation de la réforme de la curie, de 2013 à 2022 qui aboutit, le 19 mars, à la publication de la Constitution apostolique, *Praedicate Evangelium* (*Annoncez l'Évangile*), sera couronnée de succès. Elle a cherché à inscrire dans le droit de l'Église l'abolition du principe de supériorité du Saint-Siège sur les Églises catholiques locales et le décloisonnement des services du Vatican. Un an plus tard, en mars 2023, le bilan de son application était plus que mitigé. Les vieilles habitudes séculaires sont tenaces. Particulièrement dans une hiérarchie tenue par des hommes qui ont donné leur vie à Dieu et à l'Église où certains en tirent profit pour une « carrière » ecclésiastique encore très reconnue socialement en Italie.

La bataille des batailles

La réforme égalitaire de François a sa théorie. Elle a surtout sa pratique où il apparaît que la bataille des batailles n'est pas le théâtre de la curie romaine mais le front de la « synodalité ». La synodalité est le contraire du pouvoir centralisé, elle est un gouvernement collectif. Elle rêve de transformer la culture hiérarchique de l'Église en une culture égalitaire. C'est l'ambition du pontificat. Le mot est d'origine grecque, *sun odos,* il évoque une « route » parcourue « ensemble ». Son équivalent latin serait *concilium* qui désigne les réunions des premières communautés chrétiennes pour la conduite de l'Église. Le chef de communauté a la charge de discerner et de décider après avoir écouté les fidèles qui donnent leur avis en vue d'une décision collégiale.

Au fil du premier millénaire de la chrétienté, les synodes se sont structurés dans les Églises locales, rassemblant plutôt des évêques qui prenaient collectivement les grandes décisions. En 1054, la rupture entre la branche latine et romaine de l'Église et la branche du patriarcat de Constantinople qui deviendra « orthodoxe » a vu aussi l'Église latine abandonner progressivement cette tradition collégiale au profit d'un système plus hiérarchique.

Cette évolution a pris des siècles. L'Église catholique est devenue hiérarchique alors que les Églises orthodoxes ont conservé cette modalité synodale de gouvernement nuancée selon les pays. Pour ce qui est des décisions fondamentales, en revanche, l'Église catholique a toujours convoqué avec régularité des conciles et des synodes de façon à débattre et à voter de nouvelles orientations. L'Église chrétienne est en effet convaincue d'être assistée par « l'Esprit saint » lors de ces assemblées où « l'Esprit de Dieu » inspirerait ses décisions théologiques. Comme pour réinsuffler cet esprit dans la culture catholique, le pape Paul VI créa en 1965 une nouvelle structure au Vatican, dénommée le « synode des évêques », chargée d'organiser ce type de réunion synodale. C'était une décision du concile Vatican II.

Le synode est alors devenu l'un des nouveaux ministères du Vatican dont la mission était d'organiser, tous les deux à trois ans, des synodes sur des thèmes théologiques et pastoraux. Après une phase de consultation de toutes les Églises du monde, environ deux cents évêques et experts venus du monde entier se réunissent au Vatican pendant un mois pour échanger, débattre et faire des propositions au pape, qui sont votées en assemblée. Libre ensuite au pape de les retenir ou pas. Jean-Paul II convoquera treize synodes, un tous les deux ans, y compris des synodes continentaux pour relancer l'évangélisation ; Benoît XVI suivra le mouvement, avec quatre synodes en huit ans et sur des thèmes plus théologiques comme la « Parole de Dieu » ou l'« eucharistie ».

François modifia profondément cette pratique de travail jusqu'à en faire la grande affaire de son pontificat. On retiendra de son héritage cette volonté d'insuffler l'esprit synodal dans l'Église, c'est-à-dire démocratique, décentralisé, collectif. Avec un grand synode sur la synodalité lancé en 2021 qui comprend une phase décentralisée par pays, puis par continent en 2022, avec une première session romaine prévue à l'automne 2023 et une session romaine de conclusion en octobre 2024. Il faudra attendre 2025 pour connaître les résultats, mais l'idée-force du pape jésuite est de mettre toute l'Église en état synodal pour lui donner le goût et surtout l'habitude de se réunir souvent à tous les étages, afin d'« avancer ensemble » selon son slogan. Plutôt que de conduire cette réforme de la culture catholique par une approche verticale et théorique qui aurait engendré des blocages, le pape choisit de transformer de l'intérieur la mentalité des fidèles, d'ordinaire passifs, en les impliquant presque à leur insu dans ce processus au long cours, de façon qu'ils expérimentent par eux-mêmes la démocratie dans l'Église. Ce n'est pas une manipulation de masse pour François mais une expérience de masse. Il vise la transformation de l'Église catholique hiérarchique et disciplinée en une assemblée chrétienne égalitaire, non par la proclamation de la théorie synodale mais par des exercices successifs, concrets, des mises en œuvre, dont le but est de modifier les habitudes et les façons de penser en marchant ensemble. Il a appliqué cette même lenteur pour favoriser une prise de conscience collective lors du synode sur la famille, délayé sur deux années en 2014 et 2015.

Surtout, François confie au discernement du synode des sujets lourds et polémiques. Comme s'il pensait que le souverain pontife ne devait pas, à lui seul, porter ce genre d'évolutions et qu'il revenait à l'ensemble du « peuple de Dieu », comme il aime à le dire, de réfléchir collectivement, toujours dans l'esprit d'égalité, même si le pape demeure, à la fin, celui qui tranche parmi la centaine de propositions issues des discussions, effectivement votées par le synode ; un pape qui garde sa liberté en allant dans le sens du vote du synode, ou en rejetant une proposition pourtant soutenue par le vote majoritaire aux deux tiers des membres.

En 2015, par exemple, le synode sur la famille vota à la majorité le principe, inédit dans l'histoire de l'Église catholique, qu'un couple de divorcés-remariés puisse à nouveau accéder à la communion eucharistique, à certaines conditions strictes contrôlées par l'évêque. François concéda cette possibilité presque expérimentale dans un premier temps, mais l'histoire retiendra que cette digue théologique infranchissable — le refus de la communion aux divorcés-remariés — aura été ouverte par une décision pastorale du pape appuyée sur un travail collectif synodal. François ne se sentait pas d'assumer à lui seul une telle rupture aux yeux de l'histoire.

Le contrôle papal

La rupture était attendue, mais le pape provoqua une surprise générale par sa décision de refuser l'ordination au sacerdoce d'hommes mariés, comme nous l'avons vu en évoquant la cohabitation avec Benoît XVI. Il faut y revenir brièvement, non par son volet théologique mais par la régulation de la mécanique politique exercée par François pour saisir les limites que ce pape autoritaire peut fixer à l'exercice démocratique dans l'Église. Ce fut pourtant l'une des mesures-phares du synode sur l'Amazonie convoqué à Rome en octobre 2019 pour répondre ponctuellement et spécifiquement aux besoins de petites communautés chrétiennes éloignées en cette région. Elle avait une portée mondiale puisque plusieurs Églises attendaient avec impatience le vote de cette libéralité qui était susceptible d'aider, selon certains, à franchir le pas du célibat sacerdotal, l'un des grands marqueurs historiques de l'Église catholique.

La mesure fut débattue avec une rare passion pendant les travaux romains du synode. Elle fut réécrite plusieurs fois tant le sujet était délicat et de portée historique. Elle fut finalement votée le 26 octobre 2019, sous le n° 111, à la limite de la majorité des deux tiers. Avec 128 pour et 41 contre, elle fut d'ailleurs la moins bien votée des « propositions », mais elle ouvrait bel et bien la possibilité « d'ordonner prêtres des hommes idoines et reconnus par la communauté, qui ont un diaconat permanent fécond et reçoivent une formation adéquate au presbytérat, pouvant avoir une famille légalement constituée et stable, pour soutenir la vie de la communauté chrétienne par la prédication de la Parole et la célébration des sacrements dans les endroits les plus reculés de la région amazonienne ».

Surprise générale, cette proposition 111 ne fut pas retenue par le pape François dans son document définitif et conclusif du synode sur l'Amazonie, *Querida Amazonia,* publié le 2 février 2020 ! Chaque synode est en effet suivi de la publication d'un document qui en constitue la synthèse signée par le pape, donc autorisée. Il prend la forme juridique d'une exhortation apostolique, une longue lettre qui n'est pas une encyclique mais revêt une certaine autorité.

Cette décision de François de fermer la porte à l'ordination sacerdotale d'hommes mariés, même limitée à l'Amazonie, provoqua une immense déception chez beaucoup, tant elle semblait aller dans le sens de l'histoire et en cohérence avec ce pontificat réputé progressiste. Beaucoup d'autres furent toutefois soulagés. Un clivage puissant existait sur ce sujet dont la proportion est impossible à connaître. Le pape argentin avait pourtant poussé lui-même cette idée de réforme au point de convoquer ce synode plutôt original sur l'Amazonie. Il avait soutenu publiquement à plusieurs reprises avant l'ouverture de la session cette idée d'évolution du célibat sacerdotal. En fin tacticien François était même allé jusqu'à choisir avec soin les participants de cette assemblée de façon à écarter soigneusement des évêques ou des experts qui ne seraient pas en accord avec cette réforme. Il ne voulait pas que le vote final refuse cette évolution comme cela avait failli advenir lors du synode sur la famille en 2015 à propos des divorcés-remariés où l'accès à la communion avait été adopté, de justesse, à une voix. L'issue était à ce point incertaine que François lui-même avait pris la parole le 24 octobre 2015, avant les votes finals, pour redire à l'assemblée du synode que « le premier devoir de l'Église n'est pas de distribuer des condamnations ou des anathèmes mais de proclamer la miséricorde de Dieu ». Fort de cette expérience qui faillit tourner pour lui au camouflet de la part des évêques conservateurs, américains et africains notamment, qui s'étaient opposés à la mesure et tout au long du synode sur la famille, François avait donc pris ses précautions pour le synode sur l'Amazonie. Il savait que la perspective de remettre en cause le célibat sacerdotal n'aurait pas manqué de susciter toutes les oppositions internes. Exit donc les évêques et cardinaux conservateurs dont une proportion minimale fut admise dans la salle du synode. Ces précautions de François prises pour assurer un vote positif ne laissaient aucun doute quant à l'issue. Tout se déroula comme prévu. La mesure fut votée. Mais François recula au dernier moment.

À vrai dire, ce jésuite très classique avait été séduit par une expérience ponctuelle réservée à l'Amazonie en manque de prêtres mais il n'avait jamais été en faveur du mariage des prêtres comme l'on dit. Au retour des Journées mondiales de la jeunesse, les JMJ du Panama, en janvier 2019, il avait été très clair devant la presse en citant Paul VI : « Je préfère donner ma vie avant de changer la loi du célibat. » C'était sa pensée profonde. Il distinguait la loi courante du célibat pour tous les prêtres, et une éventuelle exception pour l'Amazonie, en manque de prêtres. Exception au célibat sacerdotal qui existe du reste dans plusieurs Églises catholiques de rites orientaux ou pour des prêtres de l'Église anglicane passés au catholicisme, la mesure fut validée par Benoît XVI. Une autre tolérance avait été ouverte pour les prêtres catholiques qui avaient été clandestinement ordonnés derrière le rideau de fer pendant la période communiste et qui avaient fini par se marier. Une fois tombé le mur de Berlin, ils restèrent prêtres mariés, avec la bénédiction du pape Jean-Paul II.

Le coup d'État permanent

Après le synode sur l'Amazonie, François confiera à plusieurs de ses proches que le climat antagoniste du synode, avec des pôles de pensée opposés les uns aux autres, préprogrammés comme lors d'une convention politique, lui avait paru beaucoup trop politique et insuffisamment ecclésial. Cet état d'esprit fut le signe pour lui que le contexte d'une telle décision avalisée par le pape lui-même touchant la question du célibat sacerdotal n'était pas encore assez mûr. Il risquait de créer a minima un traumatisme. Et probablement un schisme, perspective redoutée par François.

Ce qui ne signifiait pas que François renonçait à ce projet sur le long terme. Deux de ses plus proches intellectuels, le père jésuite Antonio Spadaro, directeur de la prestigieuse revue jésuite *La Civiltà Cattolica*, et Mgr Victor Manuel Fernández, archevêque de La Plata en Argentine, l'affirmèrent ensuite. Si François n'avait pas tout repris du document final du synode, c'était pour « accompagner » ce mouvement synodal toujours en cours et encore à construire, par l'Église d'Amazonie elle-même. Ce n'était donc pas un non définitif[1]. Quant à Fernández, un discret et efficace conseiller théologique de François n'apparaissant dans aucun organigramme, il expliquait la même chose. Pour lui, le texte « final » du pape sur le synode n'exprimait pas le dernier mot du synode, il « complétait » le texte voté par l'assemblée, sans « l'annuler », dans l'esprit du synode où la suprématie papale n'était qu'un des éléments de la démarche synodale. De sorte que les questions non reprises par le pape comme la proposition 111 sur l'ordination d'hommes mariés étaient toujours « sur la table », affirmait-il. Elles pourraient être mises en œuvre dans le cadre d'un « nouveau rituel amazonien », un autre mode liturgique de célébrer la messe et de préparer ses prêtres célébrants où le sacerdoce ne serait plus compris comme « une source de pouvoir ». Et ce d'autant, poursuivait le conseiller, que le pape avait demandé que les « laïcs » de cette région prennent leur responsabilité dans la gestion des communautés guidées non selon un modèle romain à appliquer mais en vue d'une « inculturation[2] ». C'est-à-dire pour une vie de l'Église et une célébration des mystères totalement guidées par l'omniprésente nature amazonienne et ce qu'il en reste, et par la culture de ses peuples dont l'Église doit entretenir désormais ce qu'il y a de meilleur selon elle, à travers des rituels ancestraux.

✧

Au-delà des dossiers liturgiques, sociaux et écologiques qui avaient agité ce synode comme celui sur la famille, c'était la démarche synodale de l'Église qui devait être prise au sérieux avec ses caractéristiques : horizontale, décentralisée, éloignée autant que possible du système hiérarchique uniformisé et

1. *La Civiltà Cattolica*, n° 4073, daté du 7 au 21 mars 2020.
2. *L'Osservatore Romano* du 17 février 2020.

romain. Cette mutation des méthodes et des mentalités synodales dans l'Église catholique était encore étrangère à beaucoup de catholiques en 2023, dix ans après l'élection du pape François, notamment chez les jeunes où seule une minorité progressiste se sentait impliquée. D'où le lancement de ce nouveau synode centré sur la synodalité pour imprimer ce thème capital aux yeux de François afin que l'Église devienne plus égalitaire et moins hiérarchique.

Le 15 septembre 2018 François promulgua la constitution apostolique *Episcopalis communio* pour réformer la création du synode en 1965 qui représentait pour lui « l'un des legs les plus précieux » du concile Vatican II. Le pape définissait son rêve : « une Église synodale est une Église de l'écoute... Peuple fidèle, collège épiscopal, évêque de Rome : l'un à l'écoute des autres », avec un enjeu historique : « Vraiment, le chemin de la synodalité est le chemin que Dieu attend de l'Église au troisième millénaire. » Un mois plus tard, il revenait sur le sujet du synode, cœur de son pontificat : « Le Pape ne se trouve pas, tout seul, au-dessus de l'Église, mais en elle, comme baptisé parmi les baptisés et dans le Collège épiscopal, comme évêque parmi les évêques, appelé en même temps — comme Successeur de l'apôtre Pierre — à guider l'Église de Rome qui préside dans l'amour toutes les Églises. »

Appelant à une « conversion de la papauté », une expression de Jean-Paul II, François allait encore plus loin en décrivant le pape immergé dans la réalité de l'Église, simple baptisé, avec les baptisés de base, simple évêque parmi les évêques, pape tout de même, en tant que successeur de Pierre, en charge donc de l'Église de Rome. Et convaincu de l'enjeu d'une approche égalitariste, François, le 26 septembre 2021, appelait de ses vœux une Église dégagée de toute mentalité élitiste : « Parfois, nous aussi, au lieu d'être des communautés humbles et ouvertes, nous pouvons donner l'impression d'être les "premiers de la classe" et tenir les autres à distance ;

au lieu d'essayer de marcher avec tout le monde, nous pouvons afficher notre "permis de croyant" pour juger et exclure. » Il ajoutait : « Demandons la grâce de surmonter la tentation de juger et de cataloguer, et que Dieu nous préserve de la mentalité du "nid", celle qui consiste à se garder jalousement dans le petit groupe de ceux qui se considèrent bons : le prêtre avec ses fidèles, les agents pastoraux fermés entre eux pour que personne ne puisse s'infiltrer, les mouvements et les associations dans leur charisme particulier, etc. Tout cela risque de faire des communautés chrétiennes des lieux de séparation et non de communion. L'Esprit Saint ne veut pas de fermetures, il veut l'ouverture, des communautés accueillantes où il y a de la place pour tout le monde. » Une vision égalitariste, nivelée et sans obstacle pour que tous puissent accéder à l'Église et que chacun y ait son mot à dire. L'un des hauts responsables du groupe de pilotage du « synode sur la synodalité » a résumé d'un trait saisissant la révolution égalitaire de François : « L'Église n'a plus besoin de monarques. »

6

LA RÉVOLUTION DE LA FRATERNITÉ

F comme François, F comme fraternité. Tel est, après l'égalité, le second volet de la réforme du pape argentin. Ce sujet lui tient tellement à cœur qu'il a inspiré l'une de ses encycliques, *Fratelli tutti.* Ce texte appelle « tous les hommes de bonne volonté » à une fraternité mondiale, sans distinction de race et de religion. Aucun pape avant lui n'aura poussé ce sujet aussi loin. François a allègrement enjambé les frontières coutumières du catholicisme.

Certes le christianisme a toujours prêché l'amour du prochain, quel qu'il soit, mais le pape François a pratiquement transformé cet appel en dogme : un vrai catholique ne peut exclure quiconque; il doit sans relâche œuvrer à la fraternité universelle au titre d'un enjeu primordial et absolu, la vérité en acte et non en parole de l'amour du prochain. Pour lui cette fraternité avec l'autre, le frère en difficulté, est le critère de vérification de l'authenticité de la relation avec l'Autre, entendez Dieu. Et ce, sans limites. Cela signifie une abolition des barrières, jusqu'à remettre en question, sur le plan social, la propriété privée, un vieux débat dans l'Église, qu'il a relancé. Le principe de fraternité l'emporte sur tout, même sur soi et sa propre identité. Il aura valu à François beaucoup d'incompréhension en particulier pour trois domaines d'application qui auront été des priorités pour lui : son soutien à l'immigration, sa main tendue envers l'islam, sa défense des pauvres et des exclus.

Commençons par l'immigration. Les gestes pontificaux pour faire bouger les lignes sont légion. L'un des plus spectaculaires se déroula sur la place Saint-Pierre au printemps 2018. Une chaîne humaine d'une vingtaine de réfugiés africains se donna la main, marchant de front avec, en son centre, un homme en soutane blanche, François, ravi d'être ainsi encordé. Ils sortaient de la foule, le pape les entraînait vers son estrade pour qu'ils soient à la vue de tous. Main dans la main ils ont monté le plan incliné de la place en direction de la basilique. On a vu le pape passer en force son protocole liturgique, son service de sécurité. Cela donna lieu à un échange bref, inédit, très tendu, où le pape donne des consignes très fermes pour exiger que le groupe puisse accéder à proximité immédiate de son fauteuil blanc et qu'il puisse dérouler, face à la foule et aux caméras, une banderole colorée, calligraphiée à la main, avec cette phrase *nessuno e straniero,* « personne n'est étranger ». François, fier de son coup, posait au milieu du groupe. Il avait une nouvelle fois fait passer son message d'accueil au monde entier.

Sur cette même place Saint-Pierre le pape a aussi voulu le graver dans le marbre, ce message. Ou plutôt dans le bronze. Une statue monumentale de six mètres de long, représentant une barque posée sur les pavés, pleine à craquer de migrants, debout, de tous âges, époques, conditions et religions. Au centre de ce groupe dépassent deux ailes d'anges. Le sculpteur canadien Timothy Schmalz qui a réalisé cette œuvre de commande pour le Vatican s'est inspiré d'une phrase de l'Épître aux Hébreux : « N'oubliez pas l'hospitalité car en l'exerçant certains ont accueilli des anges sans le savoir. » La statue s'appelle *Angels Unawares,* ce qui pourrait se traduire par « Des anges sans le savoir ».

Ainsi ce bloc monumental, qui tranche avec le style de la place Saint-Pierre, rappellera aux catholiques, espère François, qu'ils sont tous des « migrants », comme il l'a déjà affirmé pour définir leur identité de catholiques mais aussi « le défi évangélique de l'hospitalité » qui les attend. C'était le 29 septembre 2019, il inaugurait cette masse de bronze sombre, à gauche de l'obélisque central de la place Saint-Pierre en regardant la basilique. Dans l'esprit du pape qui aime les ruptures symboliques mais aussi les décisions « irréversibles », cette statue massive se veut une tache indélébile dans la conscience des catholiques. Ou plutôt dans leur bonne ou mauvaise conscience. François était alors entouré de quatre autres migrants issus de quatre horizons de la planète.

L'ombre d'un influent conseiller jésuite

L'homme qui a convaincu le pape pour qu'une telle œuvre soit ainsi imposée et implantée à jamais place Saint-Pierre est canadien comme le sculpteur dont il est proche et qu'il avait déjà fait travailler. Il s'appelle Michael Czerny, un prêtre, un jésuite que François a créé cardinal quelques jours après cette inauguration, le 5 octobre 2019. Contre les usages et pour bien marquer sa différence, Czerny se présenta ce jour-là avec une croix pectorale de bois fabriquée à partir d'une épave de barque de réfugiés de Lampedusa, l'île que François visita au début de son pontificat pour lancer son premier appel mondial en faveur des migrants. La croix pectorale est une croix très visible, d'environ quinze centimètres de hauteur, avec une chaîne, portée par les évêques sur le torse, y compris quand ils sont en tenue de ville.

Ce religieux qui aime se faire remarquer n'a pas non plus reculé devant la plus élémentaire discrétion ni la pudeur personnelle en faisant figurer les bustes de ses propres parents dans la barque de la place Saint-Pierre ! Ils immigrèrent effectivement de sa république tchèque natale pour le Canada. Une histoire hautement respectable mais les prélats n'ont pas pour habitude de mettre en scène leurs antécédents familiaux. Cet homme brillant et ambitieux que n'étouffe pas l'humilité et qui semble mû par le carriérisme réussira à débarquer — ce fut son premier travail — son propre supérieur au Vatican, le cardinal africain Peter Turkson, et le remplacera lui-même le 1er janvier 2021 à la tête du puissant dicastère pour le service du développement humain intégral, en charge notamment de la question des migrations. Haut prélat à tendance égocentrique — ils ne sont pas rares —, sa deuxième décision à ce poste enfin gagné fut de créer un service de presse très professionnel qui inonde régulièrement les journalistes de ses propres discours, sous embargo, et dont personne n'a cure. C'est un cas unique en l'espèce. Aucun de ses confrères n'agit ainsi. Seuls les discours du pape sont livrés sous embargo par le service de presse du Vatican.

Le cardinal Michael Czerny est ainsi devenu, pense-t-il, un des puissants du Vatican... tant qu'il n'indisposera pas le pape qui déteste et casse, quand il s'en rend compte, les prélats qui se servent de lui pour monter en gamme. Son parcours est en tout cas révélateur du goût de François pour ce genre de personnalités très axées sur l'action sociale mais également engagées pour une plus grande reconnaissance par l'Église des personnes homosexuelles. Cette question aura d'ailleurs nourri la forte inimitié entre Czerny et le cardinal Turkson.

Dernier mot sur l'histoire de cette statue monumentale pour les migrants place Saint-Pierre : sa commande et sa réalisation avaient été décidées dans le contexte de la négociation du Pacte mondial des Nations unies « pour des migrations, sûres, ordonnées et régulières ». Une première déclaration, dite « de New York », était adoptée en 2016 à l'ONU. Elle avait préparé ce pacte qui fut ratifié à Marrakech au Maroc en décembre 2018. Le Saint-Siège avait non seulement suivi mais appuyé de toutes ses forces ce document. Le numéro 2 du Vatican, le cardinal Pietro Parolin, représentait d'ailleurs le pape au Maroc pour la signature du Pacte.

L'un des points forts de cette politique pro-migratoire du pape François fut sa lettre annuelle pour la 104e Journée mondiale du migrant et du réfugié publiée le 21 août 2017. Il avançait vingt et une mesures concrètes en faveur d'une immigration large, ouverte et généreuse, en opposition aux restrictions sur l'immigration. L'objectif de François était de changer les mentalités et de faire pression sur la communauté internationale pour qu'elle adopte ce fameux Pacte sur les migrations. Il expliquait le principe fondamental suivant : « Tout immigré qui frappe à notre porte est une occasion de rencontre avec Jésus-Christ, qui s'identifie à l'étranger de toute époque, accueilli ou rejeté. » Le pape demandait que soient développées les possibilités d'entrées « sûres et légales » dans les pays de destination, notamment par l'octroi de visas humanitaires qui devrait être « étendu et simplifié ». Il souhaitait voir se multiplier des corridors humanitaires pour éviter les filières illégales et qu'il n'y ait plus d'expulsions « arbitraires » de réfugiés et de migrants car il faut « toujours faire passer la sécurité personnelle avant la sécurité nationale ». Il suggérait que les migrants puissent bénéficier d'une assistance consulaire, accèdent à la justice, ouvrent des comptes bancaires, reçoivent une « subsistance [minimale] vitale » garantie ainsi qu'une assistance sanitaire nationale sans limites et l'accès aux systèmes de retraites. Il recommandait que les enfants obtiennent la nationalité « à la naissance ». Enfin sur le plan religieux, l'État d'accueil devait garantir à « tous les étrangers présents sur le territoire la liberté de profession et de pratique religieuse ».

Derrière ce texte du pape, on trouve le même prélat qui

n'était pas encore cardinal, Michael Czerny, mais qui avait pris ses fonctions de sous-secrétaire de la section des migrants et des réfugiés du ministère pour le service du développement humain intégral, le 1er janvier 2017. Avant d'être appelé par le pape au Vatican pour y prendre des responsabilités, ce jésuite canadien avait fondé, sitôt sa formation terminée, le Forum jésuite pour la foi et la justice sociale à Toronto. Puis il avait été envoyé au Salvador après l'assassinat des jésuites de ce pays en 1989, où il dirigea l'Institut des droits de l'homme de l'université d'Amérique centrale de San Salvador. Avant un long séjour africain où il créera le réseau jésuite africain sur le sida, il travaillera au secrétariat à la justice sociale et à l'écologie de la curie générale des jésuites à Rome.

L'escapade de Lampedusa

C'est dire que l'option préférentielle du pape François pour l'immigration ne relève pas du hasard. Elle est une volonté profonde, une vision installée chez ce grand jésuite qui est très fier d'être un petit-fils d'immigrés italiens réfugiés en Argentine.

De ce point de vue et pour achever ce tableau qui nourrirait un livre entier, tant ce dossier migratoire restera comme la grande priorité du pontificat du pape François, un retour sur deux voyages conclura ce thème sensible.

Quel est, dans cette optique, le plus important voyage du pape François ? Tous ont eu leur impact, Terre sainte, Irak, États-Unis précédé de Cuba, les Philippines, la Suède, le Chili. La liste est longue, mais le voyage vraiment historique fut en réalité son premier déplacement en juillet 2013. À la surprise générale et dans une certaine improvisation, il se rendit sur l'île italienne de Lampedusa, entre la Sicile et la Tunisie. Sur le coup, personne n'y accorda de l'importance, car il s'agissait d'un déplacement en Italie même, ce qui est commun pour un pape. Mais la portée de cette demi-journée passée sur cette île au profil rectangulaire, port de salut de dizaines de milliers de migrants ayant tenté la traversée depuis les côtes africaines, devait marquer le pontificat d'une marque indélébile.

Papamobile de fortune, une 4×4 blanche prêtée par un habitant, autel de la messe fabriqué d'une simple planche posée sur une barque usagée et repeinte pour l'occasion, un auvent contre le soleil constitué de simples voiles de bateaux, le message de cette visite demeure dans les mémoires. À peine posé sur l'unique piste de l'aéroport, François se rendit dans la petite crique de Cala Pisana où l'attendait un bateau qui le conduisit au large sous escorte de barques de pêcheurs. Avec beaucoup de recueillement, il lança dans l'eau salée une couronne de fleurs, jaunes et blanches, les couleurs du Vatican, à la mémoire de tous les réfugiés morts noyés dans la traversée. Ils furent 3771 en 2015 selon l'Organisation internationale pour les migrations. Puis le bateau pointa vers le port de Lampedusa où sur le quai l'attendait un groupe d'immigrés qu'il salua chaleureusement. Ce fut ensuite une messe dans le petit stade Arena de la ville avant un retour à Rome en début d'après-midi.

Une messe dont l'homélie restera célèbre. Cette phrase en particulier : « Nous sommes tombés dans la mondialisation de l'indifférence. Nous sommes habitués à la souffrance de l'autre, cela ne nous regarde pas, ne nous intéresse pas, ce n'est pas notre affaire ! » Le mot « mondialisation de l'indifférence » fera le tour de la Terre en ce 8 juillet 2013, alors que les pays prospères de la planète se coulaient mollement dans l'indolence des vacances d'été.

L'homélie de François à Lampedusa fut courte. Elle mérite quelques citations car elle exprime le programme du pontificat qu'il dessinait en filigrane et notamment dans sa dimension fraternelle. On y lit en premier lieu l'état d'esprit de ce pape fraîchement élu quatre mois plus tôt. Il s'est dit comme hanté par les titres de journaux qui relataient des « immigrés morts en mer », des articles qui « se répétaient tant de fois ». Cette « pensée » se transformant pour lui « en épine dans le cœur ». D'où sa décision de venir sur place en lanceur d'alerte adressée à la conscience morale de l'humanité : « J'ai alors senti que je devais venir ici aujourd'hui pour prier, pour poser un geste de proximité, mais aussi pour réveiller nos consciences pour que ce qui est arrivé ne se répète pas. Que cela ne se répète pas, s'il vous plaît ! »

Puis cette autre phrase étonnante dans la bouche du chef de l'Église catholique, qui le poursuivra longtemps. Ce n'était pas une improvisation. C'était l'expression d'une pensée préméditée puisque ce 8 juillet 2013 marquait le début du mois de... ramadan dans le monde musulman : « Je désire me tourner en pensée vers les chers immigrés musulmans qui commencent, ce soir, le jeûne du Ramadan, avec le vœu d'abondants fruits spirituels. L'Église vous est proche dans la recherche d'une vie plus digne pour vous et vos familles. » Certes, le ramadan commençait mais les « chers immigrés musulmans » étaient objectivement placés à la première place dans l'esprit du pape. François s'engageait à une proximité avec eux pour les aider à mieux s'installer en Europe, comme on le verra dans la seconde partie de ce chapitre.

Ce souci de toucher aussi les musulmans s'explique également par le choix de François de commenter les paroles de Dieu rapportées dans la Genèse. Elles questionnent l'homme « Adam ». Ce premier humain de la terre est en effet reconnu par les juifs et les chrétiens mais aussi par le Coran et donc par les musulmans.

Selon la Genèse, explique le pape, Dieu commence par chercher Adam en lui demandant : « Où es-tu ? » Une « première question » souligne François qui montre que l'« harmonie » avec Dieu est « rompue » puisque l'homme « croit devenir puissant, pouvoir tout dominer, être Dieu ». Il se trompe toutefois. Cette « erreur » va aussi « se répéter dans la relation avec l'autre qui n'est plus le frère à aimer mais simplement l'autre qui dérange ma vie, mon bien être ». Ce qui va conduire à « verser le sang du frère ».

D'où la seconde question posée par Dieu à l'homme Adam : « Caïn, où est ton frère ? » avec ce commentaire de François pour la situation présente : « La voix de son sang crie vers moi, dit Dieu. Ce n'est pas une question adressée aux autres, c'est une question adressée à moi, à toi, à chacun de nous. »

Dès lors, accuse François en regardant en direction de la mer et de son charroi de victimes : « Ceux-ci, parmi nos frères et sœurs, cherchaient à sortir de situations difficiles pour trouver un peu de sérénité et de paix ; ils cherchaient un rang meilleur pour eux et pour leurs familles, mais ils ont trouvé la mort ! Combien de fois ceux qui cherchent cela ne trouvent pas de compréhension, ne trouvent pas d'accueil, ne trouvent pas de solidarité ! Et leurs voix montent jusqu'à Dieu ! » D'où la reprise de la question biblique, adressée cette fois non plus à Adam mais à toute l'humanité : « Où est ton frère ? » « Qui est le responsable de ce sang ? » Un cri alors martelé par le pape : « Qui est le responsable du sang de ces frères et sœurs ? Personne ! Tous nous répondons ainsi : ce n'est pas moi, moi je ne suis pas d'ici, ce sont d'autres, certainement pas moi. Mais Dieu demande à chacun de nous : "Où est le sang de ton frère qui crie vers moi ?" » Et François, de déplorer : « Aujourd'hui personne dans le monde ne se sent responsable de cela ; nous avons perdu le sens de la responsabilité fraternelle : nous regardons le frère à demi mort sur le bord de la route, peut-être pensons-nous "le pauvre", et continuons notre route, ce n'est pas notre affaire ; et avec cela nous nous mettons l'âme en paix, nous nous sentons en règle. La culture du bien-être, qui nous amène à penser à nous-mêmes, nous rend insensibles aux cris des autres, nous fait vivre dans des bulles de savon, qui sont belles, mais ne sont rien ; elles sont l'illusion du futile, du provisoire, illusion qui porte à l'indifférence envers les autres, et même à la mondialisation de l'indifférence. Dans ce monde de la mondialisation, nous sommes tombés dans la mondialisation de l'indifférence. Nous sommes habitués à la souffrance de l'autre, cela ne nous regarde pas, ne nous intéresse pas, ce n'est pas notre affaire ! »

Le pontificat des migrants

Le ton du pontificat était donné. La fraternité y prendrait une place essentielle, parfois au prix d'une véhémence papale sur la question de l'immigration qui le fera applaudir par la social-démocratie européenne et américaine, par les masses de migrants potentiels en Afrique, Asie, Amérique latine, mais qui lui vaudra beaucoup de méfiance dans les milieux moins progressistes et plus conservateurs, mais pas seulement. La décennie 2010 verra en effet des gouvernements de gauche et de centre gauche, dans plusieurs pays occidentaux, revenir sur leur vision d'une immigration sans bornes. Quant aux appels répétés du pape François tout au long de son pontificat, ils finiront par s'assouplir un peu, notamment après son voyage en Suède en novembre 2016. François a en effet raconté combien ses conversations avec le gouvernement social-démocrate suédois de l'époque lui avaient montré que ce pays exemplaire pour sa politique d'accueil des immigrés trouvait à présent ses limites quant à l'emploi, au logement et à l'éducation des nouveaux arrivants. Ce qui fera revenir François à une vision plus classique des migrations, telles que Jean-Paul II et Benoît XVI les avaient abordées. L'Église a toujours posé, à égalité, l'accueil inconditionnel du réfugié de guerre ou en situation désespérée — aucun chrétien ne peut fermer sa porte à un pauvre qui le sollicite — et l'investissement des pays riches pour favoriser le développement des pays pauvres. François insistera néanmoins sur le premier point, délaissant toujours le traitement de l'immigration à sa racine : le manque de travail et d'avenir pour les jeunes dans les pays d'origine.

Huit mois plus tôt, François avait accompli un voyage triomphal au Mexique qu'il avait commencé de façon bouleversante au sanctuaire de Notre-Dame de Guadalupe, le « Lourdes » de toute l'Amérique. Sa longue méditation devant la Vierge de Guadalupe fut un moment mémorable. Mais juste avant de regagner Rome, ce pape très politique avait tenu à conclure ce périple par une messe géante en plein air à Ciudad Juárez, une ville presque infernale, située au centre de la frontière nord du Mexique avec les États-Unis. Infernale car considérée comme la capitale mondiale du crime, y compris contre des femmes parce que lieu de concentration et de forte pression pour l'immigration vers l'Amérique du Nord. Une ville-bouchon en fait, où s'entassent des centaines de milliers de candidats latino-américains au passage vers les États-Unis. Le sol du lieu de la messe était une terre rouge, à cent mètres environ de la frontière avec le Texas. De l'autel on apercevait les hauts grillages et barbelés infranchissables. À deux cents mètres, de l'autre côté, une immense bannière américaine battait le vent. Elle avait été déployée pour l'occasion, soutenue par un très haut camion-grue. Comme souvent lors des messes papales, l'ambiance était bon enfant mais l'atmosphère de cette zone instable et morbide était tendue. Contexte que ne manqua pas d'aborder le pape dans son homélie pour soutenir les migrants. « Ici, à Juárez, comme dans d'autres régions frontalières, se sont concentrés des milliers de migrants centraméricains et provenant d'autres pays, sans oublier les nombreux Mexicains qui cherchent aussi à passer “de l’autre côté” », observa le pape argentin, connaisseur très bien informé de la situation. Mais ce « passage » est également un « parcours parsemé de terribles injustices : des personnes réduites en esclavage, séquestrées, victimes d’extorsion, beaucoup de nos frères sont objet du trafic humain, de la traite des personnes ».

Évoquant ensuite la crise humanitaire représentée par cette « migration de milliers de personnes, que ce soit par train, par la route, voire à pied parcourant des centaines de kilomètres à travers des montagnes, des déserts, par des chemins impraticables », qui est une migration « forcée », François affirma qu’elle n’était pas réductible à des chiffres car « ce sont des frères et des sœurs qui partent, chassés par la pauvreté et la violence, par le narcotrafic et par le crime organisé. Face à de nombreux vides juridiques, se déploie un réseau qui attrape et détruit toujours les plus pauvres ».

Puis il lança ce cri pour une « conversion » : « Plus jamais de mort ni d’exploitation ! Il est toujours temps de changer avec le travail de nombreuses organisations de la société civile en faveur des droits des migrants ! Je connais également le travail engagé de tant de religieuses, de religieux et prêtres, de laïcs qui se dévouent dans l’accompagnement et la défense de la vie ! Ils sont en première ligne, risquant souvent leur propre vie. » Il conclut en saluant les catholiques américains réunis au même moment dans un des stades de la ville d’El Paso au Texas jouxtant Ciudad Juárez au Mexique, qui n’avaient pas été autorisés à venir pour des raisons de sécurité : « Grâce à la technologie, nous pouvons prier, chanter et célébrer ensemble cet amour miséricordieux que le Seigneur nous donne, et dans lequel aucune frontière ne pourra nous empêcher de partager. Merci, chers frères et sœurs d’El Paso, de nous faire sentir que nous sommes une seule famille et une même communauté chrétienne. »

Ce fut encore un geste éloquent après celui de Lampedusa,

directement adressé celui-là aux États-Unis alors que le président Trump allait être élu en novembre de la même année. Une perspective qui avait provoqué un incident dans le vol de retour vers Rome, après cette messe à la frontière mexico-américaine. Phil Pullella, le représentant de l'agence Reuters, demanda au pape lors de la conférence de presse ce qu'il pensait du projet de Donald Trump de construire 2500 kilomètres de mur entre la frontière des États-Unis et celle du Mexique et d'expulser « onze millions d'immigrés illégaux ». Il ajouta : « Un catholique peut-il voter pour un candidat de ce genre ? » La réponse de François fut cinglante : « Une personne qui pense uniquement à ériger des murs, où que ce soit, et non à créer des ponts, n'est pas chrétienne. Cela n'est pas dans l'Évangile. Ensuite, ce que vous me demandiez, ce que je conseillerais, voter ou ne pas voter pour lui : je n'interviendrai pas. Je dis seulement : s'il dit ces choses, cet homme n'est pas chrétien. Mais il faut vérifier s'il a dit ces choses. C'est pourquoi je lui laisse le bénéfice du doute. »

Des femmes voilées dans l'avion du pape

Construire des murs contre l'immigration... Ce sont au contraire des ponts pour l'immigration que le pape aurait voulu ériger sur cette frontière mexicaine mais aussi au sud de l'Europe sur la mer Méditerranée. Il y a mené, là aussi, une opération d'envergure non plus improvisée comme à Lampedusa, mais préparée comme une action... commando ! C'était deux mois plus tard, après l'appel aux États-Unis, lancé depuis le Mexique. À Rome, au petit matin du 16 avril 2016, le pape montait, d'un bon pas, très heureux, la passerelle d'un Airbus d'Alitalia. Direction la frontière de l'Orient. C'est-à-dire l'extrême est de la Grèce, l'île de Lesbos. De là on aperçoit sans peine par temps clair — ce qui était le cas ce jour-là — les côtes de la Turquie. Comme à son habitude, le pape vint saluer les journalistes qui l'accompagnaient juste après le décollage. Il fit cette déclaration d'une certaine gravité : « C'est un voyage un peu différent des autres. Dans les voyages apostoliques, nous allons pour faire beaucoup de choses : voir les gens, parler... il y a aussi la joie de la rencontre. Ce voyage-ci est marqué par la tristesse, c'est important. C'est un voyage triste. Nous allons à la rencontre de la catastrophe humanitaire la plus grande après la Seconde Guerre mondiale. Nous allons — et nous le verrons — vers tant de gens qui souffrent, qui ne savent où aller, qui ont dû fuir. Et nous irons aussi à un cimetière : la mer. Tant de gens s'y sont noyés. Je le dis non pour attrister, non par amertume, mais pour que votre travail d'aujourd'hui puisse transmettre dans vos médias l'état d'âme dans lequel je fais ce voyage. »

L'état d'âme du pape François, si enjoué publiquement, est souvent très sombre. Ces mots, « la mer cimetière », « la catastrophe humanitaire la plus grande après la Seconde Guerre mondiale », des « gens qui ne savent pas où aller », rappelaient les accents du voyage surprise de Lampedusa. Et de fait, la journée allait être ponctuée d'une fameuse surprise.

François avait invité pour l'occasion le patriarche orthodoxe de Constantinople, Bartholomée Ier, avec qui il avait lié une forte amitié. Il venait en voisin puisque son siège est à Istanbul. L'homme en noir et l'homme en blanc, deux chefs éminents d'Églises chrétiennes, visitèrent ensemble le camp de réfugiés de Mória où ils s'adressèrent ensemble aux réfugiés pour les encourager. Ils signèrent une déclaration conjointe puis déjeunèrent très sobrement avec des réfugiés dans un minuscule préfabriqué. Ils se rendirent ensuite au port de Lesbos. Ensemble ils jetèrent solennellement dans la mer des couronnes de fleurs en mémoire des réfugiés morts noyés dans la Méditerranée. Fin du voyage.

Il était en fait très tôt. À 14 h 30, le bus des journalistes accompagnant le pape était déjà près de l'aéroport mais une erreur de coordination de la sécurité fit que la caravane de presse s'approcha près de l'avion alors qu'il était prévu que les journalistes montent à bord quasiment au dernier moment, juste avant le pape. Cette erreur du chauffeur permit de découvrir la surprise du chef ! Le pape embarquait avec lui dans l'avion pour Rome plusieurs familles de réfugiés, toutes musulmanes en l'occurrence puisqu'il fut alors possible de distinguer nettement les voiles des femmes se cachant en montant la passerelle... On vit ensuite les femmes voilées se déplacer très dignement dans l'avion du pape.

C'est à l'arrivée à Rome que ce *timing* inhabituel pour un voyage du pape s'éclaira. Alors que les journalistes n'ont pas le droit de sortir de l'avion tant que le pape n'a pas pris sa voiture pour rentrer au Vatican, les cameramans et photographes furent activement sollicités cette fois et priés de débarquer quatre à quatre par la porte arrière de l'appareil. On les plaça alors au pied de la passerelle de l'avant de l'aéronef d'où le pape devait sortir. François descendit les marches, il prit la pose au pied de cet escalier métallique accolé à l'avion de façon à littéralement « accueillir » sur le sol européen les familles musulmanes réfugiées que le chef de l'Église catholique avait en quelque sorte exfiltrées du camp de réfugiés de Lesbos et transportées jusque-là.

Pourquoi cette mise en scène d'un acte si symbolique, humanitaire et politique ? Il était environ 17 heures, un horaire calculé et parfait pour que ces images soient diffusées dans les journaux télévisés européens de 20 heures. Qui était derrière cette organisation, comme on le comprendra plus tard ? La communauté italienne catholique Sant'Egidio, en pointe sur la question de l'immigration et la création de « couloirs humanitaires » pour favoriser l'accueil de réfugiés dans les pays européens. Communauté jouant un rôle d'influence important sur le pape François. L'histoire se terminera bien pour ces quelques familles. Elles ont pu s'installer à Rome et trouver du travail grâce à Sant'Egidio.

✧

Avant de se poser à l'aéroport de Rome-Ciampino, François avait répondu aux questions des journalistes qui l'accompagnaient. Cet échange mérite d'être rapporté car il exprime la vision très structurée du pape François sur l'immigration. Journaliste au quotidien italien *Il Messagero,* Franca Giansoldati lui posa la question suivante : « Vous parlez beaucoup d'"accueil", mais peut-être parlez-vous trop peu d'"intégration". Voyant ce qui est en train d'arriver en Europe, spécialement sous cet afflux massif d'immigrants, nous voyons qu'il y a beaucoup de villes qui souffrent de quartiers-ghettos... Dans tout cela, il émerge clairement que les immigrants musulmans sont ceux qui ont le plus de peine à assimiler nos valeurs, les valeurs occidentales. Je voulais vous demander : ne serait-il peut-être pas plus utile pour l'intégration de privilégier l'arrivée d'immigrés non musulmans ? Et puis, pourquoi vous, aujourd'hui, avec ce geste très beau, très noble, vous avez privilégié trois familles entièrement musulmanes ? »

Voici quelle fut la réponse du pape François : « Je n'ai pas fait le choix entre chrétiens et musulmans. Ces trois familles avaient leurs papiers en règle, et on pouvait le faire. Il y avait, par exemple, deux familles chrétiennes dans la première liste, qui n'avaient pas les papiers en règle. Ce n'est pas un privilège. Tous les douze sont enfants de Dieu. Le "privilège" est d'être enfants de Dieu : cela est vrai. [...] Aujourd'hui, il existe des ghettos. Et certains parmi les terroristes qui ont commis des actes terroristes[1], certains sont fils et petits-fils de

1. Le pape faisait référence à des islamistes qui ont commis des attentats.

personnes nées dans le pays, en Europe. Qu'est-il arrivé ? Il n'y a pas eu de politique d'intégration, or c'est fondamental pour moi. [...] Aujourd'hui, l'Europe doit retrouver cette capacité qu'elle a toujours eue d'intégrer. »

Questionné ensuite par une autre journaliste sur le renforcement des frontières en Europe, François répliqua : « Je comprends les gouvernements, ainsi que les peuples, qui ont une certaine peur, et nous devons faire preuve d'une grande responsabilité dans l'accueil. Comment pouvons-nous intégrer ces gens ? J'ai toujours dit qu'ériger des murs n'est pas une solution : nous en avons vu tomber un, au siècle dernier. Cela ne résout rien. Nous devons faire des ponts. Mais les ponts se font avec intelligence, ils se font par le dialogue, par l'intégration. Et pour cela, je comprends une certaine crainte. Mais fermer les frontières ne résout rien, parce que cette fermeture, à la longue, fait mal au peuple lui-même. L'Europe doit faire d'urgence des politiques d'accueil et d'intégration, de croissance, de travail, de réforme de l'économie... »

Un journaliste américain lui demanda alors : « Que pensez-vous de la crise des immigrés qui arrivent en Amérique, aux États-Unis, depuis le Mexique, depuis l'Amérique latine ? » Le pape répondit : « C'est la même chose ! C'est la même chose, parce que là ils arrivent en fuyant plutôt la faim. C'est le même problème. À Ciudad Juárez au Mexique j'ai célébré la messe à cent mètres, peut-être moins, des barbelés. De l'autre côté, il y avait une cinquantaine d'évêques des États-Unis et un stade avec 50 000 personnes qui suivaient la messe sur l'écran géant ; de ce côté ici, au Mexique, il y avait ce terrain plein de gens... Mais c'est la même chose ! Ils arrivent au Mexique de l'Amérique centrale. J'ai demandé aux évêques mexicains de prendre soin des réfugiés. »

Le « terrorisme catholique »

Il importe de visiter à présent une autre « fraternité » qu'aucun pape avant François n'a célébrée à ce point : la fraternité avec l'islam. Il n'est pas possible d'écrire que le pape argentin ait donné un avantage à l'islam sur le judaïsme pendant son pontificat. Sur le principe, il les a traités à égalité mais en pratique il a effectué un rapprochement volontariste avec l'islam, donnant plus d'importance en pratique à cette religion. À l'instar de son ouverture à l'immigration, son pontificat restera marqué par cette main tendue à l'islam. Et ce, envers et contre tout, y compris sous la mitraille terroriste islamiste des attentats qui frappaient la France, contre le père Hamel, ou dans la basilique de Nice, des catholiques qui priaient.

Au début du pontificat, on pouvait penser que le refus du pape François de distinguer entre « terrorisme islamique » et « terrorisme catholique », comme il le fit après l'attentat du père Hamel, venait d'une méconnaissance de l'islam et de son implantation en Europe. En mettant sur le même plan ces deux terrorismes — si tant est que le « terrorisme catholique » existât ! —, le pape citait les cas de violences conjugales ou intrafamiliales « catholiques » pour l'expliquer. Il avait profondément scandalisé des chrétiens d'Orient qui connaissent la soumission quotidienne à l'islam. Le statut de « citoyen » ne leur est pas reconnu s'ils ne sont pas musulmans, dans les pays musulmans, sauf au Liban. Beaucoup estimaient qu'une telle volonté de ne jamais parler d'« islamisme » mais de « terrorisme » — formule neutre — participait cependant de la prudence d'un chef d'Église mondiale. Notamment après l'expérience du discours de Benoît XVI à l'université de Ratisbonne en 2006 : sa référence indirecte, à travers une citation, à la « violence » de l'islam, avait provoqué une crise mondiale du monde musulman contre l'Église catholique, avec des morts chrétiens.

Mais la suite du pontificat démontrera que François entendait vraiment passer sur toutes les aspérités de l'islam et sur l'hostilité antichrétienne active dans de nombreux pays, pour mener une politique inédite de main tendue avec les musulmans. L'un de ses inspirateurs était un Français, le cardinal Jean-Louis Tauran. Ce diplomate de haut vol avait dirigé les relations internationales du Saint-Siège pendant une quinzaine d'années, sous le pontificat de Jean-Paul II. À la suite du discours de Ratisbonne de septembre 2006, en pleine crise de relation avec l'islam, Benoît XVI était allé chercher ce cardinal français qui avait toute sa confiance pour rattraper la situation. Il le nomma en 2007 à la tête du ministère du dialogue interreligieux du Vatican, un conseil pontifical. Plus que de dialogue théologique, c'est de diplomatie que ce prélat bordelais usera pour renouer des liens avec les musulmans. En 2013, François confirma dans ce poste-clé ce prélat pourtant très malade et qui avait coutume de dire : « Nous sommes condamnés à nous entendre avec l'islam, ce sera le dialogue ou la guerre. » Pour François, ce sera donc le dialogue.

François arrive aussi d'un pays, l'Argentine, où les « musulmans » issus d'une immigration du XIXe siècle sont essentiellement d'origine libanaise ou syrienne et de haut niveau social. On y trouve beaucoup de médecins, des chefs d'entreprises, voire d'hommes politiques, comme l'ancien président Carlos Menem, né musulman, d'origine syrienne, qui se convertira au catholicisme. L'expérience du monde musulman de François est donc celle d'une communauté qui serait comparable sur le plan social et de l'intégration — même si les comparaisons sont toujours hasardeuses et souvent fausses — à la communauté juive en France. Plutôt socialement élevée et intellectuellement développée. Les musulmans forment une élite en Argentine où le catholicisme est une religion d'État et où les fidèles de l'islam représentent 1 % de la population.

Troisième facteur, et pas le moindre, François a placé son pontificat sous l'égide de la « culture de la rencontre ». Les interminables discussions théologiques de son dicastère chargé du « dialogue interreligieux » ne l'intéressent pas. Ce pragmatique politique sait qu'elles n'aboutiront jamais et qu'il faut prendre le problème autrement, notamment dans un monde d'échanges et de culture mondialisés. Comment? En suscitant des liens d'amitié avec les hautes personnalités rencontrées. Ainsi du tutoiement spectaculaire dont le président Macron fera état mais qu'il applique à tous. Quand François rencontre quelqu'un, il regarde avant tout la personne qui est en face de lui, non ses attributs ou responsabilités. Cette approche très directe, sans protocole, peut porter du fruit même si dans les relations institutionnelles les intérêts et objectifs à atteindre ne sont jamais oubliés.

L'alliance avec le grand imam d'Égypte

Fidèle à cette méthode où les contacts humains et l'intuition priment sur les dossiers, le pape François va ainsi se lier d'amitié avec le cheikh Ahmed Al-Tayeb, grand imam de l'université et de la mosquée d'Al-Azhar du Caire en Égypte. Ils se rencontrent pour la première fois au Vatican le 23 mai 2016, soit en pleine bataille contre l'État islamique, organisation toujours présente dans le nord de l'Irak d'où les chrétiens ont été chassés. Celui qui est à la tête d'une université musulmane de référence mondiale mais contrôlée en définitive par l'État égyptien se trouve alors relativement isolé sur la scène islamique. Al-Tayeb a louvoyé sous le régime de Mohamed Morsi, militant Frère musulman élu à la tête de l'État égyptien en juin 2012, mais il a ouvertement soutenu le coup d'État militaire du maréchal Abdel Fattah Al-Sissi en juillet 2013. Dans la foulée ce dernier a remplacé sur le sol égyptien plus de vingt mille imams affiliés aux Frères musulmans par des imams issus d'Al-Azhar. Mais quand il s'est agi d'exclure de la communauté musulmane les militants et soldats de l'État islamique il a reculé : il les a seulement condamnés quand bien même ces derniers égorgeaient publiquement des chrétiens coptes sur le sol musulman. Le chef de l'État n'avait de toute façon pas ce pouvoir religieux d'autant que l'islam sunnite ne dispose d'aucune hiérarchie donc d'aucune véritable autorité centrale, le recteur d'Al-Azhar ne représentant que cette université. Autre point troublant, Al-Tayeb, poussé par Al-Sissi pour faire avancer une réforme de l'islam, se montre sans concession sur la possible liberté de changer de religion, de l'islam vers le christianisme bien sûr. Cela n'est pas toléré. Les chrétiens ne peuvent d'ailleurs toujours pas s'inscrire à l'université Al-Azhar, parce qu'ils sont chrétiens.

Sans exclure d'autres instances musulmanes — plusieurs voyages pontificaux dans des pays arabes le montreront —, le pape François va donc jeter son dévolu sur Al-Tayeb avec qui il va cultiver une relation amicale et religieuse dont le point culminant sera la spectaculaire signature commune, en février 2019, à Abu Dhabi, capitale des Émirats arabes unis, d'une déclaration sur la « Fraternité humaine pour la paix mondiale et la coexistence commune ». La préparation de ce texte aura été soigneusement tenue secrète jusqu'à sa publication au moment de la signature. Al-Tayeb sera même revenu en octobre 2018 au Vatican pour finaliser le projet. Entre-temps, les deux hommes se seront revus au Caire où François effectua un voyage en avril 2017. Invité à l'université Al-Azhar, le pape, tout à sa logique de ne pas fâcher l'islam, se garda bien de parler d'« islamisme », considérant que la violence était dans toutes les religions : « Nous sommes tenus de dénoncer les violations de la dignité humaine et des droits humains, de porter à la lumière les tentatives de justifier toute forme de haine au nom de la religion, et de les condamner comme falsification idolâtre de Dieu : son nom est saint, il est Dieu de paix, Dieu salam. » François se rendra un mois plus tard au Maroc dans le même esprit. Il y rencontrera une autre autorité musulmane en la personne du roi Mohammed VI qui ne reconnaît pas l'autorité d'Al-Azhar. Puis, en mars 2021, deux ans plus tard en raison de la pandémie, il visitera dans la ville sainte de Najaf, en Irak, le grand ayatollah Ali Al-Sistani, leader des chiites irakiens. Mais le lien le plus fort sera établi avec Al-Tayeb.

Que signeront ces deux « amis » en 2019, le chrétien et le musulman, dans un magnifique décor surréaliste, concocté par le régime plutôt ouvert des Émirats arabes unis ? Pour mémoire, ce pays admet en effet une liberté de culte pour les travailleurs et cadres chrétiens étrangers à condition que ces disciples du Christ n'exercent aucun prosélytisme et ne se fassent pas remarquer dans la société en tant que chrétiens. Dans le cadre de la nouvelle politique égyptienne de lutte contre l'islamisme, impulsée par le président Al-Sissi en 2014 et menée également par les Émirats arabes unis, un « conseil des sages musulmans » a été institué dans ce pays, présidé par Ahmed Al-Tayeb. C'est cette instance qui organisera la « conférence mondiale de la Fraternité humaine » en février 2019, dont le point d'orgue sera la signature commune de cette déclaration devant six cents personnalités venues du monde entier. C'est un acte sans précédent.

Bien qu'Al-Tayeb s'y présente comme représentant de tous les musulmans, il ne l'est à aucun titre, sa signature n'engage que lui. Le texte parle de « Dieu » mais ne mentionne à aucun endroit le « Christ », ne serait-ce que pour différencier les deux signataires qui se définissent comme des « croyants en Dieu ». Ils demandent à ce titre au monde entier de travailler à une « culture de la tolérance » pour réveiller une « conscience humaine anesthésiée » qui vit un « éloignement des valeurs religieuses » et son corollaire, la « détérioration de l'éthique ». Subtilement le poids de la responsabilité de l'« intégrisme religieux », de l'« extrémisme » et du « fondamentalisme aveugle » qui n'est jamais mentionné comme un « islamisme » mais qui apparaît neutre et égal entre toutes les religions, ne vient pas d'un enseignement religieux dévoyé mais des conditions extérieures issues de « frustration, de solitude et de désespoir » dont la racine serait des « intérêts économiques aveugles » dont bénéficie seulement « une minorité de riches au détriment de la majorité des peuples de la terre », créant une « injustice », source de tous les maux. Il faut donc défendre la « famille » pour donner aux enfants une « solide morale » et une protection familiale. Et travailler « au réveil du sens religieux » par « l'éducation saine et l'adhésion aux valeurs morales et aux justes enseignements religieux, pour faire face aux tendances individualistes, égoïstes, conflictuelles, au radicalisme et à l'extrémisme aveugle sous toutes ses formes et ses manifestations ».

Vient ensuite une condamnation des atteintes à la vie, qui met sur le même plan « les génocides, les actes terroristes, les déplacements forcés, le trafic d'organes humains, l'avortement et l'euthanasie et les politiques qui soutiennent tout cela ». Et puis cette déclaration solennelle, cœur du document qui mérite citation : « Nous déclarons — fermement — que les religions n'incitent jamais à la guerre et ne sollicitent pas des sentiments de haine, d'hostilité, d'extrémisme, ni n'invitent à la violence ou à l'effusion de sang. Ces malheurs sont le fruit de la déviation des enseignements religieux, de l'usage politique des religions et aussi des interprétations de groupes d'hommes de religion qui ont abusé — à certaines phases de l'histoire — de l'influence du sentiment religieux sur les cœurs des hommes pour les conduire à accomplir ce qui n'a rien à voir avec la vérité de la religion, à des fins politiques et économiques mondaines et aveugles. C'est pourquoi nous demandons à tous de cesser d'instrumentaliser les religions pour inciter à la haine, à la violence, à l'extrémisme et au fanatisme aveugle et de cesser d'utiliser le nom de Dieu pour justifier des actes d'homicide, d'exil, de terrorisme et d'oppression. Nous le demandons par notre foi commune en Dieu, qui n'a pas créé les hommes pour être tués ou pour s'affronter entre eux et ni non plus pour être torturés ou humiliés dans leurs vies et dans leurs existences. En effet, Dieu, le Tout-Puissant, n'a besoin d'être défendu par personne et ne veut pas que Son nom soit utilisé pour terroriser les gens. » Aucune analyse n'est proposée sur le phénomène de l'islamisme. L'islam, en tant que tel, n'est pas questionné.

Le texte se poursuit d'ailleurs par cette affirmation : « Le terrorisme détestable qui menace la sécurité des personnes, aussi bien en Orient qu'en Occident, au Nord ou au Sud, répandant panique, terreur ou pessimisme n'est pas dû à la religion — même si les terroristes l'instrumentalisent — mais est dû à l'accumulation d'interprétations erronées des textes religieux, aux politiques de faim, de pauvreté, d'injustice, d'oppression, d'arrogance. » Avec cet appel : « Il faut condamner ce terrorisme sous toutes ses formes et ses manifestations. »

Le document évoque la « liberté de croyance », de pensée, d'expression et d'action et le « pluralisme et les diversités de religion », de couleur, de sexe, de race et de langue parce qu'ils sont une « sage volonté divine ». C'est de cette « Sagesse divine » que « découle le droit à la liberté de croyance et à la liberté d'être différents. C'est pourquoi on condamne le fait de contraindre les gens à adhérer à une certaine religion ou à une certaine culture, comme aussi le fait d'imposer un style de civilisation que les autres n'acceptent pas ».

De même est souligné le « concept » — et non pas le « droit » qui est pourtant une requête des chrétiens d'Orient — de « citoyenneté » : « Il est nécessaire de s'engager à établir dans nos sociétés le concept de la *pleine citoyenneté* et à renoncer à l'usage discriminatoire du terme *minorités*, qui porte avec lui les germes du sentiment d'isolement et de l'infériorité ; il prépare le terrain aux hostilités et à la discorde et prive certains citoyens des conquêtes et des droits religieux et civils, en les discriminant. » Là aussi, comme sur le terrorisme ou la liberté de croyance, l'absence de citoyenneté pour les non-musulmans est considérée selon une approche formelle comme si elle était une question théorique qui ne se posait pratiquement nulle part.

Seule avancée, semble-t-il, dans ce document, le droit de la femme qui est une « nécessité indispensable » pour l'instruction, le travail, l'exercice de ses droits politiques et pour « la protéger de l'exploitation sexuelle ». Dernier vœu : faire cesser « les pratiques inhumaines et les coutumes courantes qui humilient la dignité de la femme ».

Une encyclique sur la fraternité

Les deux hommes, Al-Tayeb et François, se retrouveront en septembre 2022 au Kazakhstan pour un nouveau sommet mondial des religions où la déclaration d'Abu Dhabi et sa diffusion dans le monde arabe seront à nouveau au centre des discussions. Dans sa troisième, et jusque-là, dernière encyclique du pontificat, le pape François reconnaîtra que cette amitié avec ce haut responsable musulman aura été l'une des sources d'inspiration de son texte.

Cette encyclique s'appelle *Fratelli tutti*, d'une expression de saint François d'Assise, « tous frères », qui est un « mode de vie au goût de l'Évangile », écrit le pape parce qu'il « invite à un amour qui surmonte les barrières de la géographie et de l'espace » en vue d'une « fraternité ouverte qui permet de reconnaître, de valoriser et d'aimer chaque personne indépendamment de la proximité physique, peu importe où elle est née ou habite ». Ce saint d'Assise lui inspire une encyclique très complète sur la fraternité et sur l'« amitié sociale » qui touche aussi des sujets politiques.

Dans l'introduction, le pape relate un épisode fameux de la vie de saint François d'Assise, et de son « cœur sans limites », qui rendit visite au sultan Malik-el-Kamil, en Égypte. Le pape en tire cette leçon : « Bien que conscient des difficultés et des dangers, saint François est allé à la rencontre du sultan en adoptant la même attitude qu'il demandait à ses disciples, à savoir, sans nier leur identité, quand ils sont parmi les sarrasins et autres infidèles... de ne faire ni disputes ni querelles, mais d'être soumis à toute créature humaine à cause de Dieu. » C'est cette « soumission humble et fraternelle » que François attend, loin des « guerres dialectiques qui imposent des doctrines ».

François, poursuit celui qui a choisi son nom de pape en référence au *poverello* d'Assise qui s'est libéré de tout désir de suprématie sur les autres, « s'est fait l'un des derniers et a cherché à vivre en harmonie avec tout le monde ».

Le pape confirme que François d'Assise a inspiré la rédaction de cette encyclique mais pas seulement, il s'est « particulièrement senti encouragé » par le grand imam Ahmed Al-Tayeb rencontré à Abu Dhabi.

Aucun pape avant François n'aura promu à ce point la vertu de fraternité. Il l'aura appliquée à l'immigration, et l'histoire jugera ce pape catholique qui a accusé la vieille Europe d'être une « grand-mère » quasi stérile et craintive face à ceux qui demandent asile, recommandant de les installer sans tenir compte de leur religion. Jamais non plus dans l'histoire un chef de l'Église catholique n'aura adopté une telle « politique » en faveur de l'islam au moment où l'EI tuait sciemment des chrétiens, faisait exploser des églises et où cette religion s'implantait activement et durablement en Europe et en Afrique. François, opposé à la défense d'une chrétienté révolue à ses yeux, aura été le chantre de la fraternité universelle.

7

LA RÉVOLUTION DE LA LIBERTÉ

La devise républicaine dans notre pays situe la « liberté » en premier lieu. Elle apparaît ici en troisième lieu, après l'égalité, la fraternité. Pourquoi ce choix? Il est arbitraire. Jamais François n'a dit : « Je suis le pape de l'égalité, de la fraternité et de la liberté. » Mais ces trois concepts synthétisent au plus juste son action réformatrice. Leur ordre pourrait être différent. Il dépend du point de vue où l'on se place. Mais affirmer que le pape François serait celui de la liberté, de l'égalité et de la fraternité serait trop « français ». Ce serait une erreur d'interprétation de l'universalité de ce pontificat. Ce classement est donc discutable mais reste pertinent. La réforme « égalitaire » de François est politique, elle aura davantage touché le système de pouvoir intérieur de l'Église. La réforme « fraternelle » fut géopolitique, elle aura plutôt renforcé l'influence extérieure de l'Église. Sa réforme de « liberté » touche la spiritualité catholique, elle a visé l'intimité personnelle des chrétiens et leurs choix fondamentaux. Il serait tentant de l'appeler réforme « libertaire » ou réforme « libérale », des mots piégés et trop étroits pour qualifier l'appel à la liberté voulu par le pape François et cœur de la religion chrétienne.

Avant d'entrer dans le détail de cette « réforme de liberté », il faut en saisir les racines. Et l'on retrouve l'un des quatre principes d'action de François présenté en début d'ouvrage : « La réalité est supérieure à l'idée. » Si le dogme importe pour François, il a assez peu d'importance au regard de la personne qui se trouve devant lui, *hic et nunc*, ici et maintenant. Cette personne n'est pas à « convertir » mais à aider concrètement. En cela la parabole-phare du pontificat, tant de fois citée par François, est celle du « bon Samaritain ». Elle est racontée par le Christ lui-même pour dénoncer les clercs, les croyants exemplaires qui ne s'arrêtent pas pour soigner l'homme blessé qu'ils voient pourtant mourir au bord du chemin. Comme si, au creux du fossé, il n'était pas fréquentable et n'appartenait pas à la bonne caste. Or, celui que l'on n'attend pas, un étranger, va sauver cette personne. Alors qu'il ne devrait pas être celui qui, le premier, vient au secours, il va payer les frais de soins et d'hôtel du malheureux. Pour François, le chrétien est avant tout un bon samaritain. Et l'Église catholique devrait être un « hôpital de campagne ».

Dans son premier livre-entretien avec le jésuite italien Antonio Spadaro, publié six mois après son élection, François expliquait : « Je vois avec clarté que la chose dont a le plus besoin l'Église d'aujourd'hui c'est la capacité de soigner les blessures et de réchauffer le cœur des fidèles, la proximité, la convivialité. Je vois l'Église comme un hôpital de campagne après une bataille. Il est inutile de demander à un blessé grave s'il a du cholestérol ou si son taux de sucre est trop haut ! Nous devons soigner les blessures. Ensuite nous pourrons aborder le reste. Soigner les blessures, soigner les blessures... Il faut commencer par le bas[1]. » Pourquoi se poser des questions dans l'urgence ? François veut soigner sans demander des papiers ou de l'argent. Il ne s'embarrasse pas de théories,

1. Le pape François, *L'Église que j'espère*, *op. cit.*, p. 68.

laisse de côté ses préjugés, et agit concrètement dans un pragmatisme pastoral qui invente en permanence, s'adapte aux situations, aux besoins des personnes, sans obéir à des règles générales et préconçues. Il suit sa seule intuition humaine et son cœur généreux. Combien de fois les collaborateurs de François se sont-ils plaints que le pape ne lisait pas les dossiers, ou peu, préférant sonder les personnes, directement... Combien de fois ce pape a-t-il surpris en portant secours à des personnes en difficulté, par téléphone ou à l'improviste.

Affirmer que la réalité était supérieure à l'idée est une forme de libération pour François. C'est une rupture avec les us et coutumes du Vatican qui se réfèrent plutôt aux usages du passé, aux protocoles établis qui dictent le mode d'action et de décision, ou encore à l'enseignement dogmatique pour définir ce qu'il convient de penser. En introduisant cette primauté du réel sur le monde des idées et le monde spirituel, le pape a aussi inversé une hiérarchie établie entre la prière et l'action. Le pape Benoît XVI plaçait, lui, la prière avant l'action, sans les opposer, l'une étant source de l'autre. François ne les oppose pas davantage, mais il place l'action au premier plan. Dans la tradition chrétienne, les deux sont un « sacrement » du Christ, c'est-à-dire un signe visible, actif du Christ. Saint Augustin rappelait que l'eucharistie — le sacrement-phare du catholicisme, qui voit dans le pain et le vin consacrés lors de la messe le corps et le sang de Jésus-Christ, présence réelle du Christ — était tout aussi présent dans le pauvre qui tend la main. Pour Augustin, le mendiant, quel qu'il soit, est une présence réelle du Christ comme dans le sacrement de l'eucharistie. C'est cette seconde dimension concrète, incarnée, matérielle, sur laquelle insiste François, comme s'il voulait réveiller l'Église catholique qu'il estime endormie dans le confort de la liturgie et dans une forme d'embourgeoisement.

« Jamais Dieu ne se fatigue de nous pardonner »

À partir du moment où la réalité est supérieure à l'idée, l'Église catholique n'est plus une entité close de frontières théologiques imposant un passeport de bonne conduite pour y être admis. Ouverte à tous vents, l'Église devient une zone libre. Au point que ce pape va jusqu'à la définir comme une Église « en sortie », une Église qui est hors de ses propres murs, « en marche » vers les « périphéries » géographiques et existentielles, son grand mot. Les périphéries ? Entendez par là tout ce qui n'est pas officiellement catholique, avec une prédilection pour la proximité de toutes les pauvretés. Ce qui aboutit à ce paradoxe : l'Église catholique se trouve réellement en tout ce qui n'est pas catholique... Au sens de rangé, ordonné, moral, bien comme il faut, bien-pensant. Non que l'Église ne s'y soit jamais trouvée ! Ce serait une injustice pour toutes celles et tous ceux qui travaillent depuis des décennies auprès des exclus et des pauvres, ou de ceux qui sont loin d'elle. Faut-il rappeler que Mère Teresa, Sœur Emmanuelle, l'abbé Pierre n'ont pas attendu le pape François pour donner leur vie, jusqu'à l'épuisement, auprès des plus pauvres ? Et combien d'autres figures inconnues, faisant le bien dans leur entourage, leur ville et leur village sans rien attendre en retour... Nous verrons qu'il y a eu une exagération sur ce slogan d'une « Église en sortie » qui aurait seulement commencé à exister avec ce pontificat et non avant François. C'est une absurdité : la charité est l'un des fondements du christianisme. Elle a existé socialement par ses œuvres d'entraide avant de construire ses basiliques pieuses. Elle n'a pas été inventée par ce pape.

Mais au-delà des présupposés réformistes et jésuites du pape François, qui fondent son identité, il y a quelque chose de l'ordre d'une libération profonde des catholiques voulue par ce pasteur. Il importe de saisir la nature de cette libération portée par ce pontificat. Sur ce point apparaît un autre enseignement christique, souvent cité par François, où Jésus critique les « docteurs de la loi » qui chargent les gens de « fardeaux difficiles à porter », poids qu'ils ne touchent « même pas du doigt » ! Une attitude que François a appliquée pour les mœurs et la sexualité d'aujourd'hui. « Si une personne est gay et cherche le Seigneur avec bonne volonté, qui suis-je pour la juger ? » avait-il lancé, lors du retour de son premier voyage à l'étranger en 2013, aux Journées mondiales de la jeunesse de Rio de Janeiro, en réponse à une question sur le « lobby gay du Vatican ». C'était un signal. Il avait fait habilement poser la question à une journaliste pour faire passer un message qu'il avait parfaitement en tête. Ce fut le point de départ de sa grande réforme culturelle des esprits catholiques sur le péché. Il n'a rien modifié des exigences des enseignements en la matière ou de la pratique de la confession personnelle qu'il a mise en œuvre lui-même, parfois publiquement. Lors des semaines saintes qui précèdent la fête de Pâques, on le voyait au confessionnal, se confessant à un prêtre, dans la basilique Saint-Pierre, comme un fidèle de base.

Il a également favorisé une évolution de l'esprit de l'Église catholique en suivant la voie ouverte par Jean-Paul II sur la question de la « miséricorde de Dieu ». Exalter la miséricorde de Dieu, c'était répondre à des siècles de peur d'un Dieu vengeur qui aurait attendu le pécheur au tournant, au soir de sa vie, pour séparer « le bon grain de l'ivraie ». Le pape polonais avait commencé le travail en déculpabilisant la sexualité par le biais de la « théologie du corps » qu'il a développée et enseignée pendant les grandes années de son pontificat. Il a aussi instillé une nouvelle approche de la question de Dieu qui est avant tout un « Dieu riche en miséricorde », titre de sa seconde encyclique publiée deux ans après son élection en 1978. Benoît XVI n'a pas dit autre chose dans sa première encyclique intitulée *Dieu est amour*, publiée en 2005, l'année de son élection. François est allé encore plus loin en dédramatisant l'enseignement moral de l'Église, tirant à boulet rouge contre la « rigidité » de certains rares prêtres et mettant toujours en avant la « miséricorde » d'un Dieu qui ne jugerait pas mais qui accueillerait sans condition tout homme voulant s'approcher de lui. Souvent tout est dit dans les premiers jours d'un pontificat. Ainsi de l'homélie et de l'Angélus du dimanche 17 mars 2013, le premier dimanche de François en tant que pape — il avait été élu le 13 mars. Il avait voulu célébrer la messe dans la paroisse du Vatican, une petite église située porte Sainte-Anne, l'entrée de service de ce plus petit État du monde, qui fait face à la caserne de la garde suisse. L'Angélus est une prière mariale très ancienne que le pape récite depuis la fenêtre de son appartement privé qui domine la place Saint-Pierre le dimanche à midi. L'usage veut que le pontife romain dise un petit mot sur la situation du monde juste après cette prière. Il résuma alors d'un trait l'homélie qu'il avait prononcée dans l'église sur le thème de la miséricorde, annonçant l'esprit de sa réforme de liberté : « Le visage de Dieu est celui d'un père miséricordieux, qui a toujours de la patience. Avez-vous pensé, vous, à la patience de Dieu, la patience qu'il a avec chacun de nous ? Telle est sa miséricorde. Il a toujours de la patience, de la patience avec nous, il nous comprend, nous attend, il ne se fatigue pas de nous pardonner si nous savons revenir à lui avec le cœur contrit [...] la miséricorde, ce mot change tout. C'est ce que nous pouvons ressentir de mieux : cela change le monde. Un peu de miséricorde rend le monde moins froid et plus juste. Nous avons besoin de bien comprendre cette miséricorde de Dieu, ce Père miséricordieux qui a une telle patience... Souvenons-nous du prophète Isaïe, qui affirme que même si nos péchés sont rouge écarlate, l'amour de Dieu les rendra blancs comme neige. »

Puis, il raconta l'histoire d'une grand-mère de plus de quatre-vingts ans qui était venue se confesser à lui après une messe en Argentine. Il plaisanta en lui affirmant qu'elle n'avait plus de péché à son âge, elle répondit : « Nous avons tous péché ! » Il rétorqua en la taquinant : « Mais peut-être que le Seigneur ne le pardonne pas... » Réponse de la personne âgée : « Le Seigneur pardonne tout. » Réplique du futur pape : « Mais comment le savez-vous, vous, Madame ? » La dame affirme tout de go : « Si le Seigneur ne pardonnait pas tout, le monde n'existerait pas. » Et le nouveau pape de conclure : « Dieu ne se fatigue jamais de nous pardonner, jamais, mais parfois, nous nous fatiguons de demander pardon. Ne nous fatiguons jamais ! Lui est le Père plein d'amour qui toujours pardonne, qui a ce cœur de miséricorde pour nous tous. Et nous apprenons à être miséricordieux avec tous. »

« Pas nécessaire de parler en permanence de morale »

Il y a eu des centaines d'enseignements identiques pendant le pontificat. Mais le texte qui exprime le mieux la vision du pape François sur le péché et sur sa priorité donnée au pardon de Dieu est dans le livre-interview avec Antonio Spadaro : « Les ministres de l'Église doivent être miséricordieux, prendre soin des personnes, les accompagner comme le bon Samaritain qui lave et relève le prochain. Les réformes structurelles ou organisationnelles sont secondaires, elles viennent dans un second temps. La première réforme doit être celle de la manière d'être. Les ministres de l'Évangile doivent être des gens capables de réchauffer le cœur des personnes, de dialoguer et de cheminer avec elles, de descendre dans leur nuit, dans leur obscurité, sans se perdre. Le peuple de Dieu veut des pasteurs et pas des fonctionnaires ou des clercs d'État. »

Des pasteurs, à commencer par le domaine sensible de la morale sexuelle où François a voulu apporter une libération : « Nous ne pouvons pas insister seulement sur les questions liées à l'avortement, au mariage homosexuel et à l'utilisation des méthodes contraceptives. Ce n'est pas possible. Il n'est pas nécessaire d'en parler en permanence. Nous devons trouver un nouvel équilibre, autrement c'est l'édifice moral de l'Église qui risque, lui aussi, de s'écrouler comme un château de cartes, de perdre la fraîcheur et le parfum de l'Évangile. [...] L'annonce de l'amour salvifique de Dieu est première par rapport à l'obligation morale et religieuse. Aujourd'hui, il semble parfois que prévaut l'ordre inverse. »

Le pape nouvellement élu attaquait là une dérive reprochée au pontificat de Jean-Paul II plus qu'à celui de Benoît XVI qui avait assez peu évoqué ces questions morales. Dérive, parce que l'intention du pape polonais n'était pas d'asséner des leçons d'éthique sexuelle. Il suffit de lire ses quatorze encycliques et ses quinze exhortations apostoliques. Les sujets purement moraux concernent deux documents sur vingt-neuf. Quant à son enseignement sur la « théologie du corps », dispensé au long de cent vingt-neuf audiences générales, ces audiences du mercredi matin qui accueillent un large public, entre 1979 et 1984, Jean-Paul II ne l'a jamais publié sous forme officielle[1]. Dire que Jean-Paul II aurait été hanté par les questions de morale sexuelle revient à confondre sa spécialisation en éthique, matière qu'il enseignait à l'université de Cracovie, et son charisme pour la pastorale familiale. Il est également faux d'affirmer que son pontificat fut marqué par une exagération sur la morale familiale ; ce serait oublier toute son action géopolitique. Il est cependant exact que Jean-Paul II n'a pas hésité à affronter ces sujets délicats.

1. Jean-Paul II, *La Théologie du corps*, traduite et éditée par Yves Semen, Éditions du Cerf, 2014.

Il a rappelé, soutenu et nourri avec de nouveaux arguments, notamment tirés de la phénoménologie, l'enseignement traditionnel de l'Église en ce domaine qui considère qu'un mal reste objectivement un mal, même si des circonstances peuvent en atténuer la responsabilité. Le pape polonais a rencontré des oppositions violentes sur ces sujets, il n'est pas étonnant que certains aient parlé de « dérive moralisatrice » de l'Église catholique qui aurait vidé les assemblées, ce qui reste à prouver.

Et parmi ses principaux opposants figuraient les... Jésuites. Les relations entre la Compagnie de Jésus — nom officiel de la congrégation des Jésuites — et Jean-Paul II furent d'abord très tendues à propos de la théologie de la libération d'inspiration marxiste en partie soutenue par la Compagnie en Amérique latine ; le père Bergoglio combattit cette influence communiste. Elles furent apaisées avec l'élection à la tête des Jésuites de Peter Hans Kolvenbach, supérieur de 1983 à 2008, un homme d'une grande finesse et intelligence. Mais l'approche pastorale des Jésuites, sur les questions morales en général, était précisément à l'image de ce que François explique dans les citations précédentes : l'homme avant la loi, la vie avant la règle, la tolérance avant la rigueur, la réalité avant l'idée, ce que Blaise Pascal reprochait d'ailleurs aux Jésuites au XVIIe siècle ! D'où le faisceau de critiques adressées au pape polonais non pas sur la doctrine morale, que les Jésuites ne peuvent pas remettre en cause, mais sur la place qu'elle peut prendre dans le discours catholique et sur la façon de l'appliquer. D'où leur stratégie d'évitement en ne parlant pas, ou peu, de ce sujet. « Je n'ai pas beaucoup parlé de ces choses », avoue François dans l'entretien avec Spadaro, et « on me l'a reproché », affirmant que « l'ingérence spirituelle dans la vie des personnes n'est pas possible ». Tout est dit de la nouvelle voie ouverte sous son pontificat. L'idée est de « libérer » les gens d'un « fardeau » trop lourd à porter.

Silence radio, par conséquent, sur les questions de contraception qui ne sont plus un sujet avec François. Et quasi-silence sous prétexte de ne pas se mêler des affaires italiennes quand le Parlement a par exemple discuté d'une forme de mariage homosexuel en Italie.

Rupture consommée avec l'héritage de Jean-Paul II

L'affaire la plus symptomatique qui résume cette nouvelle orientation de l'Église catholique sur les questions sexuelles fut la reprise en main par François de l'Institut Jean-Paul II pour la famille. Il avait été fondé à Rome par ce pape en 1981 dans le cadre de l'université pontificale du Latran afin de favoriser « les études sur le mariage et la famille ». Des prêtres, des séminaristes, des religieuses, des laïcs pouvaient y préparer un doctorat ou une maîtrise de théologie morale. Bon nombre d'évêques actuels y sont passés et plusieurs cardinaux. Ce lieu universitaire était devenu une référence mondiale dans ce domaine d'études. Il représentait le bastion symbolique de l'enseignement du pape polonais. Il était aussi le conservatoire de la fameuse « théologie du corps » qui avait restauré comme jamais dans l'histoire de l'Église la place du corps au cœur de la spiritualité et la haute noblesse de la sexualité.

Sauf qu'en 2017, au synode sur la famille, le pape François décida de changer le nom de ce centre de formation international et son esprit. « L'Institut pontifical théologique Jean-Paul II d'études sur le mariage et la famille » devenait « l'Institut pontifical Jean-Paul II pour les sciences du mariage et de la famille ». Suivit un changement des programmes, des équipes de professeurs, de la direction. Une décapitation en règle comme sait le faire le pape François dans un acte d'autoritarisme clérical qu'il combat mais qu'il pratique volontiers quand on lui résiste. On aura vu cette même véhémence contre l'Opus Dei, contre l'Ordre de Malte, contre le Secours catholique international, organisations qu'il aura soumises d'autorité en modifiant, après des consultations de pure forme, les hommes et les règlements. Pour l'Institut Jean-Paul II, les cours consacrés à la « théologie du corps » furent pratiquement rayés des programmes. Deux professeurs remarqués par leur soutien, l'un à la contraception, l'autre à l'homosexualité, furent nommés dans le corps professoral. Quand ces basses œuvres furent accomplies par le grand chancelier de cet institut — nommé dans ce but par François, Mgr Vincenzo Paglia, ancien aumônier de la communauté Sant'Egidio —, un article vengeur, justifiant cet acte très significatif, fut publié dans la revue jésuite de référence, *La Civiltà Cattolica*. Un jésuite, le père Carlo Casalone, y affirmait qu'il était désormais nécessaire de remplacer la théologie morale classique, réduite à une « théologie de bureau » qui serait une théologie théorique, par une « théologie dialogale » avec la société et les vraies gens, proche du terrain et inspirée par l'encyclique du pape François *Amoris lætitia*, dont nous allons parler. Car il fallait impérativement se débarrasser des « monolithismes anachroniques » et s'ouvrir aux « nouvelles réalités » de la famille, au pluriel. Ne plus imposer en particulier un modèle unique de famille, au singulier, le mariage homme-femme, indissoluble et fécond, désormais classé dans le registre « d'un appareil conceptuel anachronique et sclérosé ». Jean-Paul II avait été canonisé mais il était bien enterré. Casalone fut promu depuis. Il est devenu le supérieur de la province italienne de la Compagnie de Jésus, il fera encore parler de lui en janvier 2022 avec un article retentissant dans la même revue jésuite justifiant, pour des raisons politiques, l'adoption par le Parlement italien d'une loi sur le... suicide assisté. En tout cas, la théologie morale catholique sur la sexualité, elle, aura été « suicidée » par le pape jésuite. L'épisode de la liquidation de l'Institut Jean-Paul II l'illustre assez.

La main tendue aux divorcés-remariés

Le plus spectaculaire, et le plus définitif, dans ce travail de « libération », va toucher le sacrement de mariage lui-même et la question difficile du divorce, que François va prendre aussi à bras-le-corps. Elle aboutira, pour certains, à l'invention du « divorce catholique ». Avec l'encouragement à l'immigration et la main tendue à l'islam, cette révision du mariage restera comme une évolution historique majeure de l'Église catholique. Pour éviter de provoquer un séisme, l'habile François aura inscrit cette réforme, permettant la communion sous certaines conditions à des divorcés-remariés, en pointillé, sous la forme d'une note de bas de page d'un document officiel. Mais il aura encouragé son application avec constance et précision pour qu'elle devienne une pratique ordinaire de l'Église. Il aura surveillé de près et sans relâche, année après année, sa mise en œuvre par les évêques à qui il commandait de s'en occuper personnellement.

Jusque-là, un couple marié à l'Église, qui divorçait pour « refaire sa vie », était « exclu » de la communauté ecclésiale, « excommunié » au sens propre du terme. Cette expression n'était pas en usage afin de ne pas blesser, mais elle revenait à une excommunication dans les faits. Mais si ces deux personnes divorcées vivaient chastement, sans relations sexuelles, elles pouvaient, au contraire, revenir à l'Église, bénéficier du « sacrement de la réconciliation », la confession, où elles recevaient le pardon de leurs péchés, leur permettant d'accéder à la communion eucharistique lors de la messe. En revanche, si ces personnes divorcées reprenaient une vie commune avec relations sexuelles, le prêtre n'avait pas le droit de leur donner l'absolution, donc le pardon, lors d'une confession, ce qui conduisait à les exclure de la communion... Il pouvait recevoir ces personnes, les écouter, les conseiller, prier avec elles, mais il ne pouvait pas accorder l'absolution qui leur aurait permis de communier.

Dans la foi catholique, le prêtre a en effet le pouvoir, par délégation de l'évêque, de pardonner les péchés. Ce pouvoir spirituel est transmis juridiquement lors de l'ordination sacerdotale conférée au prêtre par l'évêque. Cet évêque a reçu le pouvoir spirituel par le biais d'une chaîne apostolique qui a traversé les siècles et a colporté ce pouvoir comme une flamme qui ne s'éteindrait jamais, confié à l'origine par le Christ aux apôtres selon la tradition. Dans cette même foi catholique, celui qui n'a pas confessé ses péchés les plus graves et reçu le pardon du Christ par l'intermédiaire d'un prêtre ne peut pas, théoriquement, recevoir la communion eucharistique lors de la messe avec les autres fidèles. Pourquoi ? Parce que l'Église catholique professe la « présence réelle » du Christ dans l'eucharistie, l'hostie consacrée par le prêtre sur l'autel. Elle ne peut être reçue du fidèle s'il est en état de « péché mortel », assure l'Église. « L'adultère » figure parmi ces péchés graves. Or, selon la théologie catholique, la personne divorcée, vivant maritalement — et non « comme frère et sœur » — avec quelqu'un d'autre est considérée comme « adultère » car vivant une relation sexuelle hors mariage... C'était la loi, dure, et c'est d'ailleurs toujours la loi dans l'Église catholique qui considère le sacrement du mariage comme divin. Elle considère que le couple uni devant Dieu ne peut être, selon l'Évangile, désuni par l'homme. C'est ce point nodal que François a voulu aborder.

D'autant que les procédures improprement appelées d'« annulation de mariage », prévues par le droit canonique dans l'Église, « n'annulent » en aucun cas le mariage mais garantissent qu'il n'aurait jamais eu lieu en fait ! Les juges du tribunal ecclésiastique scrutent alors l'histoire du couple, ses intentions au moment du mariage, sa maturité, ainsi que d'autres éléments de sa vie pour parvenir à déclarer, sur le fond, la « nullité » du « lien » du mariage bien qu'il fût contracté publiquement, en bonne et due forme. Ces juges se disent mieux placés que les mariés divorcés pour assurer que ce mariage n'a pas vraiment été contracté avec toutes les conditions requises. Ce qui permet à ces divorcés de se remarier à l'Église éventuellement. Certaines de ces conditions sont objectives, comme la ferme volonté de ne pas avoir d'enfant, qui est un cas de nullité du lien du mariage. D'autres sont plus subjectives, comme l'immaturité de l'un ou des deux fiancés au moment de leur engagement « définitif » devant l'Église.

En réalité, l'Église s'interdit d'annuler un mariage car elle considère ce sacrement comme « indissoluble ». Elle ne peut pas se renier. D'où ce subterfuge juridique qui permet de déclarer la « nullité du lien » sur le fond malgré sa parfaite apparence formelle. Un autre mariage peut avoir lieu.

Beaucoup de couples divorcés ne peuvent l'accepter qui pourraient bénéficier de cette possibilité car ils ne peuvent se résoudre à considérer leurs années de vie commune et l'arrivée d'enfants comme quelque chose de « nul et non avenu ». De plus, cette astuce juridique n'aboutit pas toujours. En pratique, la procédure, lourde psychologiquement et spirituellement, longue et coûteuse, conduit beaucoup de couples à quitter définitivement l'Église pour rejoindre le protestantisme ou les Églises évangéliques, notamment en Amérique latine ou en Afrique — des confessions chrétiennes où le mariage n'est pas un sacrement. D'autres, désabusés par de tels méandres, abandonnent la pratique religieuse. D'autres encore communient ailleurs que dans leur paroisse. Certains, souvent héroïques, continuent de pratiquer, sans jamais communier.

Une triple peine

Il n'échappe à personne que ce système de reconnaissance de la nullité du lien du mariage, s'il a pu libérer certaines personnes et leur permettre de refonder une nouvelle union, a enfermé d'autres chrétiens dans une injustice qui signe une magistrale hypocrisie de l'Église catholique. Chose que le pape François ne supporte pas et que l'on pourrait appeler la « triple peine », mots qu'il n'a jamais employés. Cette triple peine n'a jamais été envisagée par les textes juridiques du droit canonique. Ce droit de l'Église protège l'institution et les sacrements mais très peu les fidèles qui ne sont pas envisagés comme sujets de droit.

Cette triple peine pourrait se résumer ainsi : une femme divorce de son mari pour une raison grave. S'il est toujours extrêmement délicat d'évaluer la responsabilité de l'un ou de l'autre dans une séparation de couple, il arrive que l'un subisse totalement la rupture décidée par l'autre. Or cette « victime » du divorce, qui pourrait se remarier, n'est pas protégée juridiquement par l'Église. Elle est « divorcée-remariée », un point c'est tout. Cette situation conduit un certain nombre de femmes et d'hommes, croyants et pratiquants catholiques, à subir non seulement un divorce, première peine, à souffrir ensuite l'exclusion de la communion ecclésiale puisque l'accès à l'eucharistie est refusé, deuxième peine, puis, troisième peine, peut-être la plus douloureuse, celle de ne plus pouvoir demander et recevoir le pardon de Dieu dans le cadre d'une confession, puisque le prêtre n'a pas le droit d'administrer ce sacrement à un divorcé-remarié... C'est le comble : le sacrement prévu pour aider les « pécheurs » à reconnaître leur faute, s'amender, pour revenir à Dieu, est fermé aux divorcés-remariés. Et presque davantage à ceux qui ont subi leur divorce et qui veulent rester dans l'Église... L'institution catholique s'est longtemps lavé les mains face aux souffrances pourtant exprimées, connues, confirmées, et le plus souvent vécues par des femmes... Certains prêtres ou évêques ont toutefois pris sur eux pour aider ces divorcées mais ce fut comme en cachette, en privé, car ils n'en avaient pas l'autorisation.

En réalité le droit canonique de l'Église ne va pas jusqu'au bout dans le cas d'une séparation du couple. Certes, l'Église envisage le cas d'une séparation, notamment pour cause d'adultère d'un des conjoints, elle prévoit même que cette séparation soit enregistrée — au titre d'un « droit de séparation » — sur les registres de mariages si les époux en font la demande, mais elle considère que le lien du mariage est maintenu car elle s'interdit d'y toucher en s'appuyant sur la recommandation du Christ. Ce droit ecclésial reconnaît également le statut d'« innocence » du conjoint qui a subi l'adultère et qui demande, le cas échéant, la séparation, au canon 1152. Mais, là aussi, l'Église ne va pas plus loin, se limitant à décrire les conditions pour une reprise de la vie commune entre deux personnes séparées qui est, en réalité, le but recherché par l'esprit du texte. L'Église encadre donc la « séparation » possible d'un couple mais interdit le « divorce ». Dans les deux cas, elle récuse toute reprise de vie conjugale avec un autre partenaire ou conjoint.

Trois montagnes à déplacer

Le sujet du divorce est difficile, délicat. Actuel, il demandait une réponse. Celle-ci fut apportée avec tact mais de manière décisive par le pape François. En pasteur de terrain des milieux pauvres et en confesseur, il portait depuis longtemps ce sujet. Il connaissait de l'intérieur les cas les plus complexes, des situations matrimoniales impossibles, et cherchait une solution qui permette à l'Église à la fois de maintenir l'indissolubilité du mariage catholique et d'envisager la possibilité de donner une seconde chance à des personnes qui auraient subi une séparation, reconstruit une vie et désiré être rétablies dans la communion de l'Église. C'était un peu une mission impossible. Mais François, il faut le souligner, et cela restera une grande œuvre de son pontificat, réussit à ouvrir une porte, ce qui devait apporter autant de soulagement que cela suscita de doutes et de combats en interne. Il faudra se souvenir également de la méthode qu'employa François pour cette réforme. Elle demeurera un cas d'école qui pourrait être enseigné à des scholastiques jésuites, ces jeunes en formation dans la Compagnie de Jésus !

Faire avancer concrètement l'Église catholique et non plus discourir indéfiniment sur les divorcés supposait pour le pape de déplacer trois montagnes au moins. La première était l'importance symbolique du sujet : le divorce, à l'époque des rois ou des empereurs catholiques, avait toujours été la bête noire capable de provoquer des ruptures historiques, tant il était refusé par Rome même aux plus grands. La controverse sur la validité du premier mariage d'Henri VIII, roi d'Angleterre et d'Irlande, qui aboutit à la rupture avec Rome et à la création de l'Église d'Angleterre, l'Église anglicane, en 1534, est l'exemple le plus fameux, mais il y en eut des milliers d'autres car l'Église se montrait inflexible sur le sujet. Toucher à l'indissolubilité du mariage catholique, c'était mettre l'autorité de l'Église en péril quant à ses sacrements et à leurs significations ; c'était également troubler l'influence du mariage, indissoluble, pour la stabilité des sociétés. Le mariage, sacrement de l'Église, avait quelque chose d'intouchable, il était l'un des points forts de la culture catholique. Envers et contre tout, l'Église catholique se démarquait sur ce point des Églises chrétiennes protestantes mais aussi orthodoxes. Affronter la question du divorce, c'était s'attaquer à une donnée spirituelle et culturelle, profondément ancrée dans les esprits catholiques, première montagne.

✧

Deuxième montagne, le poids de la théologie et des théologiens sur un tel sujet. On imagine mal, là encore, de l'extérieur, le poids de ces penseurs dans l'Église. Leur mission est simple mais son exercice est complexe : ce sont des interprètes, pas des traducteurs : des interprètes. Les textes bibliques sont leur matière première dont ils sont chargés de décrypter le sens profond pour en décliner les enseignements. Et cela fait plus de deux millénaires que les théologiens catholiques s'affrontent sur la question. Ils sont rarement d'accord en effet mais ils tendent au consensus. Plus le temps avance, plus les données à intégrer sont multiples. Il y a les textes bibliques, leurs traductions, l'histoire de leur composition (exégèse), l'histoire de leur sens (sémantique), avec des frontières désormais poreuses, avec les interprétations protestantes mais encore avec les travaux scientifiques sur ces textes, qui sont parfois chahutés par les découvertes plus récentes de... l'archéologie en Terre sainte. Il y a également la production des Pères de l'Église, ces théologiens et pasteurs du premier millénaire. Ils n'ont cessé de travailler la Bible pour tenter de définir l'interprétation « catholique », souvent contre des « hérésies » qui ont parfois pris beaucoup d'ampleur. À cette forêt d'interprétations de la Bible s'ajoutent les conciles de l'Église qui réunissent précisément les évêques, et leurs conseillers théologiens, pour débattre et voter sur ces questions de doctrines. Il y a enfin les papes et leurs enseignements.

Trouver la voie juste dans cet immense patrimoine spirituel et intellectuel est un défi d'autant plus complexe que l'actualité du monde se charge de remettre en cause beaucoup des enseignements de l'Église, suscitant en interne des débats continus entre progressistes et conservateurs. L'indissolubilité du mariage est considérée comme un principe absolu par la majorité des théologiens catholiques qui s'appuient sur les textes des Évangiles.

✧

La troisième montagne est celle du droit canonique, le droit interne et spécifique de l'Église catholique. Il n'est pas à proprement parler un enseignement de foi mais il régit cette institution, à commencer par la relation des « baptisés » avec l'Église. Le droit canonique assoit l'autorité du pape et des évêques qui sont nommés par lui et qui constituent, *de facto,* les instances de décision pour l'accès des fidèles aux sacrements, dont ils sont formellement les « juges » même si ce sont les prêtres qui les administrent. Rappelons ces sept sacrements : baptême, confession, communion, confirmation, mariage, ordination, sacrement des malades. Le sacrement du mariage — et sa conséquence d'indissolubilité — est sans doute le plus encadré de tous par le droit de l'Église. Des tribunaux sont prévus pour juger des divorces ; un tribunal romain, la célèbre « Rote », peut aussi être un recours, mais tout est conçu pour que rien ne bouge sauf la gestion des cas particuliers.

S'attaquer à la question du mariage promettait un parcours du combattant. Le pape François s'y est attelé très méthodiquement, en adoptant pour chacune de ces trois montagnes impossibles à déplacer trois stratégies distinctes dont on comprendra à la fin qu'elles étaient en fait liées pour réussir à modifier les choses sans totalement les bousculer. Soit une méthode jésuite visant l'efficacité du résultat mais typiquement « bergolienne », car ce pape à forte personnalité, qu'il soit adulé ou détesté, est doué d'un sens politique hors pair, secondé par une volonté de décision et d'exécution peu commune dans la papauté. La question des divorcés-remariés était une priorité pour lui depuis longtemps, ce fut son premier grand chantier. Conscient de la puissance des blocages qui s'opposeraient à lui, il contourna ces trois montagnes, culturelle, théologique, juridique, une à une, pour finalement les déplacer, sans pour autant les renverser. Du très grand art.

Trois champs de bataille

Premier champ de bataille, le poids de la culture et des mentalités sur des sujets aussi sensibles et centraux pour l'Église et la société que sont le mariage et le divorce. Il fallait prendre du temps et préparer les esprits, chez les catholiques mais aussi dans l'opinion générale, en montrant que l'Église cherchait à évoluer mais qu'elle butait sur les « conservateurs ». Le temps, François se le donna en convoquant un synode romain sur deux années, 2014 et 2015, et non sur une seule session comme cela avait toujours été le cas. Cela permettait de lancer le débat sur l'admission des divorcés-remariés dans toute l'Église sur trente mois et non sur les trois semaines que dure un synode romain qui réunit environ trois cents évêques et experts dans une même salle. Le débat recherché, dans l'Église et au-delà, par François s'est bien produit. Préparer les esprits était aussi une façon de garantir une meilleure réception du texte. Un des grands thèmes jésuites est en effet la question de la « réception » des documents d'Église, qui leur paraît au moins aussi importante que les textes eux-mêmes. Autrement dit, si un enseignement n'est pas « reçu » par l'opinion, il peut exister sur le papier mais il ne sert à rien. Il est donc très important de « préparer » l'opinion à la réception d'une réforme.

Deuxième champ de bataille, la théologie et la tradition

de l'enseignement bimillénaire de l'Église sur l'indissolubilité du mariage. Là, le pape s'est appuyé sur l'autorité « politique » du synode. Cette assemblée n'a pas le poids d'un concile où tous les évêques du monde sont réunis, mais elle est tout de même une consultation représentative d'évêques qui, dans leur statut, ont la charge d'enseigner et de discerner. François a donc choisi de ne pas écouter les docteurs en théologie mais de donner la parole aux pasteurs de terrain confrontés aux réalités des familles éclatées. Il avait d'ailleurs soigneusement choisi la liste des deux cents évêques présents au synode, et ceux de la seconde session décisive avec plus d'attention encore. François passa de même discrètement en force en sélectionnant très attentivement, pour cette seconde session du synode, les membres de la commission du message final. Serviteurs zélés, ils commencèrent même leur travail de synthèse bien avant la conclusion des débats ! Ce qui produisit un petit scandale qui n'étonna personne à Rome, vu les méthodes dirigistes du pape François. Dans le même fil, il choisit de ne pas répondre publiquement aux critiques des cardinaux et des évêques qui s'opposaient à cette réforme pour des raisons théologiques. Par son silence et son indifférence, le pape noya cette opposition. La clé de sa stratégie théologique fut de ne pas affronter un dossier théologique effectivement insoluble, mais de chercher une voie pastorale, c'est-à-dire pratique mais pas théorique. Il ne s'agissait pas pour lui de refaire la doctrine de l'Église mais de réfléchir à la façon de l'adapter pour les situations particulières.

Troisième lieu de tension, le droit de l'Église, appelé droit canonique. Là encore, le pape François aura fait le choix de ne pas changer les fondamentaux de ce code mais il aura travaillé à l'esprit de son application, sur deux points : le premier fut une modification de la procédure des procès canoniques conduisant à la reconnaissance de la nullité du lien du mariage. Entre les deux sessions du synode et contre toute attente, le pape François édicta deux décrets allégeant cette procédure, signés le 15 août 2015. Les procès canoniques d'annulation du lien du mariage n'étaient plus soumis à la nécessité de réunir deux sentences de jugement similaires pour être acceptés mais une seule. Soit un juge unique et non plus deux, ce qui accélérait les procédures et renforçait la responsabilité de discernement de l'évêque local référant du juge canonique. Le pape institua également la gratuité absolue de la procédure pour permettre à des familles modestes d'y accéder. Il augmenta aussi le nombre de motifs admis pour prononcer une nullité du lien du mariage en vue de faciliter les jugements. Le synode sur la famille était alors à mi-parcours. Beaucoup estimèrent qu'il était conclu puisque le chef de l'Église catholique avait décidé de simplifier les procédures de jugements canoniques en la matière.

Mais François n'avait pas encore dévoilé un autre volet permettant de contourner l'obstacle. Il fallut attendre le 8 avril 2016 pour que l'exhortation apostolique post-synodale soit publiée. C'est le nom officiel de tous les documents conclusifs des synodes, textes de référence, signés par le pape, qui établissent une synthèse des travaux du synode sans pour autant reprendre toutes les propositions émises par l'assemblée. Ce document s'intitulait *Amoris lætitia*, la « joie de l'amour ». Il rappelait la stricte doctrine catholique sur le mariage, sa préparation, son accomplissement, et abordait les situations d'échec en ouvrant effectivement, au détour d'une page, une nouvelle porte pour les divorcés-remariés.

Une simple « note » de bas de page

Cette voie nouvelle donnait la possibilité à certains divorcés-remariés d'accéder aux sacrements de l'Église, confession et communion, à de strictes conditions. Le pape n'annonça pas cette libéralité de façon tonitruante même si elle marquera l'histoire de l'Église. Il choisit de la traiter dans une simple note de bas de page, trois lignes seulement. Il n'affrontait pas le lourd droit canonique, installé, inamovible, mais il le contournait dans son application. Cette petite note était toutefois riche de conséquences. Elle apportait un vent de liberté tout en suscitant beaucoup de perplexité, car certains y voyaient un affaiblissement *de facto*, non pas *de jure*, de l'indissolubilité du mariage. Laquelle était certes réaffirmée dans son principe, comme une finalité, mais en pratique l'Église permettait désormais qu'en certains cas de divorce, l'excommunication, qui était alors de règle, ne soit plus appliquée de façon définitive et rendait possible pour un couple de pratiquants catholiques recomposé d'accéder aux sacrements, en respectant plusieurs critères.

Quelle était donc cette petite note ? Un passage, le paragraphe 305 — tous sont numérotés, il y en a 325 en tout dans l'exhortation apostolique *Amoris lætitia* —, expliquait que certains « conditionnements » ou « facteurs atténuants », y compris avec une « situation objective de péché qui n'est pas subjectivement imputable ou qui ne l'est pas pleinement » comme les situations de divorcés-remariés, n'empêchaient plus de revenir dans la communion de l'Église afin de « vivre dans la grâce de Dieu », « aimer » et « également grandir dans la vie de la grâce et dans la charité, en recevant à cet effet l'aide de l'Église ». Quelle est cette aide de l'Église ? Le texte se réfère ici à une note, la fameuse note 351 qui change tout. Elle ouvre effectivement à ces divorcés-remariés l'accès au sacrement de confession qui accorde, au nom du Christ, le pardon des péchés et l'accès par conséquent à la communion eucharistique lors de la messe. À condition notamment que lesdits divorcés aient retrouvé une vie stable et qu'ils élèvent dignement leurs enfants dont ceux du précédent mariage. Voici le texte de la note 351 rédigé de la main du pape : « Dans certains cas, il peut s'agir aussi de l'aide des sacrements. Voilà pourquoi, aux prêtres je rappelle que le confessionnal ne doit pas être une salle de torture mais un lieu de la miséricorde du Seigneur. Je souligne également que l'Eucharistie n'est pas un prix destiné aux parfaits, mais un généreux remède et un aliment pour les faibles. » Dans un langage pastoral, le pape ne disait plus non aux divorcés-remariés.

À vrai dire, l'Église avait toujours recommandé de bien les accueillir mais sans jamais aller jusque-là. Des divorcés-remariés qui le désiraient vraiment et qui avaient retrouvé une vie stabilisée et juste pour tous leurs enfants pouvaient recevoir l'eucharistie pour certaines fêtes mais dans la discrétion, avec l'accord du prêtre. François, tout en se limitant à une note de bas de page d'un document très officiel, ouvrait toutefois un nouveau champ de liberté, qui fut à la fois applaudi et très critiqué. Mais des prêtres très classiques ont salué cette mesure parce qu'elle était soumise à des conditions précises de discernement. D'autres et pas des moindres se sont effectivement inquiétés pour l'avenir de l'indissolubilité du mariage.

✧

Pour illustrer et conclure cette seconde partie de l'ouvrage consacrée aux réformes de François, la — petite — histoire retiendra que le paragraphe 305 du texte final de l'exhortation apostolique *Amoris lætitia*, cherchant à lancer cette réforme pour les divorcés-remariés, fut le plus mal voté de tous les paragraphes. Le règlement de l'époque du synode imposait que les évêques présents — et non les experts, prêtres ou laïcs, et encore moins les religieuses — votent une série de « propositions » ensuite transmises au pape, libre à lui de les reprendre ou non, pour bâtir le document final de l'exhortation apostolique conclusive. La proposition 85, qui inspirera le paragraphe 305 et son fameux renvoi de note 351, est passée d'une seule voix — une majorité des deux tiers est requise pour qu'une proposition soit adoptée par le synode : 178 « oui », 80 « non ». C'est dire que l'Église est prudente en termes de réforme. Il se trouve que c'est un religieux français, laïc consacré, non prêtre, Hervé Janson, membre des Petits Frères de Jésus, inspirés par Charles de Foucauld, qui vota au nom du groupe qu'il représentait, à savoir les ordres religieux masculins. Il n'avait pas strictement le droit de vote mais sa voix, parmi les 178 autres, fit adopter cette mesure. Elle aurait pu ne pas être retenue par ce synode sur la famille, pourtant conçu, pensé, exécuté, dans ce but.

Cette évolution sur les divorcés-remariés est l'exemple le plus symbolique de la volonté du pape de « libérer » les catholiques, sur le fond mais également par la méthode qu'il a employée. Derrière la question apparemment théologique et juridique des divorcés, François abordait le sujet de la sexualité et de l'amour, débat central dans les sociétés modernes. Le pape jésuite a estimé qu'une évolution en ce domaine était un ferment d'avenir pour la crédibilité de l'Église tellement mise à mal par les abus sexuels commis par une minorité de prêtres, même si un seul prêtre pédocriminel est toujours un prêtre de trop. Ce chapitre consacré à la liberté, après l'égalité et la fraternité, aurait pu traiter de la main tendue par François aux personnes homosexuelles ou, dans un tout autre registre, de la restriction drastique de liberté qu'il a imposée aux traditionalistes en matière de liturgie. Mais ces deux thématiques n'ont rien à voir et ne sont pas encore abouties. La question de la liturgie sera abordée dans les enjeux de la succession.

La question de l'homosexualité demeurera comme l'une des révolutions non formalisées du pontificat. Une seule phrase prononcée par François le 28 juillet 2013, lors d'une conférence de presse du vol de retour des Journées mondiales de la jeunesse de Rio, aura eu valeur d'encyclique : « Si une personne est gay et cherche le Seigneur, fait preuve de bonne volonté, qui suis-je pour la juger ? » Autrement dit, le pape François, s'appuyant sur le catéchisme de l'Église catholique qu'il citait dans sa réponse, ouvrait une approche nouvelle, plus libérale et tolérante, à propos des personnes homosexuelles. Il confirmera d'ailleurs cette attitude de multiples façons. Pour la petite histoire, la journaliste brésilienne Ilze Scamparini avait posé la question à propos de Mgr Battista Ricca, un prélat italien, proche du nouveau pape. François lui avait confié à la mi-juin 2013 la responsabilité de superviser la banque du Vatican et de lui rendre compte ensuite. L'hebdomadaire *L'Espresso* avait publié le 19 juillet, sur la base d'une source autorisée, un scandale mettant en évidence les liens entre Mgr Ricca et un ancien officier de l'armée suisse alors qu'ils vivaient à la nonciature de Montevideo en Uruguay de 1999 à 2001, et des faits relatant des relations de Mgr Ricca avec des prostitués masculins. En attendant, la phrase « qui suis-je pour juger ? » devenait la référence du pontificat sur l'homosexualité, en rupture avec l'esprit des enseignements de Jean-Paul II et de Benoît XVI sur le sujet.

8

LES SEPT TRAVAUX DU PAPE FRANÇOIS

Quel serait le bilan du pape François au-delà des trois axes de réformes touchant l'égalité, la fraternité, la liberté ? Bien habile celui qui disposerait d'une vision globale et juste d'un pontificat. Le simple et le complexe s'y côtoient. François assume de nombreuses contradictions. Pour ajouter à la difficulté, le visible et l'invisible s'y reflètent comme dans un jeu de miroirs. La durée, enfin, corse l'analyse avec les échelles de temps court et de temps long où les pontificats finissent par se soutenir les uns les autres. Sans oublier la lenteur caractéristique de l'Église dont le rythme fait souvent penser aux cycles de croissance et de décroissance d'une forêt. Il serait donc prétentieux de démêler en quelques pages le bon grain de l'ivraie. Il est toutefois possible de visiter, d'approcher, pour tenter de discerner ce qui portera des fruits et ce qui est voué à se dessécher ou à végéter. Dans cette forêt luxuriante, j'ai sélectionné sept allées claires, que le pape François a définitivement ouvertes. On peut les appeler ses sept travaux. Il faudra du temps pour savoir si les ronces et autres fougères viendront noyer ces chemins ou s'ils demeureront ouverts. Ces sept voies constituent, en tout cas, une approche du bilan plus personnelle de ce pontificat, elles complètent les réformes techniques, éthiques et politiques, traitées précédemment.

La fonction papale désacralisée

François a « renversé la table », si je puis dire, en politique ou dans les affaires. C'est le premier point de ce bilan. Ce fut son premier travail, il restera. Cette forte personnalité, j'ai eu l'occasion de le dire, ne s'est pas diluée dans les habitudes vaticanes prescrites au pape dès son élection ; au contraire il a imposé son style aux modalités romaines. Il les avait d'ailleurs toujours fuies et détestées quand il était cardinal. Esprit libre et indépendant au fort caractère, il n'était pas toujours dans la ligne. Il était même rejeté par certains prélats.

Cette rupture de style commença, nous l'avons vu, moins d'une heure après que Jorge Bergoglio eut passé la soutane papale blanche de taille moyenne — trois étant prévues, une grande, une petite et une intermédiaire. Il n'inaugurait pourtant pas un pontificat moyen. Il formula cette demande inédite à la foule : qu'elle prie Dieu pour lui, avant que lui ne prie Dieu de la bénir. Le « peuple de Dieu », selon sa chère expression, prenait la première place. C'était le 13 mars 2013. La révolution François était lancée.

Si ce n'est pas « renverser la table » au sens trivial du terme, c'est renverser les perspectives. Le pape se soumettait à la foule des fidèles. C'était à l'opposé de la posture papale habituelle marquée par l'inévitable surplomb de cette fonction religieuse mondiale. Il y eut par la suite de multiples gestes similaires. Pour rappel, l'abandon de l'appartement pontifical, peu luxueux mais trop isolé à son goût, le troc des grosses limousines Mercedes pour les petites Fiat, l'adoption du tutoiement avec ses formules-chocs, les coups de fil impromptus à des particuliers en difficulté, des destinations de voyages avec le souci de visiter des populations en souffrance, le lavement des pieds de prisonniers chaque Jeudi saint. C'était une priorité non feinte pour lui, une habitude de pasteur. François avait choisi son nom de pape en référence à saint François d'Assise. Dans le style François, il restera quelque chose du *poverello* d'Assise, un chef d'Église simplifié, accessible, parlant le langage de la rue. Un pape proche.

Personne dans l'Église n'aura osé critiquer cette voie pontificale, plus inspirée des sentiers bordés d'arbres et d'oiseaux d'Assise que des marbres rutilants du Saint-Siège. Les langues acerbes du Vatican, il y en a beaucoup, mais jamais à découvert, n'en pensaient pas moins. Elles étaient paralysées parce que cette façon de faire était évangélique. Certains, toutefois, ont très vite perçu dans ce renoncement à la pompe vaticane une forme de désacralisation de la fonction papale. Le premier n'était plus un roi, il se voulait le serviteur. C'est un point de discussion de son bilan : le pape François a-t-il affaibli la papauté en « l'appauvrissant » ou l'a-t-il, paradoxalement, renforcée et enrichie en la dépouillant ? La question n'est pas superficielle. Elle se pose à toutes les institutions, qu'elles soient politiques, associatives, ou entrepreneuriales. Derrière la fonction que François a toujours voulu dominer alors que son prédécesseur immédiat, Benoît XVI, s'était totalement soumis aux exigences de l'étiquette, surgit la problématique de l'institution. Le charisme du leader peut renouveler sa communauté, dynamiser l'institution mais un chef, si brillant soit-il, ne peut rien sans la structure. Or l'institution, prudente par nature, souvent usée, demeure précisément parce qu'elle est une institution alors que le charisme d'un homme s'érode, se brise parfois et finit par s'éteindre. Sauf, évidemment, dans sa portée spirituelle, y compris au prix d'un anéantissement comme l'a prouvé l'histoire du Christ. Ce dernier point — l'impact spirituel, paradoxal typique du christianisme, la victoire de l'échec — est toutefois impossible à mesurer dans une approche humaine.

Or la portée d'une institution n'est pas un point de détail, elle n'est pas accessoire. C'est l'institution, en tant que telle, animée par le charisme d'un patron, qui permet de traverser crises et tempêtes. Que pourrait en effet le meilleur des capitaines à la barre d'une coque de noix sur une mer déchaînée ? L'Église est un lourd paquebot, hors d'âge, avec des chaudières à bout de souffle, dépassées, qui prend l'eau de toutes parts, certaines zones de son architecture ayant été pensées à l'époque de l'arche de Noé ! Mais ce bâtiment porte encore beau. Il est large. Il embarque généreusement tous ceux qui le veulent bien. Il ne compte jamais ses passagers. Il fonctionne à la générosité. Il tente juste de tenir un cap axé sur le Christ.

Avec les papes Benoît XVI et François, cette institution bimillénaire a traversé deux crises paroxystiques à la recherche d'un équilibre introuvable, allant d'une inflation institutionnelle sous Benoît XVI à une déflation institutionnelle sous François. La voie juste est-elle entre les deux ? François a tellement combattu l'institution sous son aspect clérical qu'il a découragé beaucoup de bonnes volontés, notamment chez les jeunes prêtres qui ont besoin d'une maison et d'un cadre solide pour se lancer et donner leur vie au Christ. De ce point de vue, Benoît XVI, plus frêle, plus doux, plus tranchant intellectuellement, avait préservé et renforcé l'institution dans une période de mise en cause de celle-ci, avec toutefois quelques rigidités inutiles et mortifères au sein de son entourage notamment.

Que fera le successeur de François ? Cette question de l'équilibre entre le charisme et l'institution, notamment après la réforme de la curie romaine, qui vise à décentraliser l'Église catholique, sera l'un des grands dossiers du pontificat. Il en va de l'avenir de l'Église catholique et de sa stature internationale. Le modèle des Églises protestantes, où le charisme du chef domine, et celui des Églises orthodoxes, où l'institution prévaut, démontrent les deux limites qui menacent l'Église catholique. Sa force, elle l'oublie gravement, repose sur son unité et sur son tissu mondial et centralisé. Si elle opte pour le « tout charisme », elle se diluera et s'atomisera comme les Églises protestantes. Si elle opte pour le « tout institution », elle se divisera inexorablement comme les Églises orthodoxes dont la carrure institutionnelle ne tient, en réalité, que par la spiritualité et par osmose avec les gouvernements nationaux où elles sont implantées et qui les soutiennent avec les compromissions que l'on connaît — ce qui rend l'unité internationale de la communion orthodoxe impraticable, impossible, et qui nourrit l'atomisation. La double voie du charisme et de la déconstruction de l'institution choisie par François annonce ce risque : un éclatement du catholicisme miné par un regain sans frein de ses particularismes continentaux et régionaux.

Il est interdit d'interdire

Après l'invention du « style François », le deuxième « chantier » ouvert par le pape a été non plus une nouvelle attitude mais une révolution mentale au sein de l'Église catholique. Elle vise à ne plus mettre en avant, dans l'enseignement de l'Église, le dogme mais sa faisabilité. Le pape ne définit pas ce qu'il faut croire, il cherche d'abord, en bon jésuite, la voie d'accès la plus adaptée pour parvenir à ce dogme. Que le chemin soit tortueux, oblique, d'une traite, importe peu, seule compte la trajectoire de foi, elle doit épouser au mieux la personnalité de chacun, il n'y a plus de modèle unique. François a particulièrement poussé cette option pastorale qui entend partir de chacun là où il est, en matière morale, mais pas seulement, en matière de foi aussi. Non pour changer le dogme, il reste une référence. La doctrine de l'Église ne doit plus être en revanche un obstacle pour quiconque. Autrement dit, des catholiques lambda, très croyants, peu croyants, pas croyants, se trouvent à la même enseigne, au même rang, au même niveau, et sont accueillis avec la même considération. Les non-catholiques aussi : ils sont d'ailleurs mieux accueillis par François qui se plaît à tancer les catholiques fidèles, jamais comme il faut, et qu'il a profondément découragés. Le pape a déroulé un tapis rouge à ceux qui ne mettaient jamais les pieds à l'église, ils ne s'y sont pas présentés pour autant, ou si peu. Plus rien n'empêcherait l'accès à cette Église hors les murs, inclusive de toutes les particularités et de toutes les conduites morales, pour que chacun, avec sa lourdeur, son rythme et sa propre grâce reçue, puisse accéder au mystère du Christ.

Le pape François a voulu créer une Église pour tous. Il n'a pas rogné le dogme, il n'avait pas le droit de le faire, surtout en tant que pape puisqu'il en est le gardien et le garant, mais il a inversé la perspective. Au lieu de s'appuyer sur des livres et des dogmes définis par des siècles de réflexions et de débats, il part des gens tels qu'ils sont. C'est une forme de populisme catholique. Certains estiment qu'il est inspiré par sa formation de jésuite et sa matrice politique avec les méthodes du péronisme, du nom du colonel Juan Domingo Perón (et de son épouse Eva) qui gouverna l'Argentine de 1946 à 1955, puis lors de sa deuxième présidence de 1973 à 1974. Beaucoup de spécialistes de l'Amérique latine affirment que le pape François a été fortement influencé par cette histoire politique. Le péronisme est donc toute sa jeunesse, socialiste, populiste, nationaliste, troisième voie entre le communisme et le libéralisme, avec deux caractéristiques qui se retrouvent curieusement dans son pontificat : le mépris des élites constituées ; un pouvoir qui s'adresse sans intermédiaire au peuple, en court-circuitant les élites, par un usage assumé des médias qu'il a courtisés.

Abolir le « poste-frontière », selon une expression de François à propos du dogme, qui demanderait un passeport de bon catholique pour entrer dans l'Église n'est pourtant pas une nouveauté dans l'Église. C'est une forme de « pastorale » historique et pratiquée depuis des siècles dans toute l'Église catholique, conservatrice ou progressiste, de droite ou de gauche, gallicane ou ultramontaine. Car le prêtre a toujours eu pour mission de se mettre à la portée des personnes, de leurs problèmes quotidiens, pour s'adapter à chaque situation afin d'aider chacun sur le plan matériel et spirituel.

Commencer donc par la voie « pastorale », un mot qui désigne cette approche concrète et personnalisée, est l'ADN même de l'Église, contrairement à ce que de zélés militants du pontificat de François ont voulu faire croire. Ils ont opposé l'approche « conservatrice », qui aurait méprisé le petit peuple, à une approche « progressiste » qui aurait enfin accueilli à bras ouverts et sans condition tous ceux qui se présentaient. Il faut n'avoir jamais vu un prêtre à l'œuvre, quel qu'il soit, pour livrer une telle analyse. Depuis des générations, les prêtres n'ont fait que cela. Leur « métier » était précisément de « faire de la pastorale », accueillir chacun comme il était, puis l'aider s'il le demandait, y compris les divorcés-remariés. Rares ont été les prêtres rigides, mal formés à vrai dire, doctrinaires et sans tact ou sans prudence humaine, qui n'auraient su trouver ni les mots ni les moyens pour aider ces couples, clercs que François dénonçait comme « pharisiens » à longueur d'interventions.

La nouveauté de François est qu'il a institué ce « style pastoral » au niveau même de la papauté. Comme pape, il s'est mis à parler comme un curé. Comme pape, il s'est adressé à chacun et à chacune en le ou la tutoyant, parce que les moyens de communication le lui permettaient, notamment les médias sociaux. D'une certaine manière, il est resté un religieux prêtre jésuite tout en étant le chef de l'Église catholique. C'est ce qui faisait son charme, cette manière d'être, direct, sincère, accessible. Ses prédécesseurs avaient été tout autant prêtre et évêque. Karol Wojtyła, le futur Jean-Paul II, avait été un pasteur de jeunes hors pair avec un rayonnement considérable dans un pays communiste où tout était contrôlé. Une fois élu sur le trône de saint Pierre, lui comme Benoît XVI ont alors parlé, comme pape et non plus comme prêtre, soucieux de transmettre un enseignement universel dont ils ne se sentaient pas propriétaires. Les prédécesseurs de François plaidaient en tant que papes pour l'universel, ils assumaient d'être les garants du dogme. François, comme pape, a plaidé au particulier, pour chacun, en partant des plus petits sans trop de souci pour le dogme, considéré comme un cadre idéal non un objectif à atteindre à tout prix.

Ce « contournement » du dogme au profit de la pastorale n'est pas une nouveauté dans l'Église : des prêtres, des évêques ont dû parfois s'y résoudre pour évangéliser. La nouveauté est que cette méthode ait été pratiquée au plus haut niveau, laissant penser à beaucoup que le dogme n'avait plus tellement d'importance. C'est le risque de dilution qu'a pris François dans le souci de « réconcilier » l'Église avec les gens qu'il considérait exclus, on l'a vu : les divorcés-remariés, les personnes homosexuelles, ou transgenres, auxquelles il est particulièrement attentif, les pauvres, les réfugiés, les migrants, toutes les personnes qui ne sont pas dans la norme. Qui critiquerait ce souci louable et éminemment chrétien ? Le problème est que l'espoir de rassembler en polissant les aspérités catholiques n'a pas été forcément au rendez-vous. Et que cette approche pastorale pertinente a eu pour effet de créer, au sein de l'Église catholique, une confusion profonde des esprits, les gens se demandant si ce en quoi ils avaient mis leur foi, et ce en quoi on leur avait demandé de croire, était toujours valable. Elle n'a pas non plus freiné la fuite des fidèles, notamment en Amérique latine, un terrain que François connaît parfaitement. Sous son pontificat, les rangs des églises catholiques ont continué à se vider de fidèles qui allaient se réfugier chez les Évangéliques, moins regardants sur la théologie et davantage portés sur la sensibilité et l'interprétation immédiate et personnelle de la lecture de la Bible.

Il n'a jamais été en revanche question pour le pape François de brader le dogme, le mot dogme étant utilisé ici au sens large et non au sens technique. On l'a vu sur plusieurs dossiers comme sur le célibat sacerdotal où la formation de sa propre génération de jésuites a posé de puissants freins sur des évolutions potentielles. Il y a quelque chose de très classique en ce pasteur, très attaché à la piété populaire, dévot de saint Joseph et de sainte Thérèse de l'Enfant-Jésus, radical dans sa façon de vivre l'Évangile et de conduire l'Église, mais également très sensible aux évolutions du monde et des mentalités, et cherchant toujours à s'y adapter. Son « style pastoral » aura marqué définitivement la manière d'exercer la papauté et la façon d'enseigner au plus haut niveau. Sans doute son successeur établira-t-il un autre équilibre entre dogme et pastoral. C'est un trait spécifique de l'Église catholique comparée aux Églises protestantes où la doctrine importe relativement peu dès lors que le croyant se sent, en conscience, en accord avec l'Évangile.

Mais l'approche lancée par François risque de conduire, sans coup férir, à une atomisation de l'Église au détriment de son unité, comme l'aura montré, par exemple, le déroulement d'un synode très réformateur en Allemagne, que François aura encouragé au début mais qui finira par échapper au contrôle romain.

L'éthique avant la morale

Conséquence directe de ce second point du bilan, le pape François a mené une troisième révolution, morale cette fois, sur les questions touchant la sexualité et la famille mais pas seulement. Cette option fut motivée par un contentieux avec le pontificat de Jean-Paul II. En jésuite, Mgr Bergoglio estimait que le pape polonais avait trop parlé des questions de morale familiale, au point de décourager les gens. Ce qui était en partie vrai mais qui reste à prouver, car beaucoup de familles chrétiennes ont trouvé un appui durable sur les enseignements de Jean-Paul II. Par ailleurs, la portée du pontificat polonais, géopolitique et mystique, a largement dépassé les seules questions éthiques, et il serait intellectuellement malhonnête de réduire ce pape à la seule morale catholique. Enfin l'option pastorale nouvelle, portée par François, n'a pas encore prouvé sa justesse : le climat a un peu changé dans les églises, mais elles ne se sont pas remplies en Occident. Les clercs et les évêques se sont quelque peu décrispés sur les questions de morale sexuelle mais une forme de « relativisme », contre lequel le cardinal Ratzinger, devenu Benoît XVI, avait pourtant lutté de toutes ses forces, s'est installée durablement dans l'Église catholique. D'autant que, on l'a dit, François a nommé en juillet 2023 au poste qu'occupa Ratzinger, préfet du dicastère pour la doctrine de la foi, l'antithèse théologique du cardinal allemand, l'Argentin Victor Manuel Fernández.

Cette « révolution morale » de François a certes dépassé les sujets d'ordre sexuel. Elle a englobé le grand combat de François en faveur de l'immigration et contre la pauvreté. En ce sens, la troisième révolution de François est une « révolution éthique ». On pourrait l'exprimer par ce paradoxe : d'un côté, le pape jésuite a décomplexé les catholiques sur les questions sexuelles et de couple, tout en les chargeant, de l'autre, en les culpabilisant en permanence sur les questions d'immigration, d'injustice sociale et d'écologie. Jamais, à vrai dire, on n'a eu un pape aussi moralisateur que François. Il ne se passait pas une semaine sans l'entendre ou le voir réprimander les braves catholiques, les bonnes sœurs, les curés, les évêques, qui n'étaient jamais assez bien à ses yeux, pharisiens, cléricaux, hypocrites, tristes... Beaucoup se sont lassés de ces leçons de morale blessantes qu'ils trouvaient caricaturales et injustes. Ils ont pris deux partis : l'indifférence et la distance.

✧

Cette éthique plus chrétienne que catholique, semblable aux requêtes des Églises protestantes, survivra-t-elle à ce pontificat ? La question est plutôt de savoir si ces questions morales et politiques figurent dans le « premier cercle » de la foi d'un catholique. Il serait possible en effet d'intenter le procès, instruit par la famille ecclésiale de François contre le moralisme de Jean-Paul II, contre François et son cercle, en leur reprochant en retour d'avoir trop parlé d'écologie, d'immigration et de justice sociale, au détriment de la foi profonde. Non pas que la foi chrétienne, par nature « incarnée », ne doive se déployer dans la vie sociale et politique, mais peut-elle se nourrir d'un discours frôlant parfois celui d'un syndicat, d'une association ou d'un parti politique ? Cette orientation du pape François fut d'ailleurs fort bien reçue dans les partis de gauche et démocrates-sociaux du monde entier, lesquels ont aussitôt apprécié et salué cet « engagement » du pape qui en a lui-même beaucoup joué, on l'a vu, avec les présidences françaises successives de François Hollande et d'Emmanuel Macron, subjugués par ce pape et qui ont retrouvé le chemin du Vatican qu'un François Mitterrand par exemple avait superbement et sciemment ignoré. Mais est-ce que le « peuple de Dieu », comme aime l'appeler François, l'a suivi sur ce terrain autant qu'il l'aurait voulu ? Ce n'est pas sûr. Un indicateur, fiable mais très limité, soulignait par exemple qu'au premier tour des élections présidentielles françaises de 2022, les catholiques avaient voté à 1 % pour le candidat écologiste, un domaine, l'écologie, que François a particulièrement poussé. Même s'ils avaient été 2, 3, 4 %, ce signe politique, qui ne prouve rien, montre que le « cercle éthique » chez les catholiques n'est pas automatiquement lié au « cercle intime » de la foi profonde. Il peut l'être ou pas. La cohérence de la foi chrétienne encourage à aligner les choix éthiques sur les options spirituelles, mais le christianisme promeut la liberté intérieure et la responsabilité du vote en conscience. Les choix ultimes composent donc plus que jamais aujourd'hui avec les « sensibilités » personnelles, comme l'on dit, culturelles, politiques, sociales. Et les catholiques sont assez mûrs et bien formés pour se guider librement. Ce qui relativise l'impact des ambitions papales, si elles existaient, de formater les opinions.

L'autre lieu d'évaluation d'un tel héritage apparaîtra d'ailleurs très vite avec le successeur de François. L'histoire de l'Église démontre en effet que les continuités parfaites d'un pontificat à l'autre sont rares. Le pape élu a sa personnalité, son histoire, sa formation. Il n'est jamais le clone du précédent. D'autant que les électeurs cardinaux éviteront, par réaction, une personnalité comportant des défauts dont ils auront pu souffrir sous François. Les défauts de Benoît XVI, notamment son manque de fermeté dans le gouvernement de la curie romaine, ont ainsi contribué à l'élection d'un caractère trempé comme celui de François.

Enfin, le contexte du pontificat joue un rôle décisif dans les orientations éthiques de celui-ci. Ainsi, le réveil écologique de l'Église sous l'impulsion de François — il n'était pas militant de la question au moment de son élection — a été porté par la forte réaction planétaire à cet enjeu et par l'absence de réponse ferme de l'Église jusque-là. Benoît XVI avait ouvert la voie mais ses discours sur le sujet étaient passés inaperçus. De même, l'insistance de François sur l'accueil des personnes homosexuelles a été poussée, en coulisse, par les jésuites américains mais tout autant par la pression d'un contexte culturel mondial. Pendant trente-cinq ans, sous Jean-Paul II et Benoît XVI, l'Église avait frontalement combattu la « théorie du genre ». Elle avait encouragé l'accueil des personnes homosexuelles mais n'avait pas posé les gestes de François en cette direction. Ce pape en fait l'une de ses priorités personnelles, estimant que l'Église devait aller plus loin sur ce sujet sans pour autant statuer sur le plan doctrinal.

Gérer dans le moindre détail et jusqu'au bout

Une quatrième « révolution » apparaît dans le bilan du pape François, celle de son sens de l'action. Est-ce son pragmatisme, son souci du détail ? On n'avait pas vu depuis longtemps un chef de l'Église catholique mettre à ce point la main à la pâte... Sa réforme des finances et de la gouvernance du Vatican, sa lutte contre la pédophilie, sa réforme du statut des divorcés-remariés auront vu François aller jusqu'au bout avec un puissant souci de vérification et d'efficacité et une méfiance vis-à-vis de ses collaborateurs. Levé tôt, travailleur acharné, concret, François, selon plusieurs témoignages directs de personnalités qui ont travaillé régulièrement avec lui, ne laisse rien au hasard et descend vraiment dans le détail. Ce politique, aimant le pouvoir contrairement à son prédécesseur, sait écarter ceux qui ne partagent pas son dessein réformateur, parfois avec une certaine violence. Il ne recule pas devant des stratégies parallèles, confiant le dossier à d'autres pour parvenir à ses fins sans que l'intéressé officiellement en charge en sache rien. Cet homme de pouvoir adopte les méthodes du pouvoir tout en étant un homme de prière familier des habitudes des hommes de prière. Quand il avoue, au début de son pontificat : *sono un po furbo* — « je suis un peu rusé, je sais faire », pourrait-on traduire vulgairement, car le mot « fourbe » en français, « faux », n'a pas le sens aiguisé qu'il a en italien —, François annonce la couleur. Sa façon d'exercer la papauté sera interventionniste, autoritaire, directive. François, en somme, est un patron ; au Vatican, il gouverne un peu à coups de synode démocratique et beaucoup à coups de décrets d'application, décidés par lui seul, pour le meilleur et pour le pire. Une méthode inconfortable pour l'entourage mais efficace pour débloquer des situations que personne avant lui n'a réussi à maîtriser. Les vieilles habitudes de la bureaucratie vaticane interdisaient parfois au pape d'intervenir. Les papes étaient pris en main par la curie et, selon leur tempérament, réussissaient à s'en défaire ou pas.

La réforme des finances du Saint-Siège est un exemple. Beaucoup ont en tête le scandale de la banque du Vatican, sans d'ailleurs toujours savoir de quoi il retourne. En un mot, l'Institut pour les œuvres de religion (IOR), nom officiel de la banque du Vatican, a été aux prises, au début du pontificat de Jean-Paul II, avec des malversations et des opérations de blanchiment d'argent, souvent à son insu mais par le biais de mafieux qui confiaient des sommes importantes à des prélats véreux ayant accès à l'IOR grâce à leur statut leur permettant d'ouvrir des comptes numérotés qui devenaient ensuite invisibles aux autorités internationales. Le pape polonais a commencé à y mettre de l'ordre mais ce n'était pas son affaire. Celui qui reprit vraiment le contrôle de la banque pour l'assainir fut Benoît XVI, mais discrètement, comme toujours.

François hérita d'une situation plutôt saine qu'il a maintenue. Mais sa grande œuvre aura été de rationaliser les finances internes du Saint-Siège. La vingtaine de ministères (dicastères) qui forment la curie romaine, permettait à chaque entité de gérer son budget sans qu'une consolidation financière n'interfère avec les autres ministères et sans qu'aucun contrôle de gestion ne soit organisé. D'où de petites dérives ordinaires et de grandes dérives, rares mais graves, rendues possibles par l'opacité générale, la constitution de féodalités avec leurs propres réserves financières. Cet éparpillement financier ne nuisait pas à l'unité de fond au service du pape, mais il favorisait des bastions de pouvoirs.

S'ajoutaient à ces principautés, pourrait-on dire, deux féodalités discrètes, mais bien plus puissantes que la très connue et méconnue banque du Vatican. La première s'appelle l'APSA (Administration du patrimoine du siège apostolique) et encaisse toutes les recettes immobilières du Vatican, à Rome, en Italie, dans le monde. La seconde est la Cité du Vatican qui est l'entité support du Saint-Siège et dont les recettes principales viennent des entrées payantes des musées du Vatican. Ces deux mastodontes financiers échappaient en partie à la secrétairerie d'État qu'ils finançaient, induisant un rapport de dépendance inconscient, ce qui était une autre anomalie. C'était comme si le ministère de l'Économie et des Finances reprochait aux services du Premier ministre à Matignon de ne pas « gagner » d'argent et de seulement le « dépenser ». Pour casser ces bastions et ces rapports de pouvoirs faux et malsains, François a commencé par créer une secrétairerie pour l'économie qui existait en partie mais qu'il a renforcée de façon à centraliser les comptabilités séparées des dicastères, imposer un contrôle de gestion, mettre fin à la pratique des réserves financières, de façon que tout soit versé dans un tronc commun. Il est important de se rendre compte que l'on payait encore des employés avec des enveloppes en liquide dans les années 1990 et dans certains dicastères...

Réformer les habitudes d'argent fut une œuvre de titan au Vatican car c'était réduire le pouvoir de certains. Ce n'est pas un hasard si François a confié cette galère à un homme de caractère, plutôt incorruptible, le cardinal australien Pell. Ce quatrième « travail » de François connut des résistances au plus haut niveau. Certains sont convaincus que les accusations d'agressions sexuelles contre Pell en Australie, dont il s'est toujours défendu mais qui lui ont valu un éloignement de Rome et de la prison ferme après un verdict très controversé, étaient également liées à ce combat d'assainissement des circuits financiers du Saint-Siège.

Supprimer les fonds propres des dicastères du Vatican pour centraliser la gestion avec tout ce que cela supposait de contrôle a été une grande bataille, en partie gagnée par François contre le pouvoir multiforme et insaisissable de la fameuse curie romaine. Ce jésuite s'est engagé avec force et détermination dans des guerres intestines qui ont duré parfois des années, où il a appliqué un suivi méticuleux jusqu'à la victoire espérée. Elle ne sera d'ailleurs jamais acquise totalement. En plein été 2022, devant l'atonie des dicastères du Vatican qui refusaient de partager certains de leurs fonds propres, le pape a dû procéder par la voie de décrets juridiques pour les obliger à verser au pot commun. Sans grand succès, semble-t-il.

Semi-échec ou semi-réussite ? Peu importe, d'une certaine manière, tant la matière vaticane dans sa dimension de pouvoir ecclésiastique est complexe, sournoise, imprévisible. Le pape a surtout démontré qu'il pouvait être aussi le dirigeant du Vatican et non pas un homme de l'extérieur et de passage. Il a pris le pas sur son administration centrale qui a tenté d'enfermer d'ailleurs, en vain, Jean-Paul II, et qui avait réussi à étouffer Benoît XVI jusqu'à le conduire à la démission.

On aurait pu illustrer cette quatrième révolution de François sur la gouvernance directe, effective et méticuleuse de l'Église, avec l'exemple de sa gestion des affaires de pédophilie. C'est Benoît XVI qui roula l'énorme pierre du silence qui fermait la puanteur de ce tombeau honteux de l'Église catholique, il ne faudra jamais l'oublier, et qui prit les premières mesures juridiques significatives à ce sujet. Mais c'est

François, paradoxal sur ce sujet quand il touchait ses proches, qui affina le processus juridique. Il permit que des prélats puissent être inculpés. Il veilla à ce que cette reconnaissance de la perversité possible de prêtres catholiques ordonnés — couverte par une *omerta* indigne des épiscopats — qui utilisaient leur pouvoir pour manipuler et abuser sexuellement des enfants ou de jeunes adolescents, masculins dans leur écrasante majorité, soit mieux organisée dans tous les pays du monde. Et en particulier en Italie, où François dut accomplir un coup de force en 2022, en faisant « élire » un nouveau président des évêques italiens, le cardinal Zuppi, pour ouvrir enfin ce dossier dans l'Église italienne peu portée à la vérité sur ces questions, d'autant que la loi italienne n'oblige pas un évêque à dénoncer un prêtre fautif. On pourrait appeler cette quatrième révolution de François la « révolution du résultat ». Il a obtenu des résultats tangibles en certains domaines, il a perdu d'autres combats évidemment. Le Vatican avait oublié qu'un pape pouvait être sévère et pointilleux dans le gouvernement concret de l'Église.

Un démocrate passablement autoritaire

Le cinquième travail de François, qui marquera son bilan — et nous l'avons déjà abordé sous différents angles notamment dans le chapitre sur l'Église synodale —, est la réforme de l'exercice du pouvoir papal. Cela commença par l'insistance de François sur l'un de ses titres de pape, celui d'« évêque de Rome ». Ce titre, historiquement fondateur, a existé très tôt. Il est la raison du pouvoir papal, nous l'avons vu. Sur le plan juridique, c'est bien parce qu'il est élu « évêque de Rome » que le pape est le successeur de saint Pierre. Une fois élu, l'évêque de Rome a autorité sur le collège des apôtres, comme Pierre l'avait selon les récits évangéliques. De fait, saint Pierre, institué par le Christ comme chef des apôtres selon l'Évangile, selon la lecture catholique des Évangiles, fut souvent appelé à arbitrer les conflits de la première communauté chrétienne même s'il n'était pas la seule autorité de référence, comme le démontre l'histoire de l'Église de Jérusalem. Mais le pouvoir central du successeur de Pierre n'a cessé de se renforcer au cours des siècles pour devenir quasiment absolu à la fin du XIXe siècle. Le couronnement de cette dynamique fut l'adoption du dogme de l'infaillibilité pontificale au concile Vatican I le 18 juillet 1870. Une autorité absolue qui allait toutefois marquer le pas, un siècle plus tard, avec le concile Vatican II. Étaient alors consacrés deux lieux de contre-pouvoir en quelque sorte : les conférences épiscopales (assemblées nationales des évêques catholiques d'un pays) et le « synode des évêques » au Vatican, organe consultatif mais représentant symboliquement les évêques du monde à côté de l'évêque de Rome. Deux élargissements qui redimensionnaient, *urbi et orbi*, le centralisme romain.

C'est dans cette dynamique que François a voulu réduire sa fonction papale à celle d'« évêque de Rome ». Un évêque coordinateur de ses pairs et non plus un empereur, si l'on peut dire. Le tout en réaction à deux pontificats qu'il jugeait trop centralisés, ceux de Jean-Paul II et de Benoît XVI. Ce qui mérite une nuance : Jean-Paul II ne fut pas un centralisateur. Sans inventer les voyages pontificaux — ce fut l'œuvre de Paul VI —, il les développa à un point tel que le pape, avec plus de cent voyages internationaux, soit un par trimestre pendant le quart de siècle de son pontificat, était tout autant romain que sur le terrain, mais il restait le pape, incontesté. Ce fut aussi une façon pour le pape polonais de limiter l'influence, très centralisatrice, elle, de la curie romaine. Benoît XVI, moins audacieux, continua en diminuant le rythme des déplacements tout en accentuant l'autorité du pape, par son témoignage personnel et par l'approfondissement de son enseignement, qui en fit pour beaucoup un maître spirituel et non pas l'incarnation d'un autoritarisme débridé comme certains le lui reprocheraient.

François a donc œuvré pour limiter son propre pouvoir mais il a paradoxalement dirigé le Vatican en autocrate selon beaucoup de témoignages de haut niveau et concordants, ce qui ne se percevait pas forcément de l'extérieur. Dans sa réforme de la curie publiée en mars 2022, il a pratiquement supprimé le poste de son Premier ministre dont ne resta que le nom pour donner au pape les commandes de toute la structure vaticane. Il s'est arrogé, de plus, la direction du plus grand dicastère, celui de l'« évangélisation des peuples ». Il gère quasiment la moitié des églises de la planète, celles des pays de mission, non encore stabilisées administrativement et financièrement comme le sont les diocèses des pays occidentaux. Mais à côté de ce pouvoir papal total au Vatican, François a redistribué le pouvoir ecclésial sur l'organisme romain du « synode des évêques » censé injecter une culture décentralisée et démocratique à tous les niveaux de l'Église. Il a, d'autre part, renforcé le pouvoir de décision locale des conférences des évêques.

Il faudra observer le prochain pontificat pour vérifier si cette volonté de François aura été réaliste et applicable. En attendant, cette question de la décentralisation demeurera un point majeur de son pontificat, car elle aura affaibli la force de l'Église catholique vis-à-vis des autres religions : en réduisant le culte de son unité et en minimisant l'autorité planétaire de son chef. À cet égard, bon nombre de prélats favorables à la dimension sociale de l'œuvre de François ne le suivront pas forcément après lui s'ils constatent un délitement de l'Église catholique. Il n'est pas improbable qu'un mouvement inverse se recompose contre cette décentralisation si elle s'abîmait dans les conflits entre les multiples Églises catholiques particulières.

La curie romaine non plus n'a pas dit son dernier mot... puisqu'elle incarne une continuité à l'image d'une administration centrale qui voit se succéder ministres et présidents. De plus, taillée à la mesure du pape François, la réforme de la curie de 2022 ne pourrait pas fonctionner avec un pape de grand vent comme le fut Jean-Paul II, plutôt sur les routes que dans les couloirs de l'institution. Ce souverain pontife mesura très vite le contre-pouvoir des Italiens dans cette organisation. Il tenta une réforme fondamentale de la curie romaine en 1988 mais finit, je l'ai dit, par contourner le système par une politique active de voyages à l'étranger et... de tables ouvertes ! Il ne se passait pas un jour, avant que sa maladie ne l'en empêche, sans qu'il reçoive, petit déjeuner, déjeuner, dîner, des personnalités de toute la planète et de toute condition, pour échanger et se tenir parfaitement informé de la situation des pays et du monde. Il utilisait également les données transmises par son administration, qu'il ne méprisait pas comme le fit François, mais dont il connaissait les limites tout en en respectant le potentiel.

En un mot, la curie romaine est au service du pape s'il est faible, elle le dépasse mais elle assure et tient la maison ; s'il est fort, elle le sert mais le surveille également : non comme une hydre qui serait le vrai pouvoir de l'Église mais comme une haute administration dont le rôle est d'assister son chef. En réalité, le pape ne peut se passer de sa curie mais il ne peut pas non plus perdre son temps à gérer ce qui est du ressort de son Premier ministre, avant que François ne l'affaiblisse avec sa réforme. Il ne faut pas sous-estimer enfin la vigilance collective du monde clérical : si le mouvement de synodalité, lancé par ce pape réformiste pour contrecarrer les excès de centralisme romain, rompt l'unité légendaire de l'Église, il est hautement probable que les successeurs de François s'opposeront à voir l'Église se transformer en un puzzle désorganisé.

On le voit, chaque pontificat imprime une vision du gouvernement de l'Église, lequel est un art complexe, évolutif, mais toujours dans un cadre extrêmement solide et dont le but n'est pas le pouvoir pour le pouvoir mais l'exhortation à la sainteté à la suite de l'exemple du Christ, seule raison d'être de l'Église catholique même si elle est très imparfaite par nature.

Une Église plus médiatique que jamais

La sixième révolution du pape François touche l'« image » de l'Église. Ce concept apparaît superflu au regard de la nature spirituelle de la communauté catholique, mais il est essentiel quant à sa crédibilité et sa visibilité. Qu'est-ce que l'image de l'Église en effet ? On ne le sait pas vraiment. Cet aspect du bilan de François sera donc relativement rapide sans être éludé toutefois. À vrai dire, l'Église affirme ne pas se soucier de son image, c'est en partie exact, mais elle souffre dès que son image est écornée. L'exemple le plus récent fut la crise des prêtres pédophiles, déjà évoquée, qui a fortement malmené l'image de l'Église, à la proportion inverse de l'effort que l'institution avait mené pendant des décennies pour camoufler ce mal perpétré par une minorité de prêtres, en exigeant ou en achetant le silence des victimes pour protéger son image et sa bonne réputation. Politique désastreuse qui a conduit à laisser penser aujourd'hui que tous les prêtres seraient pédophiles et que tous les évêques les auraient couverts. Ce qui est faux, évidemment. Mais l'Église, une nouvelle fois, a été incapable d'expliquer clairement et simplement la nature du mal, sa dimension exacte et surtout sa proportion : l'immense majorité des prêtres, plus de 95 % selon les statistiques les plus prudentes, 99 % selon d'autres, cherchent à vivre et vivent leur mission de manière exemplaire. Mais ce bon côté des choses a été totalement oblitéré, en termes médiatiques, par l'ampleur du scandale passé, sciemment caché au prix de la vie brisée des victimes. Réalité insupportable pour des chrétiens, elle est devenue une sorte de contre-témoignage absolu. L'Église va mettre du temps, non à effacer cette page noire de son histoire, elle ne le pourra pas, mais à mettre au jour le témoignage exemplaire de ses clercs qui pourront démontrer, avec le temps, que ce genre de comportements n'existera plus chez eux, ou par accidents minoritaires si toutes les mesures annoncées de lutte contre ce phénomène sont effectivement mises en place.

Au-delà de ce genre d'actualité dramatique, l'apparence de l'Église est fortement liée à celle du pape. L'évêque de Rome vient d'être élu, il est une star. Personnage mondial il apparaît en couverture des magazines, il a toutes les qualités, il va enfin réformer l'Église, corriger ses gros défauts. Il est une sorte de sauveur. Il en fut ainsi pour Jean-Paul II, premier grand pape médiatique, comme pour François. Benoît XVI, lui, refusa le *star-system* et les usages médiatiques. L'attentat contre Jean-Paul II en 1981 chauffa à blanc cette personnalisation de l'Église à travers son chef. À son corps défendant, le pape polonais passa du statut de star à celui de héros, portrait consacré par la chute du mur de Berlin en 1989. Avec toute cette aura, il assuma totalement sa maladie en 1998. Il n'hésita pas à se montrer tel qu'il était jusqu'en 2005, année de sa mort. Il ne visait pas la communication d'image, précisément, mais le monde de la communication s'était emparé de lui parce qu'il était devenu un personnage historique. Avec Jean-Paul II, l'Église était apparue combative, triomphante parfois, mais bien en place dans son siècle, et très à l'aise dans l'adversité.

Le pontificat de Benoît XVI n'aura pu être aussi flamboyant. Ce pape aura été marqué de l'explosion des affaires de pédophilie qu'il aura lui-même exhumées d'un silence mortifère. Il aura été ensuite affecté par les fuites de documents « Vatileaks » que son majordome transférait à la presse italienne qui voulait paradoxalement sauver Benoît XVI de son entourage et de la curie... Enfin, par sa renonciation spectaculaire le 11 février 2013. Sans qu'il l'ait cherché, cet acte historique redora d'une certaine manière le blason de ce pape héroïque et, je l'ai dit, profondément incompris. Il rassura sur une Église vieille de deux millénaires, capable de volte-face aussi incroyable que moderne. Une Église pas si inactuelle en termes médiatiques. Mais le propre de l'image est d'être fugace, superficielle. Sous les projecteurs le meilleur est brûlé, consommé, oublié comme un feu de paille ou d'artifice. Il faut de nouvelles sensations, nourrir l'insatiable curiosité de l'opinion. Ce mode d'emploi de l'information, François l'avait parfaitement compris et intégré avant son accession au trône romain. En grand politique, il a su manier les gestes qui faisaient mouche comme celui de faire arrêter sa papamobile le long du mur séparant Israéliens et Palestiniens, puis, sans rien dire, se recueillir devant une caricature à la défaveur d'Israël, pays où il était pourtant reçu officiellement. En grand communicant, il a su manier le verbe, avec des phrases courtes, des formules-chocs, ciselées et travaillées pour marquer les esprits, jouant sur les paradoxes. Il a rompu aussi avec la pompe vaticane, autant qu'il l'a pu, pour devenir un pape simple, accessible, homme de tous les jours, tutoyant, on l'a vu, systématiquement. Il a enfin soigneusement caché son fort caractère colérique et sa manière autocratique de gouverner tout en prêchant la miséricorde même si son visage et son regard, parfois terribles, contrastaient avec ses grands sourires. Ce chantier de la communication ne sera jamais gagné pour l'Église catholique parce qu'il brûle sans complexe ce qu'il a adoré et que le Dieu que l'Église adore ne se complaît pas dans l'image mais au creux de l'invisible et du silence.

La revanche historique des Jésuites

Le septième chantier ouvert par François, et seulement par lui, est peut-être le plus subtil. On y discerne bien le disciple de saint Ignace de Loyola, fondateur de la Compagnie de Jésus, autrement dit des « Jésuites ». Derrière ce mot bruissent de multiples a priori, vraies et fausses images dont les plus répandues évoquent une certaine duplicité. Les Jésuites sont réputés avoir inventé, si ce n'est justifié et développé, la « restriction mentale », cette capacité d'affirmer publiquement une contre-vérité sans mentir tout à fait pour protéger l'institution. Ils seraient des maîtres en intrigue, capacité liée à leur puissance intellectuelle, puisqu'ils sont, avec les Dominicains, l'ordre religieux le plus exigeant sur le plan de la formation de l'intelligence. Mais derrière ces fortes critiques, en partie méritées et fruits d'une longue histoire, on oublie la grandeur d'un ordre religieux dont l'audace aura toujours été de se poster aux « frontières » du christianisme. Cette pensée jésuite globale, hors cadre établi, a valu à l'Église catholique de passer à deux doigts de l'évangélisation de la Chine si la bêtise et l'étroitesse romaine n'avaient pas anéanti la réussite de Matteo Ricci, jésuite, premier Européen à entrer à la cour impériale en 1601. Il avait appris la langue chinoise. Il avait compris la nécessité de développer une liturgie catholique chinoise. Mais Rome n'a pas suivi, craignant de perdre l'unité offerte par l'usage du latin. D'autres grands pionniers jésuites, aussi audacieux, permettront à l'Amérique latine de devenir catholique. En perte de vitesse aujourd'hui dans le monde occidental, l'ordre des Jésuites se développe fortement en Asie. Ils ont conservé cette capacité d'être les apôtres des élites même s'ils ont rompu avec cette tradition en choisissant, dans les années 1970, l'« option préférentielle pour les pauvres ». Ce qui les a conduits à prendre des positions politiques et sociales de gauche, surtout en Amérique latine dont le pape François est issu.

Le plus paradoxal dans son histoire personnelle est que le père Bergoglio était alors réputé pour son conservatisme. Nonobstant le film de Beda Docampo Feijoo, qu'il a autorisé, sur sa vie, et où il donne une image de résistant à la dictature militaire argentine, cette hagiographie a éclipsé pour le grand public une histoire sombre très débattue et qui n'a jamais été élucidée parce qu'on a demandé à Franz Jalics, seul jésuite témoin, dans les jours qui ont suivi l'élection de François, de se taire à jamais sur ses accusations contre le père Bergoglio, alors supérieur des Jésuites en Argentine. Jalics affirmait que le pape, élu à cette responsabilité en 1973, l'avait sacrifié en mai 1976, avec un autre jésuite, Orlando Yorio, au régime militaire. Très engagés auprès des pauvres et contre la dictature en uniforme, ils furent arrêtés et torturés, puis libérés cinq mois plus tard. Franz Jalics a donc toujours été tenu au silence : « Je ne peux pas me prononcer sur le rôle du père Bergoglio dans ces événements », a-t-il écrit. Bergoglio avait toutefois été entendu ensuite par la justice, mais n'avait pas été mis en cause. Beaucoup en Argentine l'ont cependant toujours tenu pour responsable de l'emprisonnement de ces deux frères jésuites dont il était effectivement le supérieur et qu'il n'aurait pas suffisamment protégés. Le fait d'exiger, par la voie de l'obéissance religieuse interne de l'ordre jésuite, le silence d'un témoin demeure une question épineuse.

Cette affaire montre aussi que le pape François a une personnalité plus complexe que son image d'« homme de gauche ». Il affirme n'être ni « marxiste », ni « communiste ». Mais il ne peut nier être un social-démocrate. Tous les responsables de la social-démocratie mondiale l'ont d'ailleurs reconnu et adoubé. D'antipapistes, beaucoup de socialistes sont devenus papistes en 2013. Ils ont courtisé François alors qu'ils exécraient Benoît XVI. François, « pape d'une Église pauvre pour les pauvres », n'a d'ailleurs jamais caché sa haine des États-Unis où il a toujours refusé de se rendre, par principe, avant de devenir pape. Sa critique du capitalisme et du libéralisme est sévère. Son engagement pour les migrants et l'écologie est absolu. On retrouve là l'ADN des Jésuites qui ont opté dans les années 1960 pour la lutte politique et sociale en faveur des pauvres tout en continuant de fréquenter les salons des élites.

Quand le pape François fut élu, les cardinaux et prélats qui avaient la mémoire romaine furent immédiatement inquiets de voir un « jésuite » parvenir sur le trône de saint Pierre, le premier de l'histoire de l'Église. Ce n'était pas un hasard, car les jésuites avaient été toujours soigneusement écartés d'une élection possible à la papauté par des alchimies ecclésiales dont seul le Vatican a le secret. Des dominicains à ce poste, oui. Des jésuites, surtout pas. Sauf depuis l'arrivée du pape François qui est resté très jésuite dans sa façon d'être et de gouverner. Le cardinal André Vingt-Trois, ancien archevêque de Paris, qui a participé au conclave de 2013, a eu cette formule : « Le pape François a plongé l'Église catholique dans les exercices spirituels ignatiens permanents. » « Ignatien », de saint Ignace de Loyola, fondateur des Jésuites, qui institua les retraites de discernement, connues sous le vocable d'« exercices spirituels » : introspection personnelle qui dure trente jours à la recherche du Christ et en vue d'une libération intérieure. Le « discernement » y tient une place décisive pour tenter de trouver la voie du Christ contre celle du mal dans l'agitation des jours. On retrouve, de fait, dans l'exercice de la papauté par ce grand jésuite la même recherche constante de discernement, jamais écrite à l'avance, le goût d'aller sur des terrains inconnus, et la radicalité dans les choix, rarement douce, parfois violente, mais aussi caractéristique de la spiritualité jésuite.

Un dernier élément sur le premier pontificat jésuite, qui démontre que François n'a pas mis de côté sa spiritualité jésuite mais l'a imposée à l'Église tout entière fut son attitude pendant les voyages apostoliques. Chaque fois, il rencontrait ses frères jésuites à huis clos, prenant le risque d'alimenter la réputation d'intrigue de la Compagnie de Jésus. Le contenu de ces rencontres a fini par être publié à l'initiative d'un autre... jésuite, proche conseiller de François, le père italien Antonio Spadaro. Les interventions de François étaient de niveau assez inégal mais il répondait assez franchement aux questions des religieux jésuites. Ce côté conciliabule intra-jésuite, pour les jésuites, excluant les non-jésuites par conséquent, était compréhensible mais étrange pour un pape prêchant l'abolition des murs dans l'Église. Sauf qu'il est, qu'il était et qu'il demeurait un jésuite. François a d'ailleurs multiplié le recours à ses frères jésuites pour le conseiller, les plaçant à des postes-clés du Vatican. Au cardinal Jean-Claude Hollerich, jésuite et archevêque du Luxembourg, le pape a confié le poste stratégique de rapporteur général du synode sur la synodalité, soit la maîtrise intellectuelle de la plus importante réforme du pontificat. Au cardinal Luis F. Ladaria, jésuite, il avait confié le ministère historique et central de l'Église, celui de la doctrine de la foi qui donne le *la* en matière de théologie. Au cardinal Michael Czerny, il a donné le plus innovant des ministères du Vatican, le plus social également, celui du « développement humain intégral ». Au jésuite espagnol Juan Antonio Guerrero Alves, il avait confié la secrétairerie pour l'économie, avant qu'il démissionne de ce poste. Quant au père Antonio Spadaro, jésuite et directeur de la prestigieuse revue de la Compagnie de Jésus, *La Civiltà Cattolica,* il aura été son plus actif conseiller en communication. Enfin, il aura fait de l'ancien recteur de l'université pontificale grégorienne, expert mondialement reconnu en droit canonique, le cardinal jésuite Gianfranco Ghirlanda, son conseiller juridique le plus affiné qui l'aura aidé à sortir de plusieurs dossiers inextricables du pontificat. Synode, foi catholique, questions sociales, finances, communication, stratégie, ces six fonctions-clés du pouvoir papal auront été conçues et exécutées par des jésuites, décidément en force au plus haut niveau de l'Église catholique. Beaucoup pensent que François n'aurait rien pu faire à Rome et dans toutes les Églises du monde, sans le soutien du réseau des quinze mille jésuites, disciplinés et voués à la papauté. C'est la face la moins connue de ce pontificat mais l'une des plus efficientes. Si le pontificat du pape François marquera le monde catholique, l'élection d'un jésuite sur le siège de Pierre et toutes ses réformes constituent la grande revanche des jésuites à l'échelle de l'histoire de l'Église.

9

LES ENJEUX DU PROCHAIN CONCLAVE

Qui va remplacer le pape François? Qui pourra succéder à un pontificat aussi intense? Quelle personnalité pourra rivaliser avec son tempérament de feu et sa liberté? Qui assumera le vent de réformes fondamentales qu'il a impulsées? Autant de questions qui vont se poser. Elles pourraient être formulées autrement si les cardinaux décidaient de ralentir le rythme ou s'ils modifiaient le cap, ce qui est possible.

Il n'y a jamais eu, en effet, de continuité linéaire entre deux pontificats. L'Église demeure. Elle dépasse de haut chaque pape. Les pontifes romains peuvent confirmer l'œuvre de leurs prédécesseurs tout comme ils infléchissent, prennent des virages, impriment des nuances. Sans compter les ruptures de style qui sont toujours au rendez-vous au gré du charisme des hommes en soutane blanche.

Il serait étonnant que le futur pape mette en cause le concile Vatican II. Il fut pensé pour « ouvrir » l'Église catholique aux évolutions de société de la seconde partie du XXe siècle et de la mondialisation naissante. En ce sens, ce concile fut réformateur et historique comme le concile de Trente (1545-1563), qui avait été conçu pour résister à la Réforme protestante.

Avec vigueur, François remit, on l'a vu, ce concile des années 1970 au goût du jour. Il considérait qu'un demi-siècle après sa conclusion, « Vatican II », comme on le dénomme, n'était pas correctement appliqué. Il entreprit une quatrième tentative de mise en œuvre — Paul VI, Jean-Paul II, Benoît XVI ont estimé « appliquer » ce concile —, qui pourrait constituer, plus que chez ses prédécesseurs, le cœur même de son pontificat. Il mit en effet toute sa force dans une rupture franche avec plusieurs traditions séculaires héritées du concile de Trente.

Pour mémoire, Benoît XVI, au contraire, avait tenté une synthèse entre le concile Vatican II, résolument moderne, et les conciles Vatican I et de Trente, deux vecteurs éminents de la tradition de l'Église. Cette politique, Benoît XVI l'avait appelée « herméneutique de la continuité ». Il espérait une réconciliation historique entre la tradition et l'esprit de la modernité. Il opposait sa démarche à l'« herméneutique de la rupture » visant précisément à interpréter le concile Vatican II — auquel il avait participé — comme une césure sans retour avec l'héritage des conciles précédents. Or cette herméneutique de la rupture, précisément, définit en partie le pontificat de François.

Quoi qu'il en soit, soixante ans après l'ouverture du concile Vatican II, le 11 octobre 1962, et à la suite de quatre pontificats différents (hors celui de Jean-Paul Ier), l'interprétation et l'application de cet événement ecclésial seront, une nouvelle fois, l'enjeu central du prochain conclave. Comme si ce concile était toujours en phase de réglage. Beaucoup pensent qu'il a posé plus de problèmes qu'il n'en a résolu. Benoît XVI en était, il cherchait une adaptation du concile Vatican II. François estime, au contraire, que la réforme de l'Église doit s'appliquer sans compromis. Mais ses déclarations sans appel n'ont pas changé le cours des choses et encore moins la pente des courbes statistiques d'une Église catholique qui donne de sérieux signes de fatigue.

Mis à part la crise de la pédophilie dont les racines et les causes remontent, dans l'Église, à plus de soixante-dix ans, et qui ne peut être imputée à tel ou tel pape, il apparaît, quant aux résultats, que les pontificats de Jean-Paul II et de Benoît XVI ont été particulièrement féconds en termes de renouveau vocationnel et d'engagements des catholiques à tous les niveaux. Avec eux, l'Église a redoré son blason. Elle a retrouvé une fierté d'appartenance, une certaine militance, sur la base d'une identité retrouvée, affirmée sans complexe sous le pape polonais, cultivée en ses racines les plus subtiles avec le pape allemand. Ce serait une erreur de lire ces deux pontificats à travers le seul prisme des scandales sexuels, chose couramment pratiquée pourtant. L'Église était alors fort respectée et savait se faire respecter. Il suffit de se souvenir de deux figures, Jean-Paul II et le cardinal Lustiger et, dans une autre vision d'Église, du cardinal Martini, grand jésuite, alors archevêque de Milan. On pourrait dire que l'Église, bien reçue ou mal reçue dans l'opinion générale, savait justifier sa pertinence dans le domaine religieux ou tout simplement humain, faire valoir sa différence, sans complexe et sans chercher à plaire — on pense ici à Mère Teresa.

La question des résultats du modèle d'Église de Jean XXIII et de François est plus discutable. Il est trop tôt pour en juger mais les données objectives, entrées au séminaire, courbes des fidèles, ne laissent pas présager d'un succès même si François a contribué à renouveler l'image de l'Église, passant d'une institution moralisatrice à une organisation sympathique, pacifiste, écologiste, plutôt dans le vent de la déconstruction générale. Mais ce serait une erreur de lire ce pontificat détonnant sous le seul sceau de son progressisme social et de son anti-traditionalisme. Il a été « classique », avec une spiritualité marquée par saint Joseph et par la « piété populaire », mariale en particulier. Et il a été souvent ressenti comme pénible par les catholiques classiques souvent pris en défaut par François, qui n'ont pas pu, non plus, passer à côté des questions de conscience exigeantes, y compris pour leur foi profonde, posées par le pape jésuite.

Dans son genre, ce pontificat a toutefois conduit à une conversion de l'Église catholique vers plus d'authenticité, de simplicité, d'accessibilité, d'humilité. D'une certaine manière François a rendu l'Église catholique plus chrétienne. Il faudra cependant attendre pour mesurer ses effets de long terme. On découvrira peut-être les fruits du dessein prophétique du pape François dans plusieurs années ; ou ce sera, au contraire, une voie incertaine et dépressive pour l'Église. En tout cas, les cardinaux ont, comme jamais, sous les yeux, la théorie et les effets expérimentés, pourrait-on dire, de deux visions différentes de l'Église, qui s'opposent depuis plus d'un demi-siècle. Il ne s'agit plus d'une discussion de salon ou d'amphi de séminaires mais d'une pesée totale, réelle, de deux modalités d'application du concile Vatican II, l'une en « rupture » avec la tradition, l'autre en « continuité » avec elle. Jamais, encore une fois, depuis la fin du concile Vatican II en 1965, les cardinaux n'ont eu une telle connaissance des effets concrets, sur l'Église, d'un style pastoral ou d'un autre. Cette fois, les prélats en soutane rouge vont pouvoir choisir en connaissance de cause.

✧

Si la question de l'application du concile Vatican II va conditionner l'élection du souverain pontife, elle ne l'enfermera pas. Chaque nouvelle époque apporte son lot de questions inédites : il est du ressort du pape d'adapter l'Église à cette nouveauté, sans compromissions ni trahisons.

Le choix du futur pape va aussi dépendre de la situation du contexte intérieur et extérieur de l'Église au moment du conclave. Ces éléments de contexte sont souvent négligés, or ils sont décisifs pour déterminer le premier vote très sélectif de quatre ou cinq prélats, sur les cent vingt cardinaux électeurs requis.

Un élément de contexte joua fortement avant l'élection du pape François, sous la forme d'un leitmotiv qui circulait dans les couloirs romains : après un grand théologien, professeur, Benoît XVI, l'Église aurait besoin d'un pasteur de terrain, expérimenté, apte à se faire comprendre par toutes les couches de populations. Ce prérequis informel n'avait pas été explicitement formulé mais il filait, non dit, comme le vent du soir place Saint-Pierre. Cette brise desservait le favori de l'époque, le cardinal Angelo Scola, archevêque de Milan, pourtant successeur implicitement suggéré par Benoît XVI. Scola, forte personnalité, apte à diriger, une vertu essentielle après les années Benoît XVI, souffrait d'une expression publique brillante mais conceptuelle, souvent trop philosophique ou théologique et incompréhensible à beaucoup. Ce dauphin non clairement désigné était aussi perçu comme hautain, avec la superbe des arrivistes, et n'apparaissait pas comme un pasteur accessible.

Un autre sujet de contexte était alors exprimé comme un prérequis, la relation avec l'islam. Après les difficultés rencontrées par Benoît XVI sur ce terrain, les cardinaux jugeaient important de choisir une personnalité capable de mener un dialogue renouvelé et constructif avec cette religion.

Dernière inquiétude, la crise de « Vatileaks », nom de la fuite de documents pontificaux volés sur le bureau de Benoît XVI et publiés dans la presse sur fond de scandales de mœurs et de scandales financiers, avait imposé le dossier de la réforme de la curie non seulement comme une nécessité mais comme une urgence absolue. Celui qui serait élu devait avoir du cran et de la poigne pour affronter les indéboulonnables circuits de pouvoir internes au Vatican. C'était en 2013.

Expansion du catholicisme ou déclin assumé ?

Quand le pontificat de François touchera vraiment à sa fin, quels seront les nouveaux éléments de contexte qui pèseront sur l'élection de son successeur et en formeront l'enjeu ? L'application du concile Vatican II, premier enjeu du conclave, ouvre un deuxième enjeu crucial, celui de l'évolution apparemment paradoxale de l'Église : expansion du christianisme dans le monde, décrue intellectuelle et spirituelle du catholicisme.

Cela peut paraître ambitieux mais l'Église catholique n'a pas d'autre objet que de rayonner. Elle se considère comme l'héritière des enseignements du Christ. Elle voit les évêques et le pape comme des apôtres du Christ, pas moins, et pour une époque donnée. Elle justifie son engagement dans le monde par l'injonction du Christ à ses disciples : « Allez, faites de toutes les nations des disciples, les baptisant au nom du Père, du Fils et du Saint-Esprit », retranscrite dans l'Évangile de Matthieu[1]. L'Église orthodoxe, les protestants revendiquant la même hérédité, la même autorité, la même mission. Le Christ n'a pas demandé à ses disciples de rester enfermés et cachés dans le cénacle de Jérusalem en attendant de nouveaux disciples.

La nouveauté depuis le concile Vatican II est que l'Église catholique a cessé d'évangéliser de manière systématique. Elle a abandonné sa politique de conversion active et d'inculturation chrétienne et catholique qui avait pourtant été le fer de lance de ses méthodes d'expansion pendant deux millénaires avec le revers du prosélytisme qu'elle condamne aujourd'hui. Les chiffres démontrent que le concile Vatican II a marqué, *de facto,* la fin de la propagation de l'Église

1. Au chapitre 28, verset 19.

catholique en Occident et le début de sa régression. Sa progression numérique actuelle est liée à la seule progression démographique des naissances dans les familles catholiques en Amérique latine, en Afrique et aux Philippines. Depuis, l'Église catholique ne se reproduit plus par un phénomène de conversions, si ce n'est aux marges, elle le fait essentiellement par extension démographique tout en enregistrant — elle ne le dit jamais — un taux de perte considérable de fidèles, jeunes et adolescents, qui quittent massivement la foi catholique dans les pays occidentaux à moins d'être portés par un milieu familial pratiquant, ce qui devient rare. Cet accroissement endogène a longtemps donné le change en Occident, tant les générations aînées étaient majoritairement catholiques. Mais le catholicisme aux cheveux blancs est aujourd'hui visible à l'œil nu, il est appelé à devenir un microcosme là où il était dominant il y a encore moins d'un siècle. Pour la France, le chiffre des baptêmes catholiques d'enfants donne une idée précise : ils représentaient 94 % des naissances en 1960, 71 % en 1980, 47 % en l'an 2000, 27 % en 2020. Par comparaison l'Italie baptisait encore 99 % de sa population dans les années 1990, le chiffre serait passé à 70 % des naissances en 2010. L'érosion sera plus tardive, comme en Espagne, mais elle est en route.

Ce phénomène de vieillissement a été accentué par une seconde décision du concile Vatican II touchant le catéchisme, c'est-à-dire l'enseignement de la foi catholique aux enfants. Pour la première fois depuis des siècles on abandonnait la transmission d'une connaissance par la mémorisation au profit de méthodes pédagogiques d'« éveil à la foi », pour favoriser une libre adhésion des consciences sans contrainte et sans validation des acquis, en France notamment. Soit un libéralisme pédagogique et théologique accompli.

La fin du XXe siècle voyait donc une Église catholique décider de ne plus rien exiger de ses jeunes fidèles aux plans intellectuel et spirituel. Les méthodes précédentes, certes classiques, avaient pourtant nourri ses beaux jours et ceux de la société, car les valeurs véhiculées par l'Église alimentaient la qualité du vivre-ensemble. L'Église ne rêvait plus d'encadrer les consciences. Mais elle passait du contrôle absolu à la démission totale. Si un enfant sur quatre est baptisé désormais, l'Église de France n'ose plus publier de statistiques sur le nombre d'enfants inscrits au catéchisme depuis 2016... Il est estimé à un sur dix, avec un taux de départ à l'adolescence, qui marque la fin du parcours catéchétique, de 90 % des catéchisés qui quittent définitivement l'Église souvent parce que leurs parents ne pratiquent pas. Le bilan est objectivement catastrophique : le catéchisme conduit les enfants hors de l'Église.

Ce désinvestissement a été contemporain d'une forte diffusion de l'islam au début du XXIe siècle. On ne transige pas dans cette religion. Un musulman accompli doit apprendre le Coran par cœur. La religion juive parvient, elle aussi, à transmettre et conserver son patrimoine spirituel et religieux par une exigence intellectuelle fondée sur la connaissance fine et argumentée de la foi des pères. Ces religions ne sont certes pas comparables, mais les méthodes de transmission, leur échec ou leur succès, peuvent l'être. Elles indiquent en tout cas qu'il est possible de réussir une transmission religieuse d'une génération à l'autre au troisième millénaire.

Une autre évolution notable, liée au concile Vatican II, a été de supprimer l'« obligation » faite aux catholiques d'assister à la messe dominicale. Elle a disparu en pratique au profit d'une approche libérale laissée à la conscience de chacun. Un demi-siècle plus tard, l'Église a gagné en spontanéité et en liberté mais le bilan de son rayonnement est catastrophique en Occident — et en Amérique latine, qui était pourtant le continent le plus prometteur du monde catholique à la fin des années 1970. En France, entre 1 et 5 % de la population fréquentent l'église chaque dimanche. L'échec est indiscutable même si les clercs, les évêques en particulier, refusent de le reconnaître parce que personne ne se remet jamais en question dans le milieu clérical où l'on confond souvent certitude de la foi et certitude de l'action.

Ce n'est pas le lieu ici d'entrer dans ce débat, largement nourri par les tendances traditionalistes de l'Église catholique. Celles-ci reprochent en particulier à Rome d'avoir avalisé ce relâchement de la transmission organisé au profit d'une approche en « libre-service » de la foi. Ils évoquent une « protestantisation de l'Église catholique ». Au-delà de la polémique très vive dans ces milieux, cette situation hante également des milieux plus modérés, car c'est l'avenir de l'Église catholique qui est en cause. Et ce sera un élément décisif de contexte du bilan de François qui n'a pas pu inverser les courbes. Les cardinaux qui vont élire son successeur — ils ont soixante-dix ans de moyenne d'âge — n'ont vu de toute leur vie ecclésiale que cette spirale incontrôlable de retrait de l'Église, à l'exception de certains pays d'Afrique et aux Philippines où un reflux de la foi est enregistré depuis quelques années seulement. Même la Pologne, qui a pourtant longuement résisté, a fini par plonger en pratique religieuse cette dernière décennie.

Mais parce que l'Église est un corps très organisé, administré, la responsabilité de l'actuelle situation collective est relativement insaisissable. Les fidèles, les familles en particulier subissent. Ils assurent la transmission, en palliant à leur niveau ce que l'Église dans plusieurs pays occidentaux n'offre plus en termes d'enseignement. Les cadres, en revanche, prêtres et évêques, passent, comme dans toute grande administration, d'un poste à l'autre, tous les six ans environ pour les prêtres, dix ans pour les évêques, sans qu'un bilan sérieux de leur action soit établi. Il existe même une pratique peu avouable mais reconnue dans le monde ecclésiastique : la promotion de certains cas incompétents par le haut... L'idée est de ne pas briser des gens qui ont donné toute leur vie à l'Église mais qui n'ont pas tous les talents et dont on ne sait pas quoi faire. Dans le monde clérical on élude assez facilement les échecs au nom d'une infaillibilité collective supposée et inconsciente, on préfère célébrer le charisme des personnes au détriment des « résultats », un mot tabou, supposé non évangélique. On positive sans cesse, même les erreurs magistrales. En réalité, personne n'est responsable de rien. Le temps passe. La machine tourne, les officiers changent d'affectation, le navire sombre en apparence puisque l'Église aurait les promesses de la « vie éternelle » et que tout devrait donc bien se terminer. Pis, l'échec serait même un bon signe dans cette mentalité qui se satisfait d'une forme de médiocrité, confondant le sacrifice du Christ sur la croix, qui justifierait l'absence de résultats, et l'incompétence. Il faut saluer sur ce point la rigueur du pape François. Il a mis fin, au Vatican en particulier, à un certain laisser-aller. Il a créé des mandats à court terme, non automatiquement renouvelables, pour casser des carrières ecclésiastiques longues particulièrement prisées par les Italiens et jamais évaluées.

Les cardinaux ne sont pas dupes, mais ils ont l'image d'une Église catholique en voie de légère progression démographique selon les statistiques officielles. Lesquelles masquent des écarts continentaux et surtout une « panne » de logiciel interne sur la question de la transmission, que tous reconnaissent sans qu'aucun ne soit en mesure d'inverser la tendance ; sauf exception, comme le démontra par exemple l'œuvre du cardinal Lustiger, archevêque de Paris de 1981 à 2005, qui réussit à redynamiser les vocations sacerdotales. Il démontra par sa liberté et sa créativité que le cours des choses n'est pas toujours inéluctable. Jamais le cardinal Jean-Marie Lustiger ne s'était résigné à une vision défaitiste. Il était porté, il est vrai, par la dynamique du pontificat de Jean-Paul II qui donnait la priorité à la transmission et à l'évangélisation.

L'Église catholique veut-elle encore enseigner ?

L'exigence de résultats concrets n'est pas chrétienne, objecteront certains progressistes, puisque Dieu infiniment généreux ne compte pas, ne dénombre pas. Cela n'est pas faux, la Bible tout entière le prouve. Mais c'est oublier, sans s'enfermer dans une culture traditionaliste, que le christianisme ne signifie pas le laisser-aller. Il suffit de regarder vivre les monastères qui gèrent avec le plus grand sérieux l'organisation de leur vie matérielle et spirituelle. La plupart de ces lieux cloîtrés vivent sous la règle de saint Benoît. Une paroisse n'est pas un monastère, mais cette règle donne à la gestion des biens matériels et à l'efficacité de l'organisation de la communauté en vue de la vie avec Dieu une place essentielle. Ces aspects sont considérés comme des conditions *sine qua non* de leur survie, pour le temps présent comme pour les générations futures. Tout repose sur l'idée que Dieu confie effectivement à l'homme la gestion des choses terrestres perçues comme un don à faire fructifier. Cette responsabilité terrestre et plénière des fidèles est d'ailleurs très développée dans le judaïsme. Sans entrer dans la culture du résultat, typique des entreprises, la tradition monastique démontre que les fruits du travail, y compris apostolique, sont des biens spirituels légitimes.

Le christianisme offre deux laboratoires actuels qui témoignent de la possibilité de transmettre et d'évangéliser. À condition de le vouloir et d'en prendre les moyens. Le monde traditionaliste a ses problèmes mais il établit la preuve que transmettre la foi, d'une génération à l'autre, peut s'accomplir avec succès. Certains accusent ces milieux d'agir par volonté de résistance culturelle et non par gratuité spirituelle mais ces communautés, tout comme les cercles charismatiques, prennent le patrimoine chrétien au sérieux et réalisent une transmission solide de la foi chrétienne sur la base d'un enseignement considéré comme une priorité et non comme une option.

L'autre exemple vient des protestants évangéliques, à qui l'on reproche un certain prosélytisme, ce zèle déployé pour recruter des adeptes, qui organisent au sens propre la fondation de nouvelles paroisses. Ceux qui en sont chargés s'appellent les « implanteurs d'églises ». Leur but avoué est de promouvoir le message chrétien auprès de personnes qui ne le connaissent pas. Ils obtiennent des résultats, parfois fragiles mais tangibles. Ils démontrent surtout qu'il existe un lien direct entre le sérieux de leur engagement, souvent social et éducatif au départ, leur implication religieuse et les fruits portés. C'est dire que l'argument, souvent agité par les milieux progressistes, du poids de la « sécularisation » — société sans Dieu agissant comme un rouleau compresseur de la foi — ne tient pas toujours. Les Évangéliques se développent particulièrement dans les sociétés les plus avancées et les plus sécularisées où ils disent répondre à une attente et une soif spirituelles fortes.

Autant dire que la question de la transmission de la foi et sa réussite est bien de la responsabilité de l'Église. Elle ne peut pas être abandonnée à une sorte de providentialisme qui cache souvent la paresse, la passivité, l'immaturité et... l'irresponsabilité. D'où la question qui va être posée aux cardinaux avec une acuité jamais atteinte : pourquoi l'Église a-t-elle lâché prise sur ce qui a pourtant constitué sa force pendant deux millénaires, à savoir le souci et les méthodes de la transmission du message pour une intelligence de la foi, le zèle apostolique pour la diffuser dans le monde entier ? Tous les autres dossiers découlent de ces option et méthodologie fondamentales : vouloir ou non évangéliser ; s'en donner les moyens. Les autres débats, pourtant sensibles — sur les vocations sacerdotales, la morale, la liturgie, l'identité chrétienne, la gouvernance de l'Église, ses finances, les relations avec l'islam —, dépendent de ce logiciel central de l'Église catholique dont l'ADN, ou l'algorithme, n'est autre que l'annonce du Christ.

À vrai dire, tous les cardinaux sont d'accord sur ce point. Ce sont les moyens pour réaliser cet objectif qui créent la grande fracture pastorale dans l'Église catholique. Deux visions, deux mondes s'opposent frontalement. La grande nouveauté du conclave à venir réside dans le fait que ces deux écoles ne sont plus théoriques. Après le pontificat de François, tout aura été tenté : l'expérience de l'évangélisation classique à la Jean-Paul II et à la Benoît XVI ; l'expérience de la « présence au monde » progressiste, à la François. Toutes deux auront exercé le pouvoir suffisamment longtemps pour que les fruits portés soient vérifiables même s'il est toujours prétentieux de se mettre à la place de Dieu pour évaluer la conduite de l'Église. Elle obéit avant tout, nous l'avons suffisamment écrit, aux facteurs invisibles de la spiritualité et, un peu, aux lois humaines. Des indicateurs objectifs, comme celui des vocations sacerdotales et le taux de baptêmes, permettent toutefois d'apprécier la santé du corps ecclésial, son attractivité, son potentiel d'avenir.

L'Église s'accorde-t-elle sur la foi catholique ?

À côté de l'enjeu ecclésial de l'application du concile Vatican II, de la politique d'évangélisation, active ou passive, des méthodes plus ou moins efficaces de transmission de la foi, se cache, brûlant, un problème un peu tabou mais central : la foi de l'Église. Beaucoup estiment qu'il n'y aurait aucune divergence sur le fond entre catholiques. La fin du pontificat de François pose toutefois une question aux yeux de beaucoup : qu'est-ce qui différencie vraiment l'Église catholique des Églises protestantes ? La formulation est crue, elle ne sous-entend pas que le pape serait luthérien, ce serait absurde, mais elle circule dans les milieux catholiques modérés. Ils ont longtemps soutenu le pontificat, ils doutent à présent de plusieurs orientations.

En relativisant, par exemple, l'accès au sacrement de l'eucharistie, fondement spécifique de l'Église latine romaine, François n'a-t-il pas pris le risque d'une certaine « protestantisation » de l'Église ? Cela lui a été reproché lors du synode sur la famille. À l'inverse, beaucoup ne comprennent pas pourquoi l'Église catholique ne distribuerait pas la communion à qui le désirerait. Personne, pour eux, ne devrait être exclu de l'eucharistie. Elle porterait mieux son nom de communion.

La foi eucharistique, on l'a vu plus haut, a été ouvertement combattue par la réforme protestante à partir de 1517. Ce qui devait conduire le pape Paul III à convoquer en 1542 le concile de Trente, déjà évoqué, qui allait réaffirmer et magnifier dans l'art, la liturgie et l'approche théologique, cette foi eucharistique en la « présence réelle ». Cette croyance avait été théorisée par la notion de « transsubstantiation » par saint Thomas d'Aquin (1225-1274). À savoir qu'en conservant la même « apparence », l'hostie consacrée par le prêtre, quand il prononce les paroles du Christ de la dernière Cène, demeure visuellement et qualitativement du pain azyme, sans levain, tout en étant devenue « substantiellement » le corps du Christ, « réellement présent » sous ces espèces comestibles. De même, pour la coupe de vin du même « sacrifice », elle devient « sang du Christ » dans la foi catholique la plus ancienne quand le célébrant prononce les paroles du Christ lors de la Cène : « Prenez, ceci est mon corps », « ceci est mon sang, le sang de l'Alliance[1] ». L'hostie « consacrée » est ensuite distribuée pendant la « communion » à des fidèles. Ils sont censés être « en état de grâce » après s'être confessés auprès d'un prêtre qui leur a donné, au nom du Christ, l'« absolution » de leurs péchés non seulement avoués mais explicitement regrettés. Cela paraît strict, c'est aujourd'hui appliqué de façon souple, mais c'est l'orthodoxie de la foi eucharistique.

Cette théologie de l'eucharistie est un point nodal pour l'Église catholique. Elle semble oubliée parfois mais on ne peut pas comprendre l'essence du catholicisme sans elle. C'est elle qui explique la transmission apostolique entre les premiers apôtres et les papes, les papes et les évêques, les évêques et les prêtres. Tous les autres sacrements de la vie chrétienne catholique proposée aux fidèles par les prêtres lui sont liés : baptême, confirmation, confession, mariage, avec des conditions d'accès précises, spirituelles et morales. Elle justifie les questions si débattues de liturgie, cet art de célébrer la messe, défendu avec constance par les traditionalistes mais pas seulement. Elle induit des habitudes culturelles dans l'Église, la construction d'églises pour abriter les célébrations avec un tabernacle à une place centrale, coffre ornementé qui abrite les hosties consacrées non consommées à la messe, mais « sacrées » car signe de la « présence réelle » du Christ, donc de Dieu lui-même, dans le sanctuaire ; tabernacle devant lequel les catholiques s'agenouillent ou s'inclinent en signe de respect et d'adoration. C'est encore la théologie de l'eucharistie qui rythme la vie dominicale des communautés avec la messe du dimanche, premier jour de la semaine pour les chrétiens, et qui fut obligatoire pour les pratiquants il y a encore peu. La question eucharistique est le cœur même

1. Évangile de Marc, 14.

de la vie catholique, elle n'est pas un détail de l'histoire de l'Église. Elle est la clé de voûte de la culture et de la spiritualité spécifiquement catholiques, parce qu'elle est l'un des moyens d'entrer spirituellement en union avec le Christ.

Il se trouve que deux papes récents, Jean-Paul II et Benoît XVI, ont placé ce sujet eucharistique à la source et au centre de leur pontificat. C'était une évidence ecclésiologique pour le pape polonais qui savait combien l'Église polonaise, pourtant combattue pendant des décennies, avait résisté contre le communisme par sa foi eucharistique et mariale. L'ancien archevêque de Cracovie a proposé à l'Église mondiale un renouveau sur ces deux plans de la piété catholique, eucharistique et mariale, ce qui a permis un renouveau des vocations sacerdotales après le vide des années 1970 de l'après-concile Vatican II. En théologien, Benoît XVI a toujours accordé une première place à la célébration de la messe qui exaltait la foi en la « présence réelle ». C'est lui qui réforma par exemple les JMJ (Journées mondiales de la jeunesse) pour y introduire une adoration eucharistique silencieuse massive. On vit ainsi à Madrid des centaines de milliers de jeunes prier à l'unisson et en silence devant un ostensoir géant contenant une grande hostie consacrée.

Cette attitude de dévotion n'a jamais rien enlevé à l'exigence caritative et sociale du catholicisme. Elle n'a pas fabriqué des catholiques confits en dévotion. Il suffit de relire les encycliques de Jean-Paul II pour l'observer ou de méditer un instant sur la vie de Mère Teresa. Le pape François n'a donc pas inventé le catholicisme social contre l'obscurantisme moyenâgeux et eucharistique de ses deux prédécesseurs, dénoncé par certains. Il se trouve surtout que l'eucharistie n'a pas changé. Mystère de foi incompréhensible et impensable pour beaucoup, elle a toujours été le moteur de l'action caritative et sociale et non le terrain d'envol d'un christianisme éthéré. Il n'y a pas d'opposition entre prière eucharistique et action mais une complémentarité vitale, affirme le catholicisme le plus modéré.

Différent est le positionnement pastoral du pape François qui revendique souvent l'héritage d'« ouverture » du pape Jean XXIII. Ils ont en effet ceci en commun d'avoir voulu « ouvrir » l'Église au monde pour la faire sortir de son cadre traditionnel afin d'« entrer en dialogue » avec ceux qui en sont éloignés ou qui ne la connaissent pas. François a poussé en pratique ce que Jean XXIII vivait en esprit : conduire le plus grand nombre vers le mystère de l'Église sur un mode libéral et peu contraignant, en estimant que l'essentiel est la rencontre entre la personne et le Christ et non les conditions d'accès. Le chemin vers Dieu, insiste François, ne se limite pas à l'eucharistie, il suppose la lecture des Évangiles et de la Bible, tradition d'inspiration protestante, une évidence pour les catholiques depuis le concile Vatican II. Ces voies divines comprennent l'action charitable auprès des plus pauvres sur laquelle François a beaucoup insisté. Deux accents évidemment partagés par ses prédécesseurs. La nouveauté avec ce pape est sa conception d'une « Église ouverte », sans frontière, ni « garde-barrière », d'une Église « en sortie » selon ses mots, qui aurait abattu ses murs. Les fidèles ne seraient plus « enfermés » dans le culte eucharistique mais poussés, loin dehors, aux « périphéries », pour témoigner du Christ non par des mots, des théories ou en exhibant leur certificat de baptême mais par des actes concrets, d'actions sociales, sur un mode compatible avec les autres religions, l'islam notamment, et avec les agnostiques ou les athées.

Bref, un catholicisme « ex-claustré », sorti de son cloître supposé, en harmonie avec l'esprit du monde considéré comme positif, voulu par Dieu tel qu'il est, et non tel que l'Église le rêverait. Ce programme fut à la base de la convocation par Jean XXIII du concile Vatican II en décembre 1961. Le « monde », dans le langage de l'Église, désigne tous ceux qui vivent hors d'elle. Avant le concile, ces gens étaient à convertir, à rapatrier dans l'Église considérée comme la seule voie du salut éternel. Après le concile, le « monde » devait être apprécié tel qu'il était, par les catholiques qui avaient désormais le devoir non pas de le fuir, mais d'entrer en dialogue avec lui. L'Église ne se considérait plus en position de surplomb.

François porte cette vision que la majorité des fidèles partagent mais pas forcément au point de relativiser la centralité pastorale de l'eucharistie qui est le marqueur catholique par excellence. En visite en Hongrie le 29 avril 2023, il a par exemple donné ce conseil cinglant de prière aux prêtres : « Le tabernacle, pas l'écran ! » Mais il a appliqué sa visée pastorale en lançant le « synode sur la famille » en 2014 et 2015 que nous avons longuement évoqué pour permettre précisément aux divorcés-remariés d'accéder, à certaines conditions, à la communion eucharistique pour laquelle il ne voulait plus de barrières. François considère l'eucharistie comme un « médicament » pour aller mieux et non comme un « prix », récompense des « bons catholiques ». De fait, il a mené la vie dure à ces bons catholiques qu'il trouvait trop parfaits ainsi qu'aux prêtres un peu classiques ou traditionalistes, allant jusqu'à les traiter parfois de « pharisiens », c'est-à-dire d'hypocrites...

Le 29 juin 2022, François publiait d'ailleurs un nouveau document, intitulé *Desiderio desideravi*, une lettre apostolique expliquant pour la première fois de son pontificat que la présence réelle du Christ dans l'eucharistie n'était pas une transsubstantiation, dont il ne disait pas un mot, mais une actualisation mémorielle, symbolique mais concrète, à chaque messe, de l'unique Cène jamais célébrée, celle du Christ à Jérusalem, la veille de sa mort sur la croix. Actualisation « réelle » rendue possible par la sacramentalité globale de l'Église et non par l'explication traditionnelle du sacrifice conduite par le prêtre lors de la messe. Le pape ne récusait pas l'ancienne théologie mais il n'en parlait pas non plus. Surtout, la vision de François dépassait de loin la vénération d'une hostie consacrée, conservée dans un tabernacle. Il entendait rendre l'eucharistie plus accessible à tous ceux qui la désiraient sans leur opposer la présentation de certificats de bonne conduite.

Pour résumer, François aborde la « présence réelle » du Christ, du côté de Dieu, du désir de Dieu, de Dieu pour l'homme, de l'homme pour Dieu. Il parle de l'eucharistie comme une « fournaise de l'amour de Dieu ». Il voit donc le Christ « réellement présent » partout au même titre qu'il est présent dans tous les sacrements officiels de l'Église, sans oublier le « sacrement du pauvre » dans lequel François voit le Christ aussi présent dans le mendiant que dans l'hostie consacrée du tabernacle. C'est d'ailleurs une vieille tradition spirituelle de l'Église catholique, déjà exprimée par saint Augustin (354-430), bien connue et également défendue par Benoît XVI et Jean-Paul II mais peut-être avec moins d'insistance.

Ces deux papes considéraient en effet que l'urgence pour l'Église était de retrouver la profondeur de son mystère spirituel dans un monde sécularisé avant d'agir sur le plan social, ce qu'ils encourageaient tout autant. Ce mystère eucharistique, François l'explique autrement et veut surtout le rendre accessible à tous, sans condition particulière, sinon de le désirer. Il évoque peu la vision classique de l'eucharistie. Elle est inspirée, ne l'oublions pas, du concile de Trente qui lutta contre le protestantisme, et surtout de l'Évangile lui-même. Elle a exalté l'eucharistie, l'hostie consacrée, comme si Dieu était présent dans ce sacrement. D'où l'immense respect qui lui est dû, tout comme au prêtre célébrant qui est comme un « autre Christ ». D'où les conditions plus strictes d'accès à la communion, et à travers elle à la communion de l'Église. D'où les exigences de discipline de vie demandées au prêtre catholique.

Ces deux visions de l'eucharistie sont souvent connues sous les vocables de « traditionaliste » et de « progressiste », de droite conservatrice et de cathos de gauche. Mais la question n'est ni idéologique ni politique, elle est pastorale. Elle sera posée avec acuité au prochain conclave : l'Église catholique, qui s'attribue la responsabilité d'apporter le salut promis par le Christ à tous, doit-elle maintenir ou non les conditions d'accès qu'elle a longtemps exigées pour ses sacrements ? L'Église est-elle à ce point sacrée qu'elle en est inaccessible ? Doit-elle commencer par la « dimension sociale de l'évangélisation » comme le recommande l'exhortation apostolique, la « joie de l'Évangile » publiée par François en 2013 où il parle très peu de l'eucharistie ? Ou doit-elle remettre au premier plan sa dimension sacrée, sa « mystagogie », son mystère, dont l'eucharistie est le premier des sacrements, comme le fit Benoît XVI ? François pense qu'en lâchant du lest sur les questions morales, et donc sur les conditions d'accès aux sacrements, l'Église pourrait ainsi redevenir une Église pour tous et retrouver sa dynamique. D'autres assurent que ce pape conduit l'Église à la banalisation ; que sans identité forte, elle est devenue, sous François, une Église catholique « protestantisée ». Cette question de l'accessibilité pastorale de l'Église détermine aussi une autre question sous-jacente, celle de la prêtrise, car l'Église a besoin de prêtres consacrés et non de fonctionnaires de Dieu pour continuer à célébrer l'eucharistie, mystère central. Certains pensent que permettre le mariage des prêtres susciterait plus de vocations sacerdotales. D'autres, s'appuyant sur l'exemple de l'Église protestante, constatent que le mariage des pasteurs ne favorise pas l'éclosion des vocations. Chose vérifiée par les chiffres dans le judaïsme ou l'islam, les fonctions de rabbins ou d'imams, mariés mais peu valorisés socialement, attirent très peu.

Quoi qu'il en soit de la gestion de ce mystère central de l'Église, le mystère de Dieu va être l'un des enjeux les plus décisifs de ce nouveau conclave. Il est certain que les cardinaux ne veulent pas le déclin de l'Église catholique à laquelle ils ont voué leur vie pour suivre le Christ. Mais il est tout aussi sûr qu'ils désirent rendre l'Église plus accessible et plus ouverte à tous, sans pour autant galvauder son message et son mystère spirituel. Trop ouvrir banalise et affadit, assurent les uns, trop fermer exclut et durcit, rétorquent les autres. Les cardinaux ne sont pas des devins. Ils doivent décider d'une orientation nouvelle, en relative connaissance de cause, imparfaite mais suffisante pour choisir le cap à venir de l'Église catholique : retour à l'identité catholique ou poursuite de l'ouverture ? Ou, plus probablement, tentative de synthèse entre identité et ouverture. C'est souvent la voie médiane que choisissent les conclaves. Mais c'est la question du sacré qui est posée.

François a nommé des cardinaux électeurs à son image

Ces cinq enjeux majeurs du prochain conclave recoupent en réalité une seule question, celle de l'avenir de l'Église catholique. Le dernier enjeu de ce conclave concerne l'élection du successeur en elle-même. Car François, contrairement à ses récents prédécesseurs, a anticipé sa succession en choisissant avec soin des cardinaux nommés, selon le critère « conciliaire », à savoir leur pleine adhésion à une Église du concile Vatican II sans retour, sans « marche-arriérisme » vers le passé et la tradition. Il a même forgé ce néologisme, l'*indietrismo.* Il consiste « à aller en arrière », ce qui est une voie « toujours fermée », avait-il expliqué en italien — au retour d'un voyage au Canada en juillet 2022. Alors que Jean-Paul II et Benoît XVI avaient su nommer des cardinaux d'une autre sensibilité que la leur, parfois opposée, pour honorer la diversité des opinions et des pasteurs méritants, et par honnêteté intellectuelle, François, en jésuite, expert en gestion du pouvoir, a très majoritairement privilégié des hommes dans sa ligne en vue d'assurer la continuité de son pontificat et sa vision de l'application moderne du concile Vatican II. Ses cardinaux, il les a plutôt choisis parmi des pasteurs de terrain, issus de zones très reculées ou exposées à des conflits, et non parmi l'élite des théologiens ou chez des archevêques des mégapoles et capitales du monde comme il était d'usage. Les seuls théologiens ou intellectuels de taille ou évêques de renom que François a nommés cardinaux ne l'ont été qu'à plus de quatre-vingts ans, c'est-à-dire à un âge leur interdisant d'entrer en conclave dans la chapelle Sixtine pour élire le successeur. François, nous l'avons dit, veut une Église de pasteurs, pragmatiques, ouverts et proches des réalités du monde. Il a exclu les dogmatiques de la direction de l'Église.

La réalisation finale de ce volontarisme politique, justifié par les meilleures raisons du monde, celle d'assurer une continuité des réformes portées par François, aura été totalement achevée à la fin du mois d'août 2022. François convoquait son huitième consistoire, avec une promotion de vingt cardinaux. À cette date, et en seulement neuf années et demie de pontificat, il avait donc nommé 63 % des cardinaux électeurs, âgés de moins de quatre-vingts ans. Soit un pourcentage décisif, puisque l'élection de son successeur exigera, comme celle de ses prédécesseurs, 66 % des suffrages. Si un conclave était alors survenu, François aurait nommé 83 des 132 électeurs âgés de moins de quatre-vingts ans, les 63 % de l'assemblée. À 132 électeurs, chiffre actuel, la majorité requise pour élire un pape, fixée à 66 %, aurait été de 87 voix. Les quatre voix théoriquement manquantes seraient faciles à trouver chez des cardinaux nommés par Benoît XVI qui se reconnaissent dans le pontificat du pape argentin. Un autre consistoire fut annoncé pour le 30 septembre 2023 pour remplacer, cette fois, onze cardinaux ayant atteint la limite d'âge des quatre-vingts ans, soit une majorité absolue de cardinaux créés par François.

L'autre indicateur indubitable de ce volontarisme assez univoque du pape François pour assurer au plus vite une majorité apte à élire un successeur dans sa ligne touche au nombre de « consistoires » — nom donné à la cérémonie de création de cardinaux — que François aura convoqués : neuf en dix années de pontificat, quand Jean-Paul II en convoqua neuf en vingt-cinq ans de pontificat et Benoît XVI quatre en huit années de règne... Ces deux derniers pontifes n'étaient pas dans l'état d'esprit de maîtrise politique du cours des choses, laissant peut-être à Dieu, sur ce plan en tout cas, la conduite des affaires. François, lui, chercha à modifier au plus vite le visage du Sacré Collège ainsi que l'on appelle l'assemblée des cardinaux. Il est ainsi allé trois fois plus vite en la matière que son prédécesseur polonais et deux fois plus vite que son aîné allemand. On attribue cette phrase à saint Ignace de Loyola, le fondateur des Jésuites, même si d'autres assurent que la paternité en reviendrait à Luther, le fondateur du protestantisme : « Prie comme si tout dépendait de Dieu, agis comme si tout dépendait de toi. » Cette maxime s'applique comme un gant à la gestion, par François, de sa succession par lui-même. Même si rien n'est jamais acquis en matière d'élection papale, c'est parmi ces profils d'hommes, moins intellectuels qu'auparavant et très décidés à poursuivre l'œuvre de réforme ouverte par François, que les cardinaux du Sacré Collège vont devoir choisir.

Le pape idéal n'existe pas, en effet, les cardinaux le savent mieux que quiconque. Ces hommes en soutane rouge, même si certains sont idéologisés, cherchent en réalité l'homme qui saura s'adapter le mieux aux circonstances présentes et qui sera capable de porter la redoutable charge imposée par cette fonction. Il peut donc y avoir des surprises. Car l'élection d'un pape n'est pas celle d'un président de parti ou de syndicat qui se présenterait avec un programme clé en main. La présélection puis la sélection suivent un processus complexe, non écrit, intuitif, on va le voir, qui rend caduques les prévisions fondées sur les seuls rapports des forces parmi les électeurs, comme les équations simplistes droite-gauche. De même, la personnalité d'un futur pape ne suffit pas à faire le vote. Si elle est trop affirmée ou trop éteinte, elle peut desservir le « candidat ». Le mot « candidat » est entre guillemets parce que personne ne se « présente ». Cette « sélection » tient à la fois de la cooptation fraternelle et de la décantation, avec des critères multiples qui peuvent bouger du tout au tout entre deux scrutins. Le principe majeur est la recherche d'une adéquation entre un profil d'homme et des besoins considérés comme urgents pour l'Église en fonction du contexte de cette élection-là et non des précédentes.

Tout est toujours possible dans cette élection unique au monde tant l'alchimie cléricale est subtile. Dans un premier temps, les scrutins obéissent davantage aux calculs politiques qu'aux motions de l'Esprit saint. Dans un premier vote, deux ou trois groupes décidés promeuvent en effet leur candidat, alors que la majorité vote sans forcément connaître les cardinaux choisis. Les autres tours de scrutin voient se produire des ralliements et des éliminations, avec des chefs naturels qui mènent la marche, des « faiseurs de pape » en quelque sorte. En cas de blocage entre deux tendances, des candidats « surprises » peuvent émerger, Jean-Paul II fut ainsi choisi. Sans oublier, le « Saint-Esprit ». Dans la spiritualité chrétienne, il est censé assister ces hommes de Dieu pour autant qu'ils s'y soumettent totalement. Mais le mythe d'une élection purement surnaturelle dans lequel les catholiques sont entretenus comme de petits enfants mérite d'être éclairci pour que l'Église gagne en maturité. En tout cas, le pape, comme les cardinaux, sait que l'intercession divine ne va pas sans des luttes préalables de pouvoir, acharnées et parfois désespérées, de dernière minute, d'alliances à voix basses et de trahisons, de coups bas, qui se terminent pour certains groupes par la cendre incandescente d'une fumée... noire. Laquelle fumée est nourrie par les bulletins de vote détruits par le feu dans un poêle à l'ancienne. À la fin, une majorité d'entre eux dit avoir été visitée, juste avant la fumée blanche, par l'évidence intérieure que l'élu était bien celui qu'ils attendaient. Mais quelle bataille ! C'est pour cette raison que le pape François, en fin politique, a anticipé pour vraiment peser sur le choix de son successeur et assurer la pérennité de ses réformes.

10

LES SECRETS DU CONCLAVE

Les légendes les plus irrationnelles enveloppent l'élection du pape par les cardinaux enfermés sous clé, « conclave », dans la prestigieuse chapelle Sixtine. Il est vrai que l'atmosphère du lieu porte au ciel. En voûte, les fresques de Michel-Ange évoquent la création de l'homme par Dieu. Le doigt divin désigne l'homme, il existe soudain. En bas, les robes rouges s'apprêtent à « créer » un homme en blanc de la même façon qu'ils furent « créés » cardinaux, selon l'expression en usage, par François, Benoît XVI ou Jean-Paul II. Quand ces prélats s'avancent l'un derrière l'autre en montrant ostensiblement, non pas le contenu de leur vote mais le billet manuscrit où ils ont écrit leur choix pour le déposer dans l'urne, leur regard tombe sur l'autre fresque murale de Michel-Ange. Magistrale, elle illustre le Jugement dernier avec, en son centre, le Christ en gloire. Il y a de quoi impressionner cette centaine d'hommes déjà affligés par le poids de l'âge, soixante-douze ans en moyenne. Ils tiennent à portée de main le vote décisif d'un pape qu'ils vont faire entrer dans l'histoire, et s'ils ouvrent les yeux, ils ont en vue la fin des temps et en voûte la création du monde. Ces longues minutes passées en ce lieu unique conjuguent le présent et l'éternité. Ces frêles mortels doivent choisir celui qui prendra la responsabilité, devant Dieu, d'assurer la transmission de la foi chrétienne sur terre, selon la tradition catholique, pour conduire éternellement les âmes vers Dieu. Cet héritage bimillénaire doit perdurer. Il passe par leurs modestes personnes. Le choix du nouveau pape est surhumain mais il est aussi très... humain, et il a ses secrets.

Dans cette succession, la main de l'homme est présente autant que celle de Dieu même si l'Église catholique, par un sens intemporel de la cérémonie, du mystère, donne l'impression que les cardinaux auraient un rendez-vous avec Dieu dans la chapelle Sixtine. L'instant serait comparable à l'Éternel qui parlait à Moïse entrant seul dans la tente, selon le récit du livre de l'Exode, au signal d'une « colonne de nuée » qui s'arrêtait au-dessus du lieu. On a conservé au Vatican une fumée blanche, signal archaïque qui annonce aux fidèles, hors du saint des saints, l'élection du pape, suscitant l'impression d'un mystère. Rien d'extraordinaire, ce n'est rien d'autre que l'émanation des bulletins de vote des cardinaux, scrupuleusement brûlés après chaque scrutin, dans un poêle installé pour la circonstance dans la chapelle Sixtine. Deux ajouts ont été concédés à la modernité. Des colorants chimiques, noir et blanc, pour distinguer l'absence de majorité — fumée noire — de l'élection — fumerolle blanche. La fumée, naturellement grise, s'est souvent montrée trop ambiguë... Quant à la paille fraîche utilisée pour produire un fumet blanc, elle n'était pas fiable. La seconde innovation fut l'installation d'un petit moteur pour accélérer le tirage du poêle après une mauvaise expérience où un vent malin avait rabattu la fumée dans la chapelle Sixtine incommodant les cardinaux enfermés à clé !

Les vrais mystères de Dieu ne sont pas les mystères de l'Église visible, souvent très humains. Ces mystères de l'Église sont même entretenus sous couvert de secrets pour les catholiques que l'Église continue d'infantiliser en leur laissant croire ce qui n'est pas vraiment la réalité. De ce point de vue, les catholiques italiens, mieux informés et moins naïfs, ne sont pas dupes. Ils savent que l'élection du pape, dont ils ont souvent eu la maîtrise, ne tombe pas du ciel, portée par la colombe de l'Esprit saint qui déposerait sa branche d'olivier sur la tête d'un cardinal. L'élection, pour spirituelle qu'elle soit, est issue d'un véritable « travail » au sens d'un accouchement très difficile et douloureux, car les tensions sont vives entre groupes de cardinaux qui ne partagent pas la même vision du portrait idéal du successeur. L'élection est sans doute spirituellement inspirée, plutôt « assistée », dit l'Église, par l'Esprit saint. De fait, la volonté humaine tient une place certaine dans ce processus, même si Dieu sait probablement retourner des situations maîtrisées en apparence. On le vit pour l'élection surprise de Jean-Paul II à la suite de la mort inattendue de Jean-Paul Ier. Elle mettait fin à l'hégémonie italienne sur la papauté qui n'avait vu aucun pape non italien depuis... 1522, soit près de cinq siècles ! Dieu finit par se frayer des chemins malgré les cardinaux, pourrait-on dire... La plupart sont des hommes de prière, de bonne volonté. Ils sont les premiers à reconnaître leurs limites, mais ils ne lâchent rien quand ils défendent leur vision de l'Église, qui n'est pas nécessairement celle de leur voisin.

Secret de cardinal

Au cœur du décorum — l'extraordinaire chapelle Sixtine, l'impressionnant cérémonial, la fermeture à clé des portes, le rituel du vote, la fumée blanche —, un élément discret mais puissant entoure l'élection, c'est le secret. Il est juridiquement très cadré. Avant de lancer les scrutins et de fermer la porte à double tour, les cardinaux auront prêté serment public pour s'engager à « exercer fidèlement le *munus petrinum* », c'est-à-dire la charge de l'apôtre Pierre, et celle « de pasteur de l'Église universelle » avec mission « d'affirmer et de défendre avec courage les droits spirituels et temporels, ainsi que la liberté du Saint-Siège ». Curieusement, ce langage très juridique, institutionnel, ne parle pas du Christ ou de l'Évangile. Il garantit une élection « par disposition divine » mais il parle d'autorité, de gouvernement et de secret. « Surtout », précise ainsi le serment, les cardinaux s'engagent dans la même foulée en « promettant et jurant » de « garder avec la plus grande fidélité [...] le secret sur tout ce qui concerne l'élection du Pontife Romain » et « de ne violer en aucune façon ce secret aussi bien pendant qu'après l'élection du nouveau Pontife ». Et de « n'aider ou de ne favoriser aucune ingérence » issue notamment « d'autorités séculières », qui pourraient « s'immiscer dans l'élection du Pontife Romain ». Le secret sur l'élection occupe les deux tiers du serment.

Un deuxième tour de clé est ensuite donné. Après ce serment collectif, lu à haute voix par le doyen du Sacré Collège, les cardinaux le confirment, individuellement, en jurant sur la Bible, en lisant cette déclaration publiquement devant leurs frères : « Et moi, N. Cardinal N., je le promets, j'en fais le vœu et je le jure. Que Dieu m'y aide ainsi que ces saints Évangiles que je touche de ma main. » Ces engagements officiels sont publics, ils sont contenus dans la Constitution apostolique, *Universi Dominici gregis*, sur la « vacance du siège apostolique et de l'élection du pontife romain », publiée sous Jean-Paul II et plusieurs fois remaniée par ses successeurs. Une fois cette promesse solennelle de silence exprimée, le Maître des cérémonies pontificales peut alors déclamer d'une voix forte : *extra omnes.* Ceux qui ne sont pas cardinaux électeurs ont quelques minutes pour quitter la chapelle Sixtine avant que les portes ne soient fermées à clé.

Pourquoi cette obsession du secret? L'intention est triple : préserver l'unité de l'Église, car les cardinaux savent d'expérience qu'ils sont divisés et qu'il importe, une fois le pape élu, de serrer les rangs et ne jamais divulguer les affres des divergences sur l'élection, ses candidats battus, ce qui affaiblirait l'unité de l'Église. La deuxième raison est historique : elle vise à les couper de toute influence extérieure, entendez : les familles italiennes, il y a quelques siècles ; les empires politiques puissants d'hier ; les nouvelles formes d'empire — politique, économique, culturel — actuelles. Le Vatican préserve jalousement son autonomie pour que l'élection soit aux mains des seuls cardinaux dont on souhaite qu'ils soient coupés de tous liens nationaux, de réseaux, familiaux, pour le seul bien de l'Église. Un véritable dôme électronique coupe toutes les communications au-dessus des têtes mitrées. On ne sait pas, autre secret, quelle société privée ou quelle puissance — les services secrets italiens ? — assurent cette mise en œuvre. Cet isolement reste toutefois une vue de l'esprit : ce n'est pas en vingt-quatre, quarante-huit ou soixante-douze heures de conclave que ses membres, même artificiellement coupés du monde, vont devenir totalement indépendants de toute influence, à commencer par le jeu de leurs lobbys internes ! Ils se sont réunis à Rome pendant une dizaine de jours avant l'entrée dans la Sixtine. Ils ont amplement délibéré et n'ont nul besoin de téléphones portables pour échanger... De simples mots écrits ou de courtes conversations de couloir dans la maison Sainte-Marthe où tous les électeurs sont nourris et logés depuis la veille de l'entrée dans la chapelle Sixtine suffisent pour tenter d'orienter l'élection. Ce relatif isolement des cardinaux permet cependant de créer un climat de recueillement et de prière, qui doit présider à ce genre d'élection.

Ce luxe de secret est une façon, troisième raison, de n'avoir de compte à rendre à quiconque, à commencer par le peuple de Dieu, évêques, prêtres et laïcs, que l'on entretient, par le biais d'un pseudo mystère, dans l'ignorance sur cette élection réservée à la caste des cardinaux. Il y a quelque chose de divin dans cette élection qui défend la foi catholique puisqu'elle poursuit la succession de saint Pierre, le premier des apôtres qui a été choisi par le Christ dans la tradition catholique. L'Église en tire son autorité, mais pourquoi ne pas en rendre compte, ne serait-ce que pour l'édification des fidèles et leur maturité, en distinguant ce qui est la part de l'homme de ce qui est la part de Dieu ?

Sait-on en effet que le secret de l'élection pontificale est une invention très récente ? Elle remonte à la fête de Noël 1904. Pie X avait été élu le 4 août 1903 lors d'un conclave où les puissances européennes avaient voulu peser sur le choix du pape, selon un vieux privilège accordé un siècle plus tôt à la France, à l'Espagne, à l'Autriche et au Portugal, leur permettant de mettre un veto, appelé l'« exclusive », à des candidatures. Pour éviter ces ingérences dans l'élection et les influences italiennes encore très vives, Pie X prit des mesures radicales. Il publia une constitution apostolique, *Vacante sede apostolica*, pour interdire avant le conclave toute réunion préalable d'entente possible sur un candidat, et il imposa surtout le secret sur les scrutins, pendant et après l'élection. Mesure qui allait être renforcée à plusieurs reprises depuis. Le 5 septembre 1962, Jean XXIII modifia cette règle, et d'autres, par un *motu proprio*, *Summi pontificis electio,* en permettant que son successeur puisse donner le droit à un conclaviste, après un temps certain, de raconter le déroulement de l'élection. Seul le pape peut relever du secret du conclave un cardinal témoin qui le lui demanderait. Si personne ne conteste à l'assemblée des cardinaux le besoin de sérénité pour élire le pape, il n'est pas impossible que le secret sur cette élection, très récent à l'échelle de l'histoire de l'Église, puisse un jour évoluer. Cet acte n'est pas banal, il n'est pas non plus exceptionnel. Les élections papales ont eu lieu tous les dix ans en moyenne au XXe siècle. Il serait sain pour l'Église de revenir à la pratique traditionnelle où les résultats des scrutins d'élection du pape étaient publiés après coup dans le souci d'informer la communauté des fidèles de la vérité des opinions et des tendances dans l'Église plutôt que de les entretenir comme toujours dans l'illusion d'un acte quasi mystique. Il y a de la haute spiritualité dans l'élection d'un pontife romain, il y a tout autant de la haute politique.

✧

Cette culture du secret, en vigueur au conclave, évolue en effet dans l'Église. Aux États-Unis par exemple, tous les votes de la conférence des évêques sont publiés, objet du vote, question par question, et surtout, résultats. L'Allemagne n'est pas loin de ce modèle. En France, ces informations sont secrètes. Comme si le pourcentage du vote des évêques au sein de la conférence devait rester caché des fidèles. On les considère sans doute inaptes à comprendre, alors que les évêques se disent les premiers des « serviteurs » de leur peuple. Ce qui pourrait être considéré comme un abus de pouvoir clérical a surtout pour but d'entretenir vis-à-vis des fidèles la fiction et le mythe de l'unité du corps épiscopal. Les évêques, désunis en partie sur beaucoup de points, ne veulent pas le montrer. Ils estiment que cela nuirait à la sacro-sainte image de l'Église dont le visage extérieur doit être lisse et parfait. Cette discussion ne porte pas sur le secret de la confession, reconnu et assimilé dans le droit français par exemple au secret professionnel, comme celui d'un médecin ou d'un avocat. Le secret pontifical qui n'est autre qu'une forme de secret d'État visant à protéger les intérêts de l'Église catholique n'est pas non plus en cause. Mais ce monde où le silence est une vertu alimente une puissante culture du secret. Elle est la pire et la meilleure arme de l'Église catholique. Une autre nouveauté, les scandales des abus sexuels dans l'Église, bouscule ce paravent. Ces affaires ont poussé Benoît XVI, puis François, à combattre la prééminence de cette culture du silence très caractéristique de l'Église catholique. Dans un esprit de transparence,

François a décidé par exemple de publier désormais les résultats des votes des assemblées synodales à Rome ainsi que le contenu des propositions votées. Le secret se dévoile peu à peu. Il demeure néanmoins l'une des données essentielles et constantes de l'élection du pape. Est-il à ce point nécessaire ? Sans compter qu'un ingrédient de la culture ecclésiale, moins connu, joue un rôle capital dans le conclave.

C'est la culture de l'obéissance. Elle est discrète mais pas moins prégnante dans la hiérarchie catholique avec des conséquences sur la relation entre prêtres et fidèles. Ces derniers sont plutôt soumis aux clercs et ce fut là l'une des lignes de combat du pape François qui fustigea de toutes ses forces le « cléricalisme », c'est-à-dire l'excès de pouvoir du prêtre qui, sous prétexte de direction spirituelle, empiète parfois sur d'autres domaines. Comme le secret, l'obéissance est donc une des règles de fonctionnement de l'Église en son gouvernement interne. Ce binôme secret-obéissance a ses raisons théologiques et historiques, mais il a eu un effet profondément pervers, quand cette obéissance assortie au « secret pontifical » servit à couvrir des scandales afin de préserver la bonne image publique de l'Église et la foi de ses fidèles.

✧

Il importe de comprendre comment fonctionne cette obéissance avant d'entrer dans le détail du déroulement du conclave. Au même titre que le célibat, le prêtre promet l'obéissance à son évêque le jour de son ordination au sacerdoce. Ce vœu est d'ailleurs la dernière question d'une série de cinq, préalables et publiques, que l'évêque pose au candidat : « Promettez-vous, à moi et à mes successeurs, le respect filial et l'obéissance ? » L'obéissance demandée est assimilée spirituellement à l'obéissance du Christ à son Père, selon les Évangiles. Mais l'obéissance est un autre outil efficace de gouvernement et d'unité à tous les niveaux de l'Église : même si le prêtre n'est pas d'accord avec son évêque, il doit reconnaître dans l'obéissance que les décisions prises par l'évêque, pour le prêtre, expriment la « volonté de Dieu ». Ce n'est pas une obéissance militaire au sens où elle ne souffrirait aucune discussion mais le résultat, même après échange entre le supérieur et le subordonné, revient au même : la volonté de l'un s'impose à l'autre, parce qu'elle serait celle de Dieu. Le prêtre s'engage à exécuter ce que l'évêque lui demande. C'est un garde-fou contre les dérives éventuelles ou les ruptures d'unité dans l'Église, mais qui peut nourrir une culture de l'irresponsabilité et une communion fraternelle un peu forcée. Ce même schéma se reproduit entre le pape et les évêques, entre le pape et les cardinaux. Ou entre le pape et ses nonces apostoliques qui le représentent à travers le monde, comme des ambassadeurs. Ou encore, à Rome, entre certains chefs de dicastères et les évêques de terrain, car ces ministres du Vatican sont tout-puissants — par délégation papale — dans leur domaine de compétence. En effet, l'évêque, comme le prêtre, est tenu à l'obéissance envers ses supérieurs. La question du secret pontifical n'est pas publiquement évoquée lors de l'ordination épiscopale mais, plus qu'un prêtre, un évêque a accès à des documents ou des informations couverts par le secret pontifical qui est une sorte de « secret-défense » pour l'Église.

Ce binôme secret-obéissance, vrai pour l'évêque et le pape — il y a plus de cinq mille évêques dans le monde — est encore plus contraignant entre les cardinaux — ils sont environ deux cents — et le pape. Les cardinaux sont les conseillers du pape, son conseil de sages, son sénat. Ils peuvent avoir accès à des données sensibles et être tenus, par obéissance au pape, au secret le plus absolu. Les cardinaux, qui sont tous personnellement choisis parmi les évêques, avec grand soin par le pape, font également vœux de soumission et d'obéissance le jour où le pape les adoube. Voici le texte, prononcé publiquement en latin devant le tombeau de saint Pierre et devant le pape. Radical, il mérite d'être cité car il est peu connu : « Moi [son nom], cardinal de la Sainte Église Romaine, je promets et je jure de rester, d'aujourd'hui et à toujours, tant que je serai en vie, fidèle au Christ et à son Évangile, constamment obéissant à la Sainte Église Romaine Apostolique, au Bienheureux Pierre en la personne du haut pontife romain François et à ses successeurs canoniquement élus, de conserver toujours, par les paroles et les œuvres, la communion avec l'Église catholique ; de ne manifester à personne ce qui m'aura été confié, de garder tous les secrets dont la révélation pourrait provoquer des dommages ou déshonorer la Sainte Église, d'accomplir avec grande diligence et fidélité les devoirs auxquels je suis appelé au service de l'Église, selon les normes du droit. Puisse Dieu omnipotent m'aider. » Ce serment est ignoré des fidèles mais il en dit long sur les limites de liberté imposées à un cardinal. Se taire pour protéger l'Église est une obligation parfois aussi importante que celle de rester « fidèle au Christ ». Un cardinal doit tenir sa langue. Toute organisation a besoin d'un espace de discrétion pour vivre. Sans revendiquer une transparence à tout prix et sa tyrannie, une institution chrétienne comme l'Église catholique, religieuse, morale, publique, gagnerait, notamment après la crise de la pédocriminalité et le combat de François contre le cléricalisme, à mieux délimiter ses zones de secret et à justifier leur légitimité. Cela contribuerait à reconstruire sa crédibilité perdue.

Secrets de conclave

Une fois l'engagement du secret énoncé publiquement, les portes de la chapelle Sixtine sont fermées à clé. Les cardinaux sont assis, alignés sur des tables dans le sens de la longueur, on leur distribue des petits bulletins, pré-remplis, avec cette inscription latine : *Eligo in Summum Pontificem,* « J'élis comme Souverain Pontife ». Ils écrivent le nom de leur candidat, plient la feuille en quatre et s'approchent les uns derrière les autres en tenant à la vue de tous le bulletin qu'ils y introduisent. Ils prononcent de façon audible cette formule en latin : « Je prends à témoin le Christ Seigneur, qui me jugera, que je donne ma voix à celui que, selon Dieu, je juge devoir être élu. » Les bulletins sont dépouillés à haute voix puis ils sont reliés et attachés par un simple fil. Cette liasse est brûlée dans le poêle pour ne laisser aucune trace et envoyer un message. La fumée est noire tant que la majorité des deux tiers n'est pas acquise. Il peut y avoir quatre tours de scrutin par jour.

Comment obtenir des informations fiables sur ce qui se passe réellement ? Se produisent inévitablement des fuites recueillies par tel ou tel journaliste, généralement italiens il faut le dire, mais pas seulement, qui publieront ces bribes d'information dans la presse du lendemain. Sauf qu'au Vatican, personne ne donne des informations gratuitement. Une fuite a toujours une finalité comme celle d'affaiblir ou éliminer un adversaire, pour servir l'intérêt d'un autre, manœuvre organisée par son entourage qui œuvre à son élection. Ces données sont à utiliser avec grande précaution même si elles émanent de sources sérieuses.

C'est d'ailleurs pour contrer cette tendance trop discrétionnaire que les cardinaux américains avaient eu l'idée, lors de la semaine des congrégations générales du conclave 2013, qui allait élire le pape François, d'organiser chaque début d'après-midi une heure de conférence de presse pour dresser l'état des débats sans pour autant rompre le fameux secret pontifical. L'expérience inédite, pourtant très utile pour la presse, tourna court. Au terme de deux séances, le Vatican donna l'ordre formel, moins d'une heure avant la troisième séance, d'interrompre le processus qui nuisait, affirmait-on, à la sérénité des débats à huis clos des cardinaux. Aucun scoop n'avait été toutefois livré. Mais la hantise vaticane de voir des pressions, exercées de l'extérieur, menacer potentiellement la souveraineté des cardinaux, qui ne seraient pas capables de les juguler alors qu'ils sont déjà saturés à ce stade de pressions internes, finit par l'emporter. De plus, l'initiative pensée en vue d'une relative transparence conforme à la culture américaine n'était pas supportable pour une vision encore très italienne de la curie romaine qui ne voulait à aucun prix perdre le contrôle des opérations.

Une telle vanne d'informations, semi-officielle, ainsi ouverte, risquait de rompre les vieilles habitudes où le Vatican seul devait en effet décider de ce qu'il y avait à dire et penser publiquement lors de sa conférence de presse quotidienne, officielle, organisée à la salle de presse du Vatican. Demeurent heureusement, pour s'informer dans ce monde confus où règne finalement le mutisme sur les nouvelles importantes, l'expérience et les contacts éprouvés qui savent qu'ils ne seront jamais trahis. L'art consiste à combiner toutes ces informations d'où qu'elles viennent, tout en s'en méfiant par principe, de façon à en extraire le meilleur et saisir, dans ce monde du silence, la direction du vent. Sur cette base, une rapide analyse de la mécanique des cinq conclaves précédents va montrer que la réalité humaine de l'élection est flagrante. Les scrutins sont indéniablement baignés dans la prière mais ils sont incontestablement préparés et contrôlés par les hommes jusqu'à leur terme. Les calculs pour rallier le plus de voix possible sur le nom d'un candidat, ou le bloquer, révèlent l'âpreté de la confrontation entre les deux tendances, conservateurs et progressistes. Ces deux camps s'affrontent en effet depuis des décennies.

✧

Certains catholiques supportent mal ce type d'analyses. Ils jugent l'approche politique et inappropriée pour une élection papale qu'ils imaginent essentiellement providentielle si ce n'est divine. La vérité crue des conflits est occultée. Elle est cependant une réalité. Elle est liée à la nature humaine et à l'organisation séculaire de l'Église catholique qui a toujours privilégié le système électif pour choisir, à une certaine époque, ses curés et ses évêques, mais aussi tous les supérieurs des ordres religieux. Ces élections, même entre chrétiens, n'ont jamais coulé de source. Elles ont toujours exprimé des visions diamétralement opposées, suscité des rivalités. Elles ont également contraint l'avènement de saines alternances, rarement dans la douceur, plutôt dans la douleur. Cette âpreté nourrit la vitalité de l'Église qui n'a jamais été une compagnie uniforme. L'uniformité cléricale de surface n'est pas l'authentique tradition chrétienne où les divergences étaient énoncées publiquement pour être discutées et débattues à la recherche de l'unité. Si la communion existe sur le plan métaphysique — les chrétiens sont assimilés spirituellement au Christ qui est la véritable source de l'harmonie —, elle n'est pas spontanée dans le quotidien terrestre où des conflits internes, souvent silencieux, se déploient.

La vie interne de l'Église n'a pas toujours été apathique comme elle l'est aujourd'hui. Les personnalités qui pensent hors du cadre sont évitées, elles accèdent peu aux responsabilités. Le manque de docilité est mortel pour une carrière ecclésiastique. Cette soumission est exigée a fortiori des cardinaux. Elle revient à imposer par serment aux plus hauts responsables de l'Église de polir leur message public et ne pas dire la vérité aux fidèles. Ils doivent de surcroît composer un visage parfait, celui d'une « Église unie ». Évidemment, l'opposition grossière entre conservateurs et progressistes manque de nuances, l'élection est beaucoup plus subtile et complexe. Mais elle se joue entre frères. Certains sont des frères ennemis. Ils partageront volontiers un expresso sur une terrasse romaine ensoleillée mais le jour où le pouvoir est en jeu pour une orientation fondamentale de l'Église catholique, les frères se combattront pour la bonne cause, avec l'énergie tenace de ceux qui ont entièrement donné leur vie au Christ. Il faut regarder cette réalité en face, elle est à cent lieues des suavités cléricales hypocrites que François a dénoncées à juste titre.

Un conclave est un moment de vérité pour l'Église catholique. Il pose un diagnostic de la situation. Il choisit une stratégie portée par un seul homme, l'élu. Est-il l'élu de Dieu ? L'élu des fidèles catholiques ? L'élu d'une caste de cardinaux ? Il est issu des trois à la fois. L'Église gagnerait à le dire clairement. Comment laisser croire que les hommes en rouge seraient les auteurs passifs d'une sorte de miracle, une élection divine, dans le saint des saints, la chapelle Sixtine ? Seuls les dix derniers papes, sur les deux cent soixante-six que retient l'histoire, ont été élus par conclave secret. Certains y voient un progrès, d'autres une régression. En attendant, chercher à décrire la réalité des oppositions au plus haut niveau de l'Église apparaît comme une exigence intellectuelle et un impératif du christianisme. Cette religion n'est-elle pas fondée sur l'incarnation de Dieu dans les contradictions de la vie humaine ?

D'autant que les « secrets » des cinq conclaves précédents n'ont évidemment pas été tenus. Leur révélation en sous-main, plusieurs années après l'élection du pape, n'a jamais été contestée. Ces éléments d'information ne sont pas officiels, ils sont néanmoins suffisamment fiables pour comprendre le déroulement d'une élection papale. Les analyser dans le respect de la dimension spirituelle de ces événements permet de comprendre à la fois le vrai mystère des croyants et les faux mystères où les fidèles catholiques sont entretenus.

Le 3 juin 1963 meurt le pape Jean XXIII. Sa succession est écrite à l'avance, parce que le cardinal Montini, alors archevêque de Milan et futur Paul VI, a été préparé à la charge suprême par une très riche expérience. Son nom s'imposera d'autant que le concile Vatican II est lancé depuis le 11 octobre 1962. L'Église ne peut plus reculer. Montini apparaît alors comme l'homme de la situation. À trente ans, ce jeune prélat était déjà numéro trois du Saint-Siège dont il connaît toutes les ficelles. À cinquante-sept ans il prenait la charge de l'archidiocèse de Milan, le plus grand diocèse du monde. À soixante-cinq ans, il est élu pape, du jour au lendemain, en seulement quatre tours de scrutin. La forte opposition des cardinaux conservateurs, Siri et Ottaviani, n'arrêtera pas la dynamique engagée sur le nom du cardinal Giovanni Battista Montini. Contrairement à l'adage, on peut entrer pape au conclave et en sortir pape !

Le 6 août 1978 meurt le pape Paul VI. La succession est moins évidente qu'en 1963 mais il se trouve que Paul VI, par plusieurs gestes symboliques, a adoubé le patriarche de Venise, Albino Luciani, son successeur. L'idée de choisir un non-Italien n'est pas encore mûre, tout se joue encore entre Italiens. Au premier tour, le cardinal Giuseppe Siri, archevêque de Gênes, porteur d'une ligne très critique sur le concile Vatican II, obtient plus de voix qu'Albino Luciani, le futur Jean-Paul Ier. La réaction du centre et des progressistes est immédiate. Le patriarche de Venise est élu au terme de trois autres tours de scrutin, ce qui est rapide. Le parti conservateur perd une nouvelle fois cette bataille. Le véritable artisan de l'élection de Jean-Paul Ier est le cardinal Giovanni Benelli. Il est archevêque de Florence et partisan d'une ligne ouverte et conciliaire. C'est elle qui l'emporte. Benelli avait été pratiquement le numéro 2 de Paul VI avant d'être nommé dans la jolie ville de Toscane en 1977, ils étaient très proches. La continuité est assurée.

Le 28 septembre 1978 meurt le pape Jean-Paul Ier. Trente-trois jours seulement après son élection, cette nouvelle nourrit les doutes sur les causes de la mort. Ils subsisteront car le Vatican refusera toute autopsie et invoquera un infarctus. Au conclave, les conservateurs appuient le cardinal Giuseppe Siri, les progressistes soutiennent le cardinal Giovanni Benelli.

L'affrontement est sans merci. L'ancien proche de Paul VI et de Jean-Paul Ier ne trouve pas suffisamment d'appuis pour marquer la différence. Au bout de quatre scrutins la situation est bloquée : comme la majorité aux deux tiers est requise, il existe, symétriquement, une minorité de blocage. Certains attribuent à l'Esprit saint l'introduction d'un troisième nom dans la course, celui de Karol Wojtyła. La paternité en revient également à l'archevêque de Vienne, le cardinal Franz König, ville voisine de Cracovie. Il invoque cette idée hors norme et sort le conclave de l'ornière du conflit Benelli-Siri. En quatre tours de scrutin, le tournant historique est accompli : le premier pape non italien depuis 1522 est élu. Il s'appelle Jean-Paul II.

Le 2 avril 2005 meurt le pape Jean-Paul II. Rongé par la maladie de Parkinson après vingt-six années de pontificat, sa succession se préparait en coulisse, toujours partagée entre conservateurs et progressistes. La « mafia de Saint-Gall » d'une part, comme elle se surnomme ironiquement, est un groupe d'évêques réformistes de plusieurs pays qui se réunissait une fois par an depuis 1996 dans ce diocèse situé dans le nord-est de la Suisse, d'où son nom. Ils préparaient la succession de Jean-Paul II qu'ils jugeaient trop conservateur. Le groupe de Saint-Gall a pour pilier symbolique le cardinal Martini, jésuite, archevêque de Milan, grand opposant du pape Jean-Paul II et du cardinal Ratzinger, et promoteur d'un « concile Vatican III ». Ce slogan reprend tous les thèmes progressistes aujourd'hui développés par François : communion pour les divorcés-remariés, mariage des prêtres, meilleure reconnaissance de l'homosexualité, diaconat féminin, réduction du pouvoir papal et romain, synodalité, réaffirmation de l'option préférentielle pour les pauvres. Seuls manquaient deux sujets qui n'étaient pas encore aussi en vue à l'époque : l'écologie et les migrants.

Le groupe conservateur n'est pas moins actif sous l'impulsion d'un cardinal latino-américain, Alfonso López Trujillo, colombien, ancien archevêque de Medellín, président du Conseil pontifical pour la famille. Rodé aux situations difficiles de son pays d'origine, très politique, le cardinal Trujillo profita de sa situation romaine pour anticiper l'élection du cardinal Ratzinger à l'insu de l'intéressé. Les méthodes sont classiques : dîner de cardinaux, travail de conviction sur les indécis.

Le règlement du conclave interdit formellement ce genre de préparatifs que tous, à droite comme à gauche, utilisent sans vergogne. Le cardinal Trujillo et ceux qui l'entouraient voulaient éviter que le groupe libéral et réformiste, dont le chef de file idéologique était le cardinal Martini, ne l'emporte. Ils les savaient très organisés. Ils visaient également la continuité du pontificat de Jean-Paul II et sa vision du concile Vatican II.

Au premier tour de scrutin, le 18 avril 2005, le cardinal Ratzinger obtient 47 voix, le cardinal Jorge Mario Bergoglio totalise 10 voix, le cardinal Martini 9 voix. Ce dernier fait savoir qu'il est atteint de la maladie de Parkinson, autant dire qu'il se retire. Au second tour, le cardinal Bergoglio passe à 35 voix quand Ratzinger en totalise 65. Au troisième tour, le cardinal Bergoglio dépasse la majorité de blocage, 40 voix, qui aurait pu empêcher l'élection de Ratzinger alors à 72 voix. Il se dit que Bergoglio aurait laissé le champ libre à Ratzinger pour ne pas créer cet affrontement. On raconte aussi que le cardinal Martini, connaissant son frère jésuite Bergoglio et son caractère ombrageux et autoritaire, aurait déconseillé aux cardinaux de voter pour lui, même s'il partageait son programme. Ratzinger fut élu au quatrième tour avec 84 voix et 26 pour le cardinal argentin.

Le 11 février 2013, Benoît XVI renonce à la charge pontificale. Sa décision historique prend de court toute l'Église. Les conservateurs sont désemparés. Ils n'ont pas de candidats sinon le cardinal Scola, archevêque de Milan. Il est loin de faire l'unanimité ne serait-ce que dans son propre camp. Côté progressiste, des sources vaticanes très sérieuses estiment que le cardinal Bergoglio, vraiment sorti du rang en 2005, donc tête de file, entretient depuis cette date un réseau d'information très actif à Rome. Certains vont jusqu'à soutenir que l'archevêque de Buenos Aires aurait été informé, plusieurs mois à l'avance, de l'intention de Benoît XVI de démissionner, par l'un de ses amis, cardinal, que le pape allemand aurait consulté sous secret pontifical, en raison de sa compétence juridique. Le scrupuleux pape allemand sortant voulait valider sans faille ni contestation possible sa future décision de renoncer. Sans trahir le secret, ce cardinal pouvait effectivement alerter le groupe réformateur d'une renonciation potentielle et activer une stratégie de préparation. Cette anticipation n'est qu'une hypothèse de recherche. Si la chose avait été confirmée, elle aurait invalidé l'élection du pape François. Elle ne le sera donc jamais. D'autant que l'avantage d'une information en amont sur la renonciation de Benoît XVI ne pouvait pas garantir une élection à lui seul.

Objectivement, la candidature Bergoglio a été toutefois très habilement amenée. Les leçons de 2005 n'avaient pas été oubliées, comme le reconnaîtra l'un de ses fervents soutiens, membre du groupe de Saint-Gall, le cardinal anglais Cormac Murphy-O'Connor. Pourquoi, en effet, a-t-il été donné totalement hors jeu, dès l'avant-conclave, alors que le groupe de Saint-Gall travaillait à son élection ? Pourquoi lors des travaux préparatoires du conclave — où tous les cardinaux prennent successivement la parole sur le diagnostic de l'Église — le cardinal Bergoglio fut-il sciemment l'un des derniers à s'exprimer, le samedi 9 mars 2013, par un discours-choc ? Le Sacré Collège était indécis et divisé, Bergoglio fit mouche, comme on peut l'imaginer en écoutant aujourd'hui son charisme oratoire. Pourquoi, dès le 11 mars, les mieux informés s'intéressaient-ils discrètement à Buenos Aires alors que les feux de la rampe étaient toujours poussés sur le cardinal Scola ? « La mafia de Saint-Gall » intacte depuis 2005 travaillait efficacement à sa candidature. Elle a su ne pas éveiller l'attention. Elle savait que le meilleur moyen de tuer une candidature est de révéler un nom. Mieux vaut assurer un solide groupe de votants, comme ce fut le cas lors d'un dîner décisif organisé chez le cardinal Nicora le 11 mars où, selon Gerard O'Connell[1], vingt-cinq suffrages ont été regroupés pour le cardinal Bergoglio en vue du premier tour de scrutin le lendemain soir. Le 12 mars les cardinaux entraient en conclave. Tout se passa comme prévu. Le candidat Bergoglio affirmera toutefois ensuite avec insistance qu'il fut vraiment surpris de son élection. En face, le groupe qui avait soutenu le futur Benoît XVI en 2005 s'était étiolé, divisé entre Scola et le Canadien Ouellet.

Lors du premier vote, Bergoglio marquait en effet un résultat égal, 26 voix, au dernier scrutin de 2005, le même groupe le soutenait. Le cardinal Scola, favori, arriva toutefois en tête avec 30 votes, puis 22 voix pour le cardinal Ouellet, et 10 voix pour le cardinal O'Malley des États-Unis. Le second tour porta le cardinal Bergoglio à 45 voix, 38 pour Scola et 24 pour Ouellet. Le troisième tour accorda 56 voix à Bergoglio, 41 à Scola, 14 à Ouellet. Le quatrième scrutin élut Bergoglio avec 67 voix, Scola en recevait 32, Ouellet 13. Quatre-vingt-cinq voix se portèrent sur Bergoglio au cinquième scrutin, 20 à Scola, 8 à Ouellet.

Curieusement, les meilleurs chiffres sur les déroulements des conclaves de 2005 et de 2013 ont été publiés par des journalistes proches du cardinal... Bergoglio. Ces données n'ont pas été contestées. De l'avis de plusieurs autres cardinaux témoins de l'élection mais tenus au secret, elles sont plutôt fiables. Il s'agit, pour 2005, des révélations de Lucio Brunelli et d'Andrea Tornielli. Quant à 2013, le décompte du vote le plus fiable à ce jour vient du journaliste anglais Gerard

1. Correspondant de la revue jésuite américaine *America Magazine* à Rome. Voir Gerard O'Connell, *L'Élection du pape François*, Artège, 2020.

O'Connell, marié à une amie de François, la célèbre journaliste argentine Elisabetta Piqué.

L'élection du pape est très loin de l'image doucereuse, amicale et sympathique, se concluant par l'apparition du sourire de l'élu vêtu de blanc après la célèbre fumée blanche. Avant cet instant toujours historique, il y a des zones lumineuses et... grises. L'ensemble de ces influences, qu'elles viennent d'en haut ou d'en bas, prépare et détermine l'élection.

Leçons sur le conclave

En conclusion de ce dernier chapitre, il est possible de tirer sept leçons de l'expérience des précédents conclaves, une sorte de discours de la méthode sans prétention.

Première leçon : l'erreur est humaine, elle est même hautement probable en matière de conclave. Il est vraiment impressionnant de constater à quel point les prévisionnistes les plus aguerris se sont le plus souvent trompés en s'arc-boutant sur des noms de futurs papes contenus dans la liste des *papabili*. D'autant que ces « candidats » ne le sont jamais puisque les cardinaux se choisissent sans qu'aucun d'eux ne prononce une candidature. Ces listes sont seulement utiles pour délimiter les « favoris », mais elles sont souvent établies hors des cercles cardinalices, selon des critères politiques, médiatiques, qui ne recoupent pas les critères des cardinaux, lesquels déterminent plutôt un profil en fonction du contexte de l'élection. C'est l'adéquation, ou plutôt le compromis qui va l'emporter entre ce « portrait-robot » du pape idéal et les quelques cardinaux aptes à supporter une telle charge et qui se comptent en vérité sur les doigts d'une main. Cet alliage entre un homme et le besoin de la communauté catholique est par nature... imprévisible. Humilité et modestie sont requises dans cette approche avec, en sus, le droit à l'erreur !

✧

Deuxième leçon : les Italiens mènent le peloton, ils veulent gagner mais sont de moins en moins en capacité d'y parvenir. Les Italiens sont de grands artistes. Ils ont l'art de la relation humaine, du compromis, de l'arrangement. Par cette souplesse ils ont le génie de savoir conserver le pouvoir et, contrairement aux apparences, ils ne sont pas idéologues mais profondément pragmatiques. Ils s'adaptent vite aux vents tournants et cherchent toujours, d'instinct et sans scrupule, le courant porteur. On a vu des évêques et cardinaux italiens ou des laïcs catholiques plus « ratzingériens » que Benoît XVI devenir en quelques jours plus « bergogliens » que François, puis s'en détacher au cours du pontificat. Un grand fondateur d'une importante communauté italienne avait appris des chants polonais pour séduire Jean-Paul II après son élection. Le même avait fait le siège de l'archevêque de Milan, le cardinal Scola, donné comme favori lors du conclave de 2013, en lui téléphonant pas moins de huit fois dans la journée précédant l'entrée en conclave... pour ensuite devenir, dès le soir de l'élection du pape François, l'un de ses meilleurs soutiens. Le même personnage, quand le vent a commencé à tourner, a pris ses distances avec François pour préparer l'arrivée du prochain pape. Ce n'est pas une règle absolue mais c'est une tendance forte, typique d'un comportement de cour. Ce qui compte n'est pas tant les idées mais l'accès au nouveau pouvoir pontifical, quel qu'il soit, si possible dans le cercle le plus rapproché, pour ne pas perdre en influence et surtout en protection. En Italie, on ne s'attache pas à un pape, on le sert pour se servir. Un pape, c'est important, mais ce n'est qu'un pape. La langue italienne traduit cet état d'esprit : *fare il papa*, « faire le pape », c'est-à-dire exercer cette fonction, quand des Français diraient « être pape ». Une influence italienne qui décroît toutefois : début janvier 2023, le groupe des cardinaux italiens électeurs, âgés de moins de quatre-vingts ans, pesait autour de 14 % d'électeurs. En 2013, ils représentaient 24 %. Ils peuvent toujours peser néanmoins d'autant que beaucoup de cardinaux italiens sont remontés contre le pape François et veulent sortir le Saint-Siège de la confusion profonde où il se trouve pour redonner de la sérénité à l'Église.

✧

Troisième leçon : ne pas raisonner en termes nationaux et continentaux. C'est là encore une grande tentation, séduisante pour l'esprit mais sans fondement. Les « blocs » nationaux n'existent pas dans la réalité. L'Église des États-Unis par exemple est à couteaux tirés sur le dossier du pape François dont une majorité de ses dix cardinaux a pris ses distances depuis longtemps même si ce pape s'est attaché à ne nommer cardinal que des prélats dans sa ligne. Les Latino-Américains sont également très différents, sans compter que les Brésiliens forment un « État dans l'État ». Les Africains seraient les plus unis mais ils ne sont que seize et François a pris soin de nommer des hommes de terrain, pragmatiques, qui voteront dans sa ligne. La facilité d'un raisonnement « national » ne cadre donc pas avec les véritables groupes d'appartenance des cardinaux. Ils se fédèrent plutôt selon leur sensibilité politique ou ecclésiologique. Dans cette logique on entend souvent en début de conclave : « c'est le tour de l'Afrique » ou : « il faut un Asiatique ». Tout comme on entend aujourd'hui : « tout, sauf un Latino-Américain ». Les cardinaux cherchent, non pas un homme d'une culture donnée, mais un homme, tout court, suffisamment libre de sa propre culture nationale pour être capable d'embrasser toutes les cultures du monde et suffisamment fort pour tenir sous le poids d'une charge inouïe. Cela dit, certaines appartenances nationales, comme celle d'être citoyen des États-Unis, empêchent encore pour l'heure une élection, avec l'idée que la première puissance mondiale ne pourrait pas, en plus, « tenir » la papauté.

✧

Quatrième leçon : les catégories de conservateurs et de progressistes fonctionnent mais manquent de nuances. C'est plutôt l'application du concile Vatican II, on l'a vu, qui divise. Si les catégories nationales ne sont pas opportunes, celles plus politiques de conservateurs et de progressistes permettent-elles d'y voir plus clair ? Il n'y a rien d'évident à cela, mais il faut reconnaître que François a restauré la notion de progressisme que l'on croyait éteinte en partie — en 2005, avec l'élection de Benoît XVI et a fortiori au conclave de 2013 après la renonciation de Benoît XVI. Son pontificat a accentué la polarisation dans l'Église. En tout cas, il est hasardeux de projeter, à partir d'un Sacré Collège, même habilement modelé par François, une continuité de nécessité quant à sa ligne. Il n'y a pas, en tout cas, un cardinal proche de François qui ferait l'unanimité dans son « camp ». D'un autre côté, la ligne conservatrice, encore puissante dans le futur conclave, n'aura plus numériquement les moyens de s'imposer, car elle a été sciemment neutralisée par François. Ce qui ne veut pas dire qu'elle n'aura pas d'influence et ne permettra pas des surprises.

✧

Cinquième leçon : ne pas appliquer les modalités « politiques » à une élection de type « fraternelle ». Il est un facteur que l'on saisit très mal de l'extérieur : pour être différents, affirmés et mûrs, les personnalités fortes des sénateurs de l'Église, qui sont avant tout des religieux, ne se présentent pas comme des candidats de type politique. Outre leur foi partagée, leur premier point commun est la fraternité, l'une des caractéristiques du christianisme. Une fraternité qui n'est pas molle, ou seulement bienveillante. Les échanges sont vifs mais chacun vise toujours, à la fin des débats, à rester « frère » — parfois ennemi mais membre d'une même famille. Cette centaine d'hommes vivent donc une expérience unique et ne passent pas leur temps à discuter. Ils prient ensemble, on l'oublierait ! Ils visent l'idéal du « Cénacle ». Les apôtres y étaient réunis dans l'attente, incertaine pour eux, de l'Esprit saint que le Christ leur avait promis. Ainsi en va-t-il de l'élection qui consiste à choisir celui qui, en conscience, leur paraît le plus qualifié pour remplir cette mission dans des circonstances précises. Le conclave est une expérience de tâtonnement au fil des scrutins pour trouver un accord fraternel et non d'abord politique. Les rapports de force sont toujours un point de départ mais pas un point d'arrivée. Un cardinal électeur de 2005, le cardinal Lustiger, a décrit l'« irruption » du Saint-Esprit — ce facteur spirituel revendiqué par l'Église comme le cœur de ce vote : « Une évidence tranquille a fini par s'installer sur nous tous. » Un autre élément distingue cette élection « fraternelle » : il n'y a pas de candidat... Personne dans l'assemblée ne se pousserait du col, romain en l'occurrence, pour faire acte de candidature. C'est le regard des autres qui choisit les élus.

✧

Autre leçon : ne jamais appliquer les recettes des précédents conclaves, raisonner en fonction du contexte et des contrastes de la situation présente. Aucun conclave ne se ressemble, en effet. Le conditionnement historique, les problèmes posés à l'Église, les hommes sont très différents. Les modèles de vote de 1963 (Paul VI), 1978 (Jean-Paul Ier,

Jean-Paul II), 2005 (Benoît XVI), 2013 (François) ont chacun une alchimie propre. Il est irrationnel d'appliquer ces schémas du passé pour prédire le futur. Les syllogismes historiques — du genre : « cela devrait se produire comme en 2013 » — sont des vues de l'esprit. Le facteur personnel décisif de l'élu, son charisme, le poids du contexte de l'élection jouent leur part. Le fait que François ait déstabilisé le pouvoir de la curie romaine, qui est pourtant son gouvernement, pourrait se retourner contre le successeur qu'il aurait pressenti. Le corps cardinalice n'aime pas l'incertitude et apprécie modérément les réformes trop audacieuses ou très personnelles. Le Sénat de l'Église pourrait juger qu'après la tornade réformatrice menée par François, l'Église aura besoin de calme, de pause, avec une personnalité de conciliation, d'ordre serein et de spiritualité, plutôt qu'un nouveau candidat de course en avant. On aspire au calme après la tempête. D'un pasteur à l'autre, l'Église cherche à assurer sa continuité par une manière de discontinuité… et non son uniformité idéologique.

✧

Enfin, dernière leçon : ne pas confondre favori et vainqueur. Le traditionnel dicton : « Qui entre pape au conclave en sort cardinal » est souvent vérifié. Le favori peut échouer. Et ce par un effet mathématique simple : un candidat peut rassembler 40 voix sur 115 au premier tour, donc la majorité relative, il demeure encore loin des 77 voix nécessaires pour être élu. Deux cas de figure se sont présentés. En 2005, le cardinal Ratzinger a obtenu ce genre de score au premier tour, augmenté au deuxième tour, il a ensuite volé vers l'élection. Mais en 1978, deux candidats ont obtenu un score sensiblement identique au premier tour, confirmé par deux scrutins. Le blocage s'est installé, et l'un et l'autre, également favoris, ont perdu. D'ailleurs la promotion d'un nom, avant l'entrée en conclave, est souvent le meilleur moyen de... l'éliminer, et rien n'est jamais innocent en la matière. Les exemples de favoris éconduits sont plus nombreux que ceux qui ont été élus. Le monde clérical connaît un réflexe quasi automatique, celui de l'humilité. Mais il n'est jamais exempt du sentiment de jalousie, passion très puissante dans le monde ecclésiastique. Celui qui se mettrait trop en avant ou qui briguerait ostensiblement un poste est corrigé de son ambition, d'une manière ou d'une autre, par de discrets et « fraternels » bâtons dans les roues ! Dans l'Église, on reçoit une promotion, on ne l'obtient pas à coups de volonté, même si quelques exemples fameux contredisent cette règle. Dans cette alchimie du pouvoir, les lobbys existent qui ne rendent pas forcément service à ceux qu'ils entendent soutenir. Ce sont des groupes de cardinaux assistés et appuyés par des organisations que sont les grandes communautés internationales de laïcs, comme l'Opus Dei, Sant'Egidio — bien plus puissante que l'Opus Dei —, le mouvement des Focolari, etc. Mais il y a aussi la curie qui tente de tirer des ficelles. Voyant le risque d'élection du cardinal Bergoglio en 2013, elle avait organisé à la dernière minute la contre-« candidature » du cardinal Odilo Pedro Scherer, Brésilien mais très proche de la curie romaine. On parle même à Rome du « parti curial » ou du « parti de la curie », qui favorise un candidat en le fabriquant médiatiquement pour diviser le camp adverse, ou pour dissimuler son vrai candidat sans l'exposer avant l'heure, ce qui lui nuirait à coup sûr.

QUE RESTE-T-IL D'UN PAPE ?

Comment évaluer un pontificat? Les cardinaux qui seront en charge d'élire un successeur au pape François ne s'y risquent pas. Ils n'utilisent pas les outils politiques de mesure. Le pape n'est pas un chef d'État. Encore moins un chef d'entreprise. Il est un prêtre, devenu évêque, cardinal, puis pontife romain. Il est un homme de Dieu avant tout. Bien habile celui qui serait capable de jauger l'action du chef de l'Église catholique. En matière de spiritualité, la quantité ne pèse rien. Cette catégorie n'existe pas. La qualité la surpasse.

Il y a certes son influence sur le milliard trois cent cinquante millions de catholiques dans le monde. Mais qu'est-ce que l'influence spirituelle? Qui saura ce qu'aura pu changer dans le cœur profond d'un homme ou d'une femme un mot, un geste du pape François alors que ce « rien » aura pesé dans l'existence de cette personne? L'équation est d'autant plus complexe que le pape se positionne en médiateur d'une réalité mystique professée par les chrétiens, un Dieu trinité : Père, Fils et Esprit saint. L'action de ce mystère divin serait continue dans le temps et l'espace à l'intérieur du secret de l'âme de toute personne, croyante ou non, consciemment ou inconsciemment. On peut croire ou ne pas croire à cette dimension divine mais elle est incontournable pour commencer à saisir quelque chose de la réalité de l'Église catholique. Sans aucun compromis sur la lucidité rationnelle, cette réalité spirituelle invite à la modestie quant à une approche exhaustive de ce riche pontificat qui surprend toujours. Il est des choses qui échappent à l'analyse rationnelle.

Tirer le bilan d'un pontificat est présomptueux. Comment ne pas être injuste ? Comment rendre compte des multiples nuances d'un charisme, d'un enseignement ? Comment comprendre la fécondité durable d'une personnalité religieuse. Prenons l'histoire immédiate des cinq pontificats précédents. Ils sont très différents dans leur genre et dans leur style, et les générations actuelles s'en souviennent : Jean XXIII, Paul VI, Jean-Paul Ier, Jean-Paul II, Benoît XVI. Inutile de réécrire en cette conclusion le parcours de ces pontificats, mais il est possible d'isoler ce qu'il peut en rester. Pour des êtres aussi proches et aussi lointains que le sont ces cinq papes, les éléments mémoriels sont fugaces mais prégnants. Elle est peut-être là, la postérité.

✧

Prenons le sourire du pape Jean-Paul Ier. Un sourire n'a l'air de rien mais en dit long. Peu l'ont vu physiquement, ce pape de trente-trois jours, mais beaucoup retiennent de lui ce visage souriant inscrit à jamais sur des photographies. Il en émane une douceur, une paix, une unité rassurantes pour un pape qui était réputé être un homme de prière, de cohérence. Ce pape aimait Dieu et aimait les gens. Cela transparaît dans son regard. Cette impression est certes très subjective. Plus objectivement, les spécialistes savent que Jean-Paul Ier avait un programme de réforme drastique de la curie romaine, que cette question avait été ouvertement évoquée au conclave qui l'avait élu. Ce projet du dernier pape italien élu jusqu'ici n'était toutefois pas du goût de tout le monde... Cette visée avorta avec sa mort subite, étrange, au trente-troisième jour de son pontificat. Cette volonté de réforme a refait surface avec le pape François qui n'a pas caché l'importance pour lui de Jean-Paul Ier. Quelle influence réelle, donc ? Quelques initiés seulement se souviennent encore de la volonté de réforme portée par Jean-Paul Ier. Son bref pontificat — plus bref encore, celui d'Étienne II en 752, mort trois jours après son élection... — aura en tout cas ouvert une question : celle du gouvernement central de l'Église catholique et du poids de l'administration face au pape. Problématique qui n'est pas restée vaine...

Que retenir de son successeur, Jean-Paul II ? Il faudrait un livre pour établir son bilan, même si la distance permet aujourd'hui de décanter l'essentiel de l'accessoire. Le pape polonais tenta lui aussi une réforme de la curie, mais son héritage n'aura pas retenu ce point trop technique. On se souviendra de son rôle historique dans la chute du mur de Berlin par le soutien sans faille au syndicat polonais Solidarność. Mais qui peut mesurer le nombre de vocations religieuses autant que de vocations laïques et familiales que cette personnalité hors norme aura suscitées ? Ces « vocations » se chiffrent par millions. Elles ne sont pas toutes sacerdotales. Elles se traduisent par un engagement de long terme dans et pour l'Église, qui peut ensuite se transmettre d'une génération à l'autre. Sur le plan pastoral, Jean-Paul II aura cherché à renouveler l'approche jugée souvent étriquée chez les catholiques quant aux questions de la sexualité. Il aura théorisé une « théologie du corps » redonnant ses lettres de noblesse à la personne humaine perçue dans son unité, corps et âme. Et ainsi réhabilité la légitimité et la beauté de la sexualité comme un lieu de don de la personne à l'autre, source de plaisir bien légitime et de joie. Ce point restera comme le plus original et spécifique de ce pape dont la production théologique aura été faramineuse. Mais cet apport demeurera curieusement noyé sous une image de rigueur sur la morale sexuelle, car Jean-Paul II n'aura pas remis en cause le cadre classique de l'enseignement de l'Église. Dans le domaine de la spiritualité ensuite, ce pape mystique aura insisté sur la notion de miséricorde — là aussi tombée dans l'oubli mais que François contribuera à diffuser largement —, à savoir que Dieu est avant tout « miséricorde » et non vengeur selon sa caricature. Enfin, Jean-Paul II marqua l'Église par ses voyages, cent quatre dans cent vingt-neuf pays, de 1978 à 2005, qui auront renouvelé le style d'exercice d'une papauté plus proche de tous les peuples, plus en vue et plus en vogue dans le concert international.

Ombre au tableau, certains lui reprochent, hors contexte, sa mauvaise gestion des prêtres pédophiles. À sa décharge, il faut rappeler que ces affaires ont éclaté à la fin du pontificat, à partir des années 2000. Jean-Paul II, déjà très atteint par la maladie de Parkinson, ne contrôlait plus grand-chose. De plus, en prélat polonais de la vieille école, il ne pouvait concevoir, dit-on, qu'un prêtre s'abaisse à de tels méfaits, sur des enfants qui plus est... Il y eut là une forme d'aveuglement que n'avait pourtant pas l'un de ses fidèles conseillers, le cardinal Joseph Ratzinger, mais la secrétairerie d'État de l'époque fit barrage au prélat allemand, pensant sauver la réputation de l'Église catholique en cachant ses turpitudes et ses crimes. Jean-Paul II lança des premières mesures significatives que l'histoire ne retiendra pas pour appuyer les efforts de l'épiscopat américain car ces affaires commençaient à sortir aux États-Unis et en Irlande, mais c'était la fin de son pontificat.

✧

Décisives, en revanche, furent les premières mesures que prit, dès son installation sur le trône de saint Pierre, le pape Benoît XVI. Un courage que peu soulignent aujourd'hui car le nouvel élu allait directement contre la curie romaine, l'administration centrale de l'Église, qui vivait toujours dans l'optique du refus de la vérité sur la pédophilie dans l'Église. Au Vatican, la bataille interne fut violente, notamment sur le dossier du fondateur des Légionnaires du Christ, le père Marcial Maciel Degollado. Il avait longtemps arrosé de largesses, en voitures, argent et autres facilités, un nombre certain de cardinaux. Ceux qui avaient accepté se sont trouvés pris au piège d'un manipulateur hors pair, pervers démultiplié puisque les dossiers démontreront qu'il avait de multiples femmes, des enfants de plusieurs lits, qu'il abusa de certains et qu'il s'attaqua sexuellement à des séminaristes et à d'autres jeunes ; sans parler de l'usage et du trafic de drogues. Faire tomber le père Maciel fut une prouesse inouïe, presque impensable tant il avait de solides appuis. À peine élu, le frêle Benoît XVI osa renverser cette statue de mensonges et la congrégation débordante de vocations sacerdotales que ce Mexicain avait fondée. Beaucoup sont persuadés que c'est le pape François qui aura mis l'Église à jour sur ce dossier honteux de la pédophilie d'une minorité de ses prêtres, car il aura fait plus de bruit pour cette action réparatrice. Mais le vrai héros du retournement de l'Église sur ce sujet s'appelle Benoît XVI.

Cette action demeurera ensevelie toutefois dans l'oubli, c'est le lot de la destinée des papes. Leur véritable influence peut s'ensabler parce que le vent du temps qui passe et d'événements plus spectaculaires la recouvre. La voie de ce qui demeure vraiment est peut-être encore ailleurs. Pour Benoît XVI, certains estiment qu'il ne restera de lui que sa... renonciation à la papauté, le 11 février 2013, fête de Notre-Dame de Lourdes dans l'Église catholique. Il est certain que cette décision l'a projeté dans l'histoire au titre d'un trait caractéristique, unique, saillant. Qui dénombrera en revanche les millions de cœurs et d'âmes de catholiques qui auront été marqués au plus profond par le témoignage d'humilité personnelle et la clarté de l'enseignement de Benoît XVI et qui ont resurgi au moment de sa mort le 31 décembre 2022 ? Sous son pontificat et malgré la crise de la pédophilie qu'il aura contribué à ouvrir pour purifier l'Église de ce mal longtemps caché, les courbes d'entrée dans les séminaires se seront maintenues dans une optique classique certes, non progressiste, mais c'est un fait.

Il est vrai également, on l'a dit, que Joseph Ratzinger ne voulait pas être élu pape. Il avait accepté la mission par défaut et par fidélité au pontificat de Jean-Paul II qu'il avait servi de toutes ses forces et de toute son intelligence. Son pontificat ne fut pas flamboyant mais intense sur le plan spirituel qui est moins visible. C'est aussi lui qui théorisa le concept de « minorités actives » pour désigner le catholicisme occidental de demain et déjà en acte en de nombreux lieux. Ces petits groupes convaincus, vivants, sont des catholiques identifiés mais qui ne tombent pas dans le piège d'un catholicisme identitaire, pente séduisante pour des communautés minoritaires qui se veulent engagées dans des sociétés indifférentes à la foi. Benoît XVI ne les a pas appelés à la militance revendicative mais à la pertinence de forces de proposition. Cette perspective aura inspiré une génération entière de jeunes « cathos ». Enfin, c'est lui qui tenta de restaurer, à titre « extraordinaire » certes, l'usage possible de la liturgie latine ancienne de l'Église, selon le rite de saint Pie V, dans un souci de réconciliation avec la branche traditionaliste de l'Église. Libéralité que François cassa par décret en juillet 2021 sans consulter son prédécesseur, selon le témoignage de Mgr Georg Gänswein, le secrétaire personnel de Benoît XVI. Et pourtant la décision du pape François ne parvint pas à endiguer l'élan donné par Benoît XVI aux communautés de sensibilité traditionaliste, la fin de cette histoire liturgique n'étant pas encore écrite.

✧

On le voit, le bilan et la portée d'un pontificat sont des matières aussi subjectives qu'objectives. Il suffit de revenir, autre exemple, sur le pontificat de Jean XXIII. Né en 1881, il est élu pape en 1958 à presque soixante-dix-sept ans et mourra en 1963, moins de cinq ans plus tard. On l'appelait « le bon pape Jean ». Il était adulé des catholiques pour sa bonhomie, sa simplicité, ses bons mots. Il reste encore une référence en Italie. Il fut canonisé par François en 2014 en même temps que Jean-Paul II. Le pape argentin ne portait pas dans son cœur le pontificat de Jean-Paul II. Il imposa la canonisation commune avec Jean XXIII qu'il vénérait pour « équilibrer » les choses et vivifier cette mémoire oubliée de l'Église. Car outre sa bonhomie, le grand héritage de Jean XXIII fut d'avoir convoqué le concile Vatican II, dont il ne connaîtra pas l'issue mais dont il était convaincu de la nécessité pour adapter — par le fameux *aggiornamento* — l'Église catholique au monde. Laquelle prenait un nouveau visage une quinzaine d'années après la Seconde Guerre mondiale. Pour le coup, cette décision historique et rare aura eu un impact majeur sur le développement de l'Église. Certains sont convaincus que le concile Vatican II aura précipité son déclin. D'autres pensent exactement le contraire même s'ils reconnaissent que les fruits attendus du concile Vatican II ne sont pas toujours au rendez-vous. En attendant, ce concile Vatican II — après le premier concile Vatican I (8 décembre 1869-20 octobre 1870) interrompu par la guerre et qui définit l'« infaillibilité » du pape — restera comme l'œuvre majeure de Jean XXIII même si ce fut Paul VI qui eut la redoutable responsabilité de le conclure et de le mettre en œuvre.

✧

Paul VI, comme l'on dit facilement d'hommes politiques en vue, fut le « meilleur de sa génération ». Intelligence brillante, tact, culture, foi, ce prêtre repéré très tôt pour ses qualités humaines et spirituelles aurait pu aller très loin dans le domaine profane. À quarante ans, il est déjà « substitut », c'est-à-dire le troisième personnage du Vatican dont il connaît les gens, les moindres recoins, toutes les forces, tous les pièges. Après cette fulgurante carrière à la curie romaine, il est nommé, à cinquante-sept ans, archevêque de Milan, ce qui est jeune pour le diocèse le plus grand du monde catholique. À soixante-cinq ans, comme Jean-Paul II, il est élu pape, ce qui est également précoce pour cette fonction. Par comparaison Jean XXIII et François furent élus pape à soixante-seize ans, Benoît XVI à soixante-dix-huit ans. Paul VI fut par ailleurs élu successeur de Jean XXIII assez facilement parce qu'il apparaissait comme l'homme de la situation.

Nous sommes le 21 juin 1963. L'Église vivait alors en pleine effervescence avec le concile Vatican II ouvert par Jean XXIII moins d'une année plus tôt, le 11 octobre 1962. L'offensive des progressistes contre les conservateurs était déjà ouvertement engagée. L'homme de culture que représentait Paul VI rassura les tenants de l'évolution, sa connaissance parfaite de l'appareil romain offrait une garantie pour le maintien de la tradition. Mais cet homme mesuré, à la manière d'un Benoît XVI, ne se trouvait pas en mesure de trancher assez tôt ce qui lui paraissait des dérives dangereuses de la réforme. Il le fit sur certains points mais laissa faire sur d'autres. Le dossier de la réforme de la messe est éloquent à ce sujet. Paul VI déplorera, trop tard, des évolutions irréversibles. Malgré lui, ce prélat italien, programmé pour une gestion sans accroc de la continuité de l'Église, se révélera le pape d'un changement profond dans l'Église et hors de l'Église. Il demeurera pape jusqu'en août 1978. Autant dire qu'il aura été le pape du concile Vatican II et de son application immédiate. Il constatera, impuissant à la juguler, l'énorme crise des années 1970, post-68, qui vit des milliers de prêtres catholiques quitter le sacerdoce, les églises commencer à se vider, la sécularisation s'installer dans une société sans Dieu, marxiste ou consumériste.

Que retenir donc de Paul VI ? Le concile Vatican II de toute évidence, une œuvre collective portée par les évêques du monde entier, mais dont le pape, lui seul, assume la responsabilité finale ? La façon dont le frêle Paul VI des dernières années tenta de redresser une trajectoire qui lui échappait ? Le mode selon lequel l'habile Paul VI prit en main ce concile dont il héritait mais qu'il avait poussé, comme archevêque de Milan, à la convocation, tant l'Église, estimait-il, devait se réformer ? Ce personnage d'une grande finesse concentrait sur lui plus de critiques que d'éloges. Le reproche majeur porta sur son encyclique *Humanae vitae*, publiée en juillet 1968, contre la contraception artificielle, qui provoqua selon certains le départ de bon nombre de fidèles. Ce qui reste à prouver : les années 1970 marquèrent, partout, la fin d'un catholicisme sociologique et politique, et il ne restait plus dans l'Église que les plus convaincus, véritables croyants. On ne peut pas accabler Paul VI, comme certains s'y emploient, de tous les malheurs de l'Église. Peu de papes traversèrent dans l'histoire une telle crise de l'institution Église.

D'où, encore une fois et après ces rapides tableaux de pontificats, l'évidence de la difficulté d'établir le bilan d'un pape, surtout à court terme. L'influence de ces hommes de Dieu s'évalue plutôt en décennies et, pour certains, en siècles, une échelle de temps et une responsabilité rares pour les hauts responsables de la planète, quels qu'ils soient.

✧

Quant à François, ce livre a tenté d'approcher sa personnalité complexe, son caractère, ses qualités et ses défauts, son génie, son charisme. Notre ouvrage a beaucoup insisté sur la réalité spirituelle profonde de la mission papale. Elle n'est pas un métier, encore moins un honneur. Elle se déroule à l'ombre de la croix avec ses rudesses, ses coups durs, et ses instants de grâce imprévisibles. Ces pages ont voulu décrire la grande réforme lancée par ce pape jésuite, une sorte de revanche de l'histoire de l'Église qui avait toujours écarté cet ordre religieux prestigieux du Siège de Pierre. François y a apporté l'art du discernement, le parti pris pour le plus humble, la simplicité du disciple opposée à l'orgueil clérical, et le don de la miséricorde pour tous, à tout prix. « Dieu pardonne toujours », aime-t-il à répéter pour relever l'homme. Foin de la théologie, le cœur du pasteur parlait.

Quant à sa réforme de l'Église, elle tient effectivement en trois mots : l'égalité, la fraternité, la liberté. Dans cet esprit, il aura combattu son propre gouvernement, la curie romaine, jusqu'à toucher les limites du pouvoir personnel et autocratique. Une institution ne peut vivre sur le seul charisme de son chef. Le génie des grands hommes est toujours porté par une structure solide. Sans elle, le prince s'épuise.

La dimension géopolitique aura été peu évoquée dans ce tour d'horizon car François n'a pas innové sur ce plan, sinon par son style d'intervention, plus directe et moins lisse. Sur le fond, il aura suivi les lignes classiques de la diplomatie pontificale, y compris pour la Chine, sa grande ambition non accomplie. Le carnet de route de la réconciliation avec Pékin avait été ouvert par Benoît XVI, on l'a oublié. Dans ce registre, il y aura eu les tentatives désespérées de François pour convaincre les Russes et les Ukrainiens de cesser le feu, pousser les politiciens du Soudan du Sud ou de la Terre sainte à remiser leurs armes. Toutes se seront soldées par des échecs ou des demi-succès. L'histoire retiendra la mission de bons offices menée par le Saint-Siège entre Raul Castro, président cubain, et Barack Obama, président américain, pour un rapprochement officialisé en décembre 2014. À la vérité, tout avait été préparé en coulisse. Il fallait trouver un habillage pour que Cuba ne perde pas la face ; on donna la paternité de l'accord au pape latino-américain.

Un pape n'est pas un puissant. Ses armes de persuasion passive, la prière, la parole, la main tendue sont inoffensives. Elles sont à peine détectées par les radars politiques. Elles sont applaudies, critiquées ou ignorées, parfois instrumentalisées sur-le-champ si elles sont utiles, mais elles tombent vite dans l'oubli. La force d'un pape est d'être désarmé. Les successeurs de Pierre le savent.

La défaite, pour un pape, serait de se taire. François ne s'est pas tu. Sauf sur les droits de l'homme à Hong Kong. Ce silence lui sera reproché. Il ne voulait pas déplaire à la Chine communiste. Il ne voulait pas s'opposer à Pékin, il rêvait d'être le premier pape à s'y rendre. Il aura été pourtant impitoyable sur le plan politique avec les conservateurs et les libéraux, sa faiblesse aura été à gauche.

✧

La succession se prépare, elle nourrit la dernière partie de notre ouvrage. Les spéculations ont été laissées de côté au profit d'une étude beaucoup plus significative de la mécanique de l'élection. À peine élu, François parlait de la renonciation de Benoît XVI comme d'un exemple à suivre. Plus le pontificat avance, moins le pape régnant évoque cette possibilité. François aime le pouvoir. C'est un pape politique. Il porte la conscience historique d'avoir été élu envers et contre tout à cette fonction. Il veut aller jusqu'au bout.

Son destin le dépasse. Ses frères jésuites l'avaient mis à l'écart, si ce n'est au placard, pendant deux décennies, au meilleur de sa vie, pour ses méthodes brutales de gouvernement. Il dut attendre la soixantaine pour revenir sur la scène ecclésiale et bondir de Buenos Aires au Vatican, à l'âge de soixante-dix-huit ans, à la suite d'un acte inimaginable de renonciation du plus classique des papes récents, Benoît XVI. Le pape argentin sait devoir porter la bataille finale d'une sorte de guerre de Cent Ans dans l'Église catholique. Elle a commencé au début du XXe siècle, elle s'est accélérée au début du XXIe siècle avec la crise de crédibilité due aux scandales des abus sexuels d'une minorité de prêtres. Elle demande au christianisme d'acquiescer à la modernité et d'accepter le relativisme où le christianisme n'est plus LA référence sociétale, morale et religieuse en Occident mais une composante, pertinente, âgée et affaiblie. Ce « oui » à la modernité s'est exprimé avec le concile Vatican II. François estime qu'il est chargé de l'appliquer dans sa totalité et de façon irréversible, d'où sa dureté sans appel avec les traditionalistes.

Ces enjeux fondamentaux, nous avons voulu les décrire au fil de ces pages sans éluder aucune des deux dimensions, mystique et politique, qui aiguillonnent conclaves et pontificats. À cet égard nous n'avons pas creusé plusieurs affaires internes du pontificat de François, des dossiers significatifs mais circonstanciels. Ainsi du cardinal Giovanni Angelo Becciu, qui fut débarqué en 2020 de sa haute fonction de numéro 3 du Saint-Siège. Était reproché à ce prélat sarde d'avoir notamment couvert un investissement immobilier à Londres dont le pape savait tout, en réalité. Ce qui n'a pas empêché François de lancer un interminable procès contre son cardinal, procédure vaticane toujours en cours en 2023 et qui pourrait se retourner, à la fin, contre le justicier.

✧

Que restera-t-il de ce pontificat ? Une partie de la réponse appartiendra au successeur de François. Une autre est dans les mains de l'Église catholique. Sa puissance silencieuse est insoupçonnable. Les petits et grands débats romains sont vains face à la force des « classes moyennes de la sainteté ». C'est l'une des expressions favorites de François. Elle est inspirée de Joseph Malègue, un écrivain français, surnommé le « Proust catholique ». La vérité de l'Église catholique réside en son simple peuple. Elle ne brûle que de la ferveur de ses fidèles et de ses prêtres ou évêques de terrain et non des calculs de bureau de certains cardinaux, François l'a suffisamment répété. Mais si les familles catholiques et les prêtres ne transmettent pas l'héritage d'un pape, il sera délaissé. Un autre le remplacera. La foi vive est un feu. Elle ne brûle pas de programmes volontaristes d'un parti mais de la passion de Dieu.

C'est peut-être la faiblesse finale de ce pontificat. La réforme menée au pas de charge est une révolution qui risque de marginaliser la dimension mystérieuse et sacrée de l'Église. La révolution du sacré, elle, demeure silencieuse et invisible. C'est celle du cœur.

INDEX

REMERCIEMENTS

À tous mes amis romains qui se reconnaîtront aisément dans ces pages et qui m'ont beaucoup aidé.

À toutes celles et tous ceux qui m'ont encouragé et soutenu tout au long de l'écriture de ce livre.

À mes consœurs et confrères, passionnés par le même sujet.

À mon éditeur, Ran Halévi.

Composition : PCA
Achevé d'imprimer
sur Roto-Page
par l'Imprimerie Floch
à Mayenne, en août 2023.
Dépôt légal : août 2023.
Numéro d'imprimeur : 103076.

ISBN 978-2-07-269299-4 / Imprimé en France.

307207